中国古代建筑知识普及与传承系列丛书

中国古都五书

古都洛阳

王贵祥 著

清华大学出版社

北京

图书在版编目（CIP）数据

古都洛阳 / 王贵祥著 --北京：清华大学出版社，2012（2019.8重印）
（中国古代建筑知识普及与传承系列丛书·中国古都五书）
ISBN 978-7-302-29478-8

Ⅰ．①古… Ⅱ．①王… Ⅲ．①古建筑－介绍－洛阳市 Ⅳ．① K928.71

中国版本图书馆CIP数据核字（2012）第154572号

责任编辑：徐　颖
装帧设计：王华工作室 + 孙世魁
责任校对：王荣静
责任印制：杨　艳

出版发行：清华大学出版社
　　　　网　　址：http://www.tup.com.cn, http://www.wqbook.com
　　　　地　　址：北京清华大学学研大厦A座　　邮　　编：100084
　　　　社 总 机：010-62770175　　　　　　邮　　购：010-62786544
　　　　投稿与读者服务：010-62776969, c-service@tup.tsinghua.edu.cn
　　　　质量反馈：010-62772015, zhiliang@tup.tsinghua.edu.cn
印装者：北京天颖印刷有限公司
经　销：全国新华书店
开　本：170mm×230mm　　印　张：19.75　　字　数：211千字
版　次：2012年7月第1版　　印　次：2019年8月第5次印刷
定　价：99.00元

产品编号：047770-03

献给关注中国古代建筑文化的人们

策划：华润雪花啤酒（中国）有限公司

统筹：清华大学建筑学院

　　王　群　朱文一

主持：王贵祥　曾申平

执行：清华大学建筑学院

资助：华润雪花啤酒（中国）有限公司

参赞：

侯孝海　张远堂　陈　迟　连　博　张　巍

刘　旭　阎　东　李　念　韩晓菲　廖慧农

袁增梅　张　弦

· 总序一 ·

　　2008年年初，我们总算和清华大学完成了谈判，召开了一个小小的新闻发布会。面对一脸茫然的记者和不着边际的提问，我心里想，和清华大学的这项合作，真是很有必要。

　　在"大国"、"崛起"甚嚣尘上的背后，中国人不乏智慧、不乏决心、不乏激情，甚至不乏财力。但关键的是，我们缺少一点"独立性"，不论是我们的"产品"，还是我们的"思想"。没有"独立性"，就不会有"独特性"；没有"独特性"，连"识别"都无法建立。

　　我们最独特的东西，就是自己的文化了。学术界有一句话："建筑是一个民族文化的结晶。"梁思成先生说得稍客气一些："雄峙已数百年的古建筑，充沛艺术趣味的街市，为一民族文化之显著表现者。"当然我是在"断章取义"，把逗号改成了句号。这句话的结尾是："亦常在'改善'的旗帜之下完全牺牲。"

　　我们的初衷，是想为中国古建筑知识的普及做一点事情。通过专家给大众写书的方式，使中国古建筑知识得以普及和传承。当我们开始行动时，由我们自己的无知产生了两个惊奇：一是在这片天地里，有这么多的前辈和新秀在努力和富有成果地工作着；二是这个领域的研究经费是如此的窘迫，令我们瞠目结舌。

　　希望"中国古代建筑知识普及与传承系列丛书"的出版，能为中国古建筑知识的普及贡献一点力量；能让从事中国古建筑研究的前辈、新秀们的研究成果得到更多的宣扬；能为读者了解和认识中国古建筑提供一点工具；能为我们的"独立性"添砖加瓦。

王　群

华润雪花啤酒（中国）有限公司　总经理

2009年1月1日于北京

· 总序二 ·

　　2008年的一天，王贵祥教授告知有一项大合作正在谈判之中。华润雪花啤酒（中国）有限公司准备资助清华开展中国建筑研究与普及。资助总经费达1000万元之巨！这对于像中国传统建筑研究这样的纯理论领域而言，无异于天文数字。身为院长的我不敢怠慢，随即跟着王教授奔赴雪花总部，在公司的大会议室见到了王群总经理。他留给我的印象是慈眉善目，始终面带微笑。

　　从知道这项合作那天起，我就一直在琢磨一个问题：中国传统建筑还能与源自西方的啤酒产生关联？王总的微笑似乎给出了答案：建筑与啤酒之间似乎并无关联，但在雪花与清华联手之后，情况将会发生改变，中国传统建筑研究领域将会带有雪花啤酒深深的印记。

　　其后不久，签约仪式在清华大学隆重举行，我有机会再次见到王总。有一个场景令我记忆至今，王总在象征合作的揭幕牌上按下印章后，发现印上的墨色较浅，当即遗憾地一声叹息。我刹那间感悟到王总的性格。这是一位做事一丝不苟、追求完美的人。

　　对自己有严格要求的人，代表的是一个锐意进取的企业。这样一个企业，必然对合作者有同样严格的要求。而他的合作者也是这样的一个集体。清华大学建筑学院建筑历史研究所，这个不大的集体，其背后的积累却可以一直追溯到80年前，在爱国志士朱启钤先生资助下创办的"中国营造学社"。60年前，梁思成先生把这份事业带到清华，第一次系统地写出了中国人自己的建筑史。而今天，在王贵祥教授和他的年长或年轻的同事们，以及整个建筑史界的同仁们的辛勤耕耘下，中国传统建筑研究领域硕果累累。又一股强大的力量！强强联合一定能出精品！

　　王群总经理与王贵祥教授，企业家与建筑家十指紧扣，成就了一次企业与文化的成功联姻，一次企业与教育的无间合作。今天这次联手，一定能开创中国传统建筑研究与普及的新局面！

朱文一

清华大学建筑学院　院长
2009年1月22日凌晨于清华园

目录

现代洛阳城卫星图

引

言

唐代诗人白居易自长庆四年（824年）罢杭州刺史，回到洛阳，并在洛阳城内东南隅的履道里买下一处宅园之后，在洛阳生活的时日也渐渐多了起来。唐大和六年（832年）恰是白居易六十花甲之年，这时的诗人已在家赋闲3年，每日流连于池上、竹间，沉迷于诗酒之中，到了傍晚时分，也会步出迂回曲折的里坊，到洛阳城中最宽阔的南北向街道定鼎门大街上踱步。6月的白昼尤其的长，走得有点疲惫的诗人驻足眺望，宽阔的街道上，熙来攘往的行人络绎不绝，街道的北端，是洛河上的天津桥，桥头两侧那些壮硕的铁牛在落日余晖下泛出黝黑的光泽，桥北即是唐天子的洛阳宫，宫正门五凤楼错落的宫阙楼阁在夕阳的映射下熠熠生辉，回头向南望去，则是伊水龙门，风吹岸柳绿，霞映山林红，一片自然天成的景象，与城北的高阁伟阙恰成相互的映衬。白居易久陷寂寥忧郁的心情也不由地变得轻松愉快了起来，一首即景生情的七律诗就在心中涌动：

晴阳晚照湿烟销，五凤楼高天泬寥。野绿全经朝雨洗，林红半被暮云烧。

龙门翠黛眉相对，伊水黄金线一条。自入秋来风景好，就中最好是今朝。

洛阳，这座九朝故都，曾是多少诗人的心中梦境，更是无数政治家的胸中块垒。君不见宋人李格非有言："天下之治乱，候于洛阳之盛衰；洛阳之盛衰，候于园圃之兴废。"[①] 其语虽以园圃为题，其意却凝结了中国历史中的一个文化与政治纠葛，所谓"逐鹿中原"、"问鼎中原"，大都是围绕着洛阳这样一座历史城市展开来的。然而，我们今日所见之洛阳，并非历史上所称之洛阳的全部。（图0.1）

洛阳素有"九朝故都"之称，东周时直接将这里确定为全国首都。其后有东汉、曹魏、西晋、北魏、隋、唐、武周，以及五代时期的后梁、后唐等将洛阳作为了都城，北宋时代，将洛阳定为西京。周公初营洛邑，迁旧殷顽民于成周城，以便于其统治。所以洛邑曾是原西周的陪都，当时称为"东都"。从西周王城及成周城算起，洛阳城至少已经有3000多年的历史了。

汉魏唐宋时的洛阳城，曾是："石家园林洛水滨，粉垣碧瓦迷天津。楼台参差映金谷，歌舞日日娇青春。"[②] 如今的洛阳，早已是铅华洗尽，由一座曾经繁华一时的大都市，脱落成为一座平凡而恬淡的普通城市。往日的华贵尽成诗人之吟咏，熙来攘往的人群中，多了许多勤于劳作的寻常百姓，少了几许追名逐利的浮沉仕宦。雄伟的汉唐宫阙、魏晋塔阁，早已灰飞烟灭，只留下些许的地下遗

图0.1 现代洛阳城卫星图

迹，供人们凭吊与想象。然而，历经沧桑的山河依旧，伊阙依然雄伟，邙山仍旧壮观，龙门石窟的千年石刻，继续散发着魏隋唐宋的历史华韵；白马寺前的石马石碑，仍然诉说着洛阳城曾经的历史辉煌。而今日焕然一新的洛阳，已然在邙山、伊阙间巍然矗立，满城的富贵牡丹，依然姹紫嫣红，正所谓："山河萦带九州横。深谷几为陵。千年万年兴废，花月洛阳城。"③

① [宋]邵博. 邵氏闻见后录. 卷二十四.
② [金]田紫芝. 代金谷佳人答. 全金诗. 卷一百二十八.
③ [元]刘秉忠. 诉衷情. 全元词.

孔子问礼碑

第 壹 章

邙山伊阙汇河洛

洛阳谷雨红千叶，岭外朱明玉一枝。

地力发生虽有异，天公造物本无私。

——[金]章宗完颜璟

　　洛阳地处今日河南省的西部，地理位置处于东经111°8′至112°59′，北纬33°35′至35°05′之间。与人们所熟悉的河南地区为一马平川的大平原的印象相反，洛阳地区是一个地形极为复杂的地方。从地理大势上来看，洛阳地势为西高东低。洛阳周围群山会聚，其北为太行山的余脉，其西南为秦岭的余脉伏牛山，其东南又为古代中国五岳之一的嵩山（图1.1）。从较小尺度的山岭来说，其周围就有郁山、邙山、青要山、荆紫山、周山、樱山、龙门山、香山、万安山、首阳山、嵩山等多座起伏的山峦，在这些山峦之间，还有黄河、洛河、伊河、涧河、瀍河、清河、磁河、铁滦河等10余条河流水系蜿蜒穿行，造成了洛阳山环水抱的宏大地势。

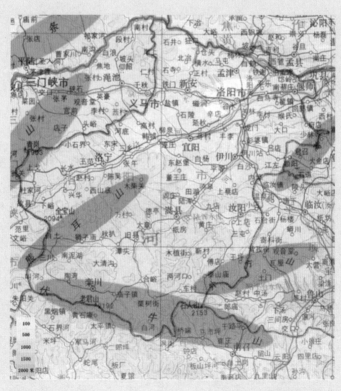

图1.1 洛阳附近山水形势

从战略位置上来看，洛阳地区也处于冲要之地，其西为函谷关，是为中原与关中之间的锁钥之地，其地势西高东低，退可以据守关中、进可以直入中土，是历来的兵家必争之地；其北依太行而枕黄河，其南望伏牛，西屏秦岭，东南扼嵩岳，又俯临一望无际的中原沃土。从地理位置上看，是联系关中、山右、荆襄、徐州、冀州等地的咽喉，故人称洛阳为河山拱戴，形势甲于天下（图1.2）。而且，由于山水环绕，且位于九州通衢之位，其气候条件也十分优越。洛阳地处中国大地的中部，接近地理上的暖温带南缘，故而气候既不十分干燥，也不十分潮湿，四季分明，寒暖适中，也是一个十分适合人居住的地方。

中国人自古就有风水龙脉之说，所谓来龙去脉者，

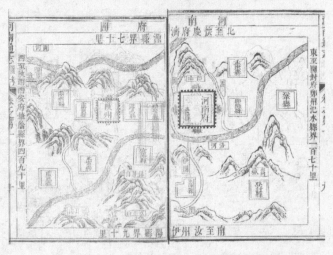

图1.2 洛阳地理形势简图

说的正是一座城市，或一座宫室、寺观、邸宅所处的山形水势。而中国古代都城，多是以大山大水而论其地理地势的。中国古代地理说认为中国山脉与地脉之源在西北的昆仑山，自昆仑山向东，分为北、中、南三络。每一络都会结而成为一个山环水抱、龙盘虎踞的大地势，成为历史上一些大都会的结穴之地。而长安、洛阳都是处在中络之主脉上的重要都会：

> 地脉，向中国来者三支。北络发昆仑，东折而东南行，其背为北狄，其正结为冀都，其支结为燕京，其余气为东夷……中络发昆仑，东南至岷山，由蜀陇转北而东为终南，长安之地也，金城四塞以为固，古豪杰有取焉。贡输艰入，后世费繁，今能处之耶？由关中出至太华、中嵩，伊阙既凿，是为洛阳。洛阳天地之中，阴阳和，南北平，百物会，周公营之地……南络发昆仑，迤东南而行至大峨山，其背为西戎，直南折而东，为五岭，其余气为南蛮，复折而东北，大尽于建康。①

在古人看来，凡天下之大都会，皆为山水地脉汇集之地，无论燕京、建康、长安、洛阳皆无不尽然，而其中又尤以洛阳地脉为著，其地理之势居于天地之中，正可谓阴阳和，南北平，百物会，实为山龙水脉之大结，故而成为华夏历史上最早的大都会之地。

---

① [明]陈全之. 蓬窗日录. 卷一.

商周之都，华夏之源

　　尽管洛阳作为都城的历史十分久远，但在洛阳的城市发展史上，却经历了多次的兴废与迁徙。也许正是因为其地理上的优势与气候上的适中，洛阳周围地区成为了中华古文明的发祥之地。从历史的角度看，中国古代文明发源的中心地带一直在洛阳附近移动。以将洛阳作为全国性的政治中心算起，最早可以追溯到夏商时代。据《史记·夏本纪》的记载，中国第一个王朝夏，最初就在这一带活动。大禹最初是立舜之子商均为帝的，自己则离商均而去，居住于阳城。但天下诸侯均背商均

图1.3　二里头遗址现状

而朝禹，禹遂即天子位，立国号为夏后，此即公元前21世纪的夏代。太康为夏天子时，驱逐了居住在今洛阳附近的一个古老部族斟鄩，并且将其都城确定在了斟鄩的故地，并以斟鄩为城名，其遗址在今洛阳偃师二里头村（图1.3）。斟鄩开了洛阳为都之先河，奠定了洛阳在中国古都中建都年代最早的地位。夏王朝后来又将其都城迁至安邑，其位置在今山西夏县西南。这两个地方都是距离洛阳很近的地方。

后来，殷商代夏之后，殷代的第一位天子商汤将其都城定于亳，其位置在今河南商丘地区，后来则迁都西亳，其位置亦在今河南偃师，后来才迁到殷（今河南安阳）及朝歌（今河南卫辉）。西亳的故址就在洛阳附近的偃师（图1.4）。史载"汤即位，居南亳，后迁西亳"，又有"河南堰师为西亳"。故西亳在今洛阳偃师尸乡沟一带，也就是今日洛阳市堰师县西的伊水与洛水北岸一带。

而代殷商而起的周代，因为起源于关中雍岐之地，故将其都城设在了关中的丰镐地区（今陕西西安附近），但在周代开国不久，辅佐周成王的周公姬旦，就着手在洛这个地方相土建城了（图1.5）。据史料的描述，洛阳这个地方所具有的

图1.4 偃师商城复原模型

图1.5 洛汭成位图

地理优势最初就是由与八百诸侯会盟灭殷的周武王所发现的。周武王在代殷革命而返回西岐的时候，恰好经过了洛阳这个地方，向南瞻望三涂之山，向北眺望群山脚下的城鄙，在顾瞻流连之间，他感受到了这里山河的壮美与自然的雄大，而位于其南的九皋山，山势高耸入云，又使人联想到若是站立在山巅，几乎举手就可以触摸天宇，故而相信这里是离天最近的地方（毋远天室）。

《诗经》中有“鹤鸣于九皋，声闻于野”，“鹤鸣于九皋，声闻于天”[①]的句子，说明在周代人的信仰中，极其高峻的九皋山，就是可以俯临四野且与天的距离最近的地方。而在古人信仰中，离天最近之处，应该也就是天下的中心。这样的信仰在许多古代文化中都曾有过。这或许就是周武王决定要在这里定鼎，作为周天子之东都的原因所在。然而，周武王未及完成这一宏伟大业，周成王继位之后，由周公姬旦完成了在洛这个地方相土、选址和建造城池的工作。周公营洛邑的最初目的，可能是为了将殷的贵族集中在这座城市里，以便于管理和弹压，但也为后来将这个地方变成一座正式的都城，奠定了基础。

显然，从简单的历史回顾中，我们注意到，从夏到殷，从殷到周，作为全国性政治中心的天子之都，曾经反复在洛阳附近的偃师一带徘徊。近些年发掘的河南偃师二里头早商宫殿遗址，就证明了这一点。二里头早商宫殿遗址，是现今发现最早的宫殿建筑遗址（图1.6）。其主要殿堂的格局，已经初步具备了后世宫殿有门、有殿、回廊环绕的格局。而其后有形状规整的水池，可能是宫殿的后花园，其前左右又有祭祀的地方，也初步具备了中国宫殿建筑前朝后寝、左祖右社的基本格局。也就是说，在中国建筑历史上，占主流地位的帝王宫殿建筑，其基本的形制，在洛阳附近偃师二里头早商宫殿中，就已经初见雏形了。

在洛邑（又称“雒邑”）这个地方建立城池，始于西周。西周克商立周后不久，周成王就命召公、周公在这里相地选址建立新都。周公在涧水东、瀍水西营建了成周城，并迁九鼎于此。公元前770年，周平王正式东迁洛邑，居于王城之中。周敬王时（公元前519年），因避乱在王城东20里处的狄（翟）泉另起周城。

① 诗经．小雅．鸿雁之什．鹤鸣．

图1.6 二里头遗址 一号宫殿复原模型

自东周始，洛邑作为全国性首都的历史就开始了。实际上，在周代时洛阳有两座城池，一曰王城，即今日王城公园所在地（图1.7）；二曰成周，又称下都，位置大约相当于今洛阳城东约15公里处的地方。

西周晚期，西部的少数民族犬戎不断地向东挤压，使西周的统治不得安宁，而西周的末代天子周幽王，却是一位昏庸之君，为了宠信他的嬖妾褒姒，甚至闹出了烽火戏诸侯的闹剧以博得褒姒的一笑。最终被弑于骊山之下。继任的幽王之子周平王只好将都城迁到了洛邑。平王迁都于洛，既标志了天子之都的东移，也表明了天子之势的衰微。自周平王始，周代就进入了群雄并立的时代。诸侯以强并弱，政令不出于天子，而出于方伯。这就为后来战国的战乱纷争埋下了伏笔。

从公元前770年周平王宜臼将周代的都城迁移到洛阳开始，直至周赧王姬延五十九年（公元前256年）雄霸西秦的秦昭襄王将久已式微的周灭亡，风雨飘摇的东周在这515年时间里，就是在洛阳度过的（图1.8）。但是，到了战国时期，也就是从公元前475年开始，东周天子的影响力，其实也仅仅限于其都城洛阳及其附近的一些地方。周天子之天下共主的地位，早已名存实亡。

然而，洛阳及其周围地区，作为中华文化的起源之地，却永久性地成为了中华文化中不可磨灭的印记。如司马迁在《史记》中提到了夏代的都城："夏桀之

图1.7 东周王城出土瓦当

居，左河济，右泰华，伊阙在其南，羊肠在其北，修政不仁，汤放之。"[1]　就已经从历史文献的角度，认定中国第一代王朝夏代的都城，就是位于后来建城的洛邑北边不很远的地方，两者之间甚至有十分接近的中轴线（"伊阙在其南"）。

夏代的都城，在战国时期似乎还有遗址可考。如屈原在《哀郢》中有"曾不知夏之为丘兮，孰两东门之可芜？"郢都虽在楚地，其城丘，其东门，业已成芜榛，但战国时人仍能识辨。则去战国未远的司马迁所描述的夏都地理位置，应也会有实际的考察而不会相差太远。

---

[1]　史记. 卷六十五. 孙子吴起列传第五.

图1.8 孔子问礼碑

夏亡之后，代夏而起的殷商，其都城处于反复的变迁之中。《尚书》中就提到："盘庚五迁，将治亳殷，民咨胥怨……"[①]这说明盘庚迁都，也曾引起民怨。但为什么盘庚会五迁其都，我们从史籍中不得其详。但从《资治通鉴》中沿用《史记》中的说法所说的："商纣之国，左孟门，右太行，常山在其北，大河经其南，修政不德，武王杀之。"[②] 可知，商代最后的都城朝歌，是在今洛阳以东偏北，在太行山以东的地方，大约是今日河南淇县境内。

而大家熟悉的河南安阳小屯殷墟商代宫殿宗庙遗址，又证明了殷商的又一个宫殿宗庙建筑的所在地。其位置似与朝歌相去并不是很远，但近年发掘的位于洛阳偃师二里头的早商宫殿遗址，则从考古学的角度印证了，至少在一段时间中，殷王朝也曾经是将都城设在洛阳附近的。周武革命之初，武王就希望定鼎洛阳，周公旦也很快实现了在洛阳建造城邑的目标。而在周平王之后的500多年间，周天子就居住在洛阳。这说明在中国古代史上具有奠基作用的上古三代，大部分的时间中，都是或在概念上，或在实际上，将洛阳及其附近这个区域，确定为其都城的所在。

我们还可以从另外一个角度，来观察洛阳这个地方在中华文明起源中的作用。1916年6月，瑞典人在中国山西勘探铜矿资源时，偶然之间发现了一批古新生代的生物化石，加之铜矿资源考察收效不大，他转而从事对古新生代化石的大规模收集整理，并与中国专家合作，开始了他的考古生涯。1921年10月，作为中国北洋政府农商部矿业顾问的瑞典地质学家安特生，在经过中国政府批准之后，与中国地质学家袁复礼、陈德广等人对渑池仰韶村遗址进行了第一次调查及发掘，获得了大量的文物资料，并且证实了该处是一种重要的新石器时代文化遗存。

按照考古学上一般将首次发现的古文化遗存之地命名为该文化名称的惯例，渑池仰韶村所发现的文化，被称为仰韶文化（图1.9）。经过数十年的发掘与研究，考古学界已经确认，仰韶文化是距今约7000～5000年前中国新石器时代的一种重要文化，其主要的分布地在中华母亲之河——黄河的中下游一带，包括了陕西渭河流域、河南西部和山西西南部的一个狭长地带，是这一文化的中心地区，

---

① 尚书. 商书. 盘庚上第九.
② 资治通鉴. 卷一. 安王十五年.

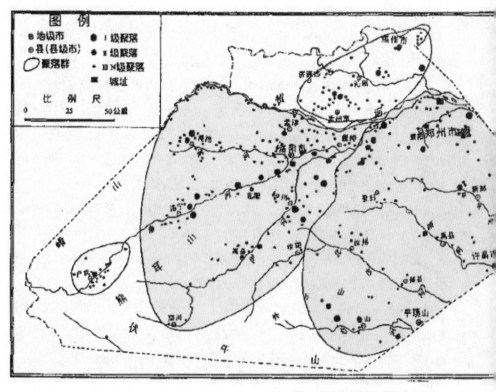

图1.9 河南境内仰韶后期聚落分布简图

其东部可达至河北省中部，其南抵汉水流域中上游地区，其西接甘肃的洮河流域，其北则直抵黄河中游的内蒙古河套地区。

仰韶文化遗存已发掘出了有近百处遗址，从各个地区的出土文物来看，这一文化反映出比较接近的文化特征。比如，其生产工具是以较为发达的磨制石器为主，有刀、斧、锛、凿，以及纺织所用的石纺轮等。也有相当精致的骨器发现。在仰韶文化区域内，有较为发达的农业文明，其主要种植粟和黍等典型的北方作物。仰韶文化中还有了家畜饲养，主要家畜是猪和狗。其生产活动，还包括狩猎、捕鱼和采集等。

从出土器物的层面上观察，仰韶文化中出现了如灶、甑、鼎、盆、罐、瓮、碗、杯等日常使用的陶器，其中以细泥红陶和夹砂红褐陶为主，外观主要呈红色，陶器上还常常出现彩绘的几何形图案或动物形纹样。因其是仰韶文化的一个最为明显的特征，故考古学界也将其称为彩陶文化。从聚落环境的角度来观察，一般仰韶文化的聚落选址，多在河流两岸那些经过长期风雨和水流侵蚀而形成的阶形地块上，有时也会选在两条水流交汇处较为高爽而平坦、适合居住的地方。

尽管在近些年的考古发掘中，人们已经发现了许多新的原始文化形态，但无论如何，分布在黄河中下游的仰韶文化，是应当属于华夏文化起源之中心地带的早期文化，其滋生繁衍的地理范围，与奠定了华夏文明的夏、商、周上古三代的活动范围也最为接近。因而，也可以认为，距今7000～5000年的原始文明中的仰韶文化，与距今约5000年以来的夏、商、周三代文化，比起其他原始文化来说，可能有着更为紧密的联系。

最初发现仰韶文化的河南渑池县，在距离洛阳向西不远的今三门峡市的范围内，西周时这里曾是雒邑的边邑，而其境内的北部，是著名的东崤山，南部则是西崤山，其间是涧河盆地，显然，这里也正是周公初相地之"涧水东，瀍水西，惟洛食"的范围之内，也是古人心目中的"崤函之固"的范围之内。这也从一个侧面证明了，洛阳这个区域，自距今7000年之前，就已经有了十分发达的原始文化。

在中国文明初现曙光的时候，夏代最初的君主，将其都城设在了这一区域偏北的位置（安邑）上。在殷商时代，其都城虽几经迁徙，但至少有一段时间，是设立在距离这个地区不远的斟鄩（偃师二里头）。到了周代初立国之时，就已经将这里认定为"天下之大凑"，并定鼎于此。直至周平王正式迁都于此，并在这里延续了500多年之久，从而初步确立了洛阳作为华夏文明之地理中心的地位。同时，也从各个不同的侧面，印证了洛阳及其周边地区，作为华夏文明起源地的重要地位。

河洛之间，天下之中

在绵延数千年的中国传统文化中，一直贯穿着一种"中正而立"的观念，如《周易》"损卦"中的九二之爻，其卦爻之象中就包含了这一思想："九二，利贞。征凶，弗损，益之。《象》曰：'九二利贞'，中以为志也。"① 其意思是说，损上益下，必须斟酌于其宜，使合于中正的道理。后来的解易者从政府税收的角度讨论这一中正概念："夫什一者，天下之中正也，过之则桀，杀之则貊，皆不得其中也。"② 什一，是古代税收的一个标准，即取其收成的1/10，作为税收缴纳给国家。桀为夏代的末君，以暴虐称于世，其税收则高于什一。貊者，先秦北方民族，俗称胡貊，因为貊人尚处在游牧文化阶段，其税收则低于什一之税。这两种情况，都不符合"中正"的理念。这里的中正，表达的是一种政策与道德上的持中、行正。

这一政策与道德上的中正思想，也影响到古人对于地理空间的理解。为了表示自己是一个符合中正之道的君主，帝王们往往希望将自己的都城设立在"天下之中"的地理位置上。唐代人颜师古在谈到洛阳时，曾对这一问题做了解释：

夫天下之中，天地之所合也，四时之所交也，风雨之所会也，阴阳之所和也。故宅中土，则可以祀天地，而神歆之矣。盖欲配皇天，则于上下之祀，不可不慎，慎于祀天地神祇，然后可以治民也。故周公谓作大邑于此，以举祭祀之典，而后能配皇天，又当于此土中致其治也。③

歆者，喜欢的意思。也就是说，将天子之宅设在天地之中的位置上，既能与皇天相配，又方便了对天地神祇的祭祀，因而也能够得到神的垂青与喜爱。那么为什么说洛阳是天下之中呢？大禹治水的时候，将天下分为九州：冀州、兖州、青州、徐州、扬州、荆州、豫州、梁州和雍州。并且按照与中心的距离

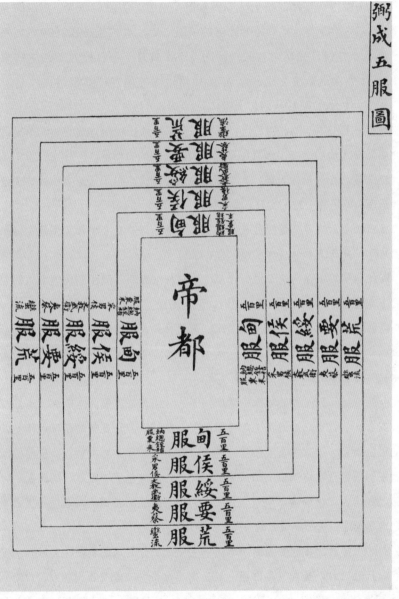

图1.10 五服图

① 周易．下经．损（卦四十一）．
② [清]钦定四库全书．经部．易类．[宋]胡瑗．周易口义．卷七．
③ [清]钦定四库全书．经部．书类．[宋]林之奇．尚书全解．卷三十．

每增加500里为其半径，将天下分为甸服、侯服、绥服、要服、荒服的同心圆（图1.10），则距离天下之中最远的荒服之地，大约就是在2500里之外的地方了。也就是说，先秦时代人理解的天下，就是一个直径为5000里的圆形，5000里之外就是蛮荒之地了。这5000里以内的地方，其范围大致是在今华北、华中、华东、陕甘及四川一带。

观察一下中国地图，我们可以发现洛阳恰好就在这个方圆约5000余里的中华古文明发祥之地的中央，而且还是几个大的区域的中枢地区。注意一下中国古代的历史文献，在很早的时候，人们就已经注意到洛阳位于天下之中，适于建为都城的道理，如周成王时（约公元前11世纪）：

成王在丰，使召公复营洛邑，如武王之意。周公复卜申视，卒营筑，居九鼎焉。曰："此天下之中，四方入贡道里均。"①

周代初年决定在洛这个地方建都，也是仔细观察了周围的地理大势的。据说周武王克殷之后，在向关中返回之时，武王站在"洛"这个地方：

顾瞻河洛而叹曰："我南望三途，北望岳鄙，顾瞻有河，粤瞻伊雒，毋远天室，遂定鼎郏鄏，以为东都。"《周书》又曰：周公将主政，乃做大邑，南系于洛水，被因于郏山，以为天下之大凑也。

由此可知，为洛邑最早作出选址判断的，应该是克殷而立的周武王姬发，但武王灭商回到镐京之后的第二年便病故了，故实现这一愿望的是辅佐年幼的周成王的周公姬旦。周武王与周公旦，两个人都是从地理大势上加以分析与判断的。周武王似乎更看重洛这里的山形水势，并且相信这里离"天室"的距离不远，这其实已经暗含了认为这里是天下之中心的思想，而周公则认为这里是"天下之大凑"，是天地山川所汇聚之地（图1.11）。

2000多年前，我们中国人的历史学之父太史公司马迁就在《史记》中说过："昔三代之（君）皆在河洛之间，故嵩高为中岳，而四岳各如其方，四渎咸在山东。至秦称帝，都咸阳，则五岳、四渎皆并在东方。"这里的山东，指今日河南、河北、山东等地。由这一记载，可以知道在汉代人看来，天下的中心亦是在河洛之间。将天子的都城偏居一隅，虽肇始于西周，然而，西周亦有东都之设，只是自秦代才将偏于一隅的咸阳正式确定为帝国的唯一中心。

秦末农民战争期间，楚汉相争，初高祖刘邦欲建都于洛阳，这时有一位名叫娄敬的齐人，因为要去陇西戍边，经过洛阳。希望拜见刘邦，刘邦召见了他，赐其食，并问他建都之事。娄敬说，陛下想建都洛阳，是不是要和周天子比一比谁更兴隆啊？刘邦说，是的。娄敬说，陛下取天下与周天子不一样，周代的先人始自后稷，并曾得到尧的封号，封之于邰这个地方，积德累善十有余世，后来因殷纣王不德，武王伐纣，不期而会于孟津之上，八百诸侯，皆曰纣可以伐，才将殷商灭了。成王即位的时候，周公经营洛邑城，认为这里是天下之中，诸侯四方纳贡职，道里均匀。所以，凡是在这里建都的人，都希望像周那样以德致人，不是为了凭依这里的天险，并使自己的后人暴虐于百姓。而周代鼎盛之时，天下和

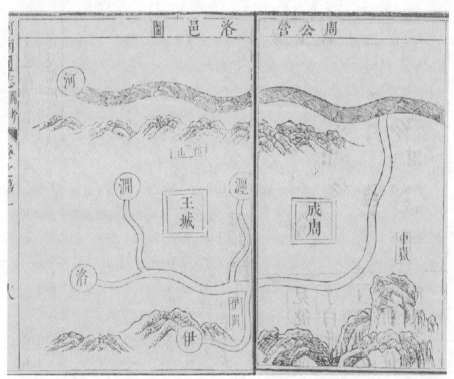

图1.11 周公营洛邑图

① 史记. 卷四. 周本纪第四.

治，四夷乡风，慕义怀德，后来周不再能号令天下，是因为其势弱，而不因其德薄。而陛下起于丰沛之地，经历了无数的战斗，大战七十，小战四十，使天下之民肝脑涂地，父子暴骨中野，不可胜数，哭泣之声未绝，伤痍者未起，却想与兴隆鼎盛时期的周代成康之时相比，我以为是不行的。然后，娄敬接着说：

且夫秦地，被山带河，四塞以为固，卒然有急，百万之众可具也。因秦之故，资甚美膏腴之地，此所谓天府者也。陛下入关而都之，山东虽乱，秦之故地可全而有也。夫与人斗，不扼其亢，拊其背，未能全其胜也。今陛下入关而都，案秦之故地，此亦扼天下之亢而拊其背也。^①

这里解释了为什么汉高祖刘邦没有将都城设在洛阳，而最终设立在了长安的原因。他显然是听了娄敬的意见，从政治上与军事上的角度，而不是从文化上、经济上的角度来思考这个问题。

北魏孝文帝在决定将其都城从其旧京平城京迁至洛阳的时候，也是面对了巨大的压力，但他坚信迁都洛阳是一个正确的决策，其理由不仅因为河洛这个地方，位居天下之中，本来就是帝宅、王里之所，更重要的是，在这里才可以真正做到移风易俗，实现其使鲜卑人的文化汉化的目标。同时，居于天下之中的位置上，方可以"制御华夏，辑平九服"。关于迁都之事，在遭到群臣的激烈反对之后，孝文帝与其臣任城王澄之间有一段对话：

乃独谓（王）澄曰："今日之行，诚知不易。但国家兴自北土，徙居平城，虽富有四海，文轨未一，此间用武之地，非可文治，移风易俗，信为甚难。崤函帝宅，河洛王里，因兹大举，光宅中原，任城（王澄）意以为如何？"澄曰："伊洛中区，均天下作据。陛下制御华夏，辑平九服，苍生闻此，应当大庆。"高祖曰："北人恋北，忽闻将移，不能不惊扰也。"澄曰："此既非常之事，当非常人所知，唯须决之圣怀，此辈亦何能为也？"高祖曰："任城便是我子房。"^②

这里的崤函，崤指崤山，崤山又称崟釜山或崟岑山，地处今洛阳之西的洛宁县境内。崤山又分东、西二崤，中有谷道，坂坡峻陡，为古代军事要地。函指函谷关。因其在谷中，地势深而险峻，如函一般。函谷关东起崤山，西至潼津，整条谷称为函谷，因其地势险要，最窄处只能容一辆马车通行，自古即为天险，是洛阳以西的军事要地（图1.12）。所以古人用"崤函之固"的成语，来说明其重

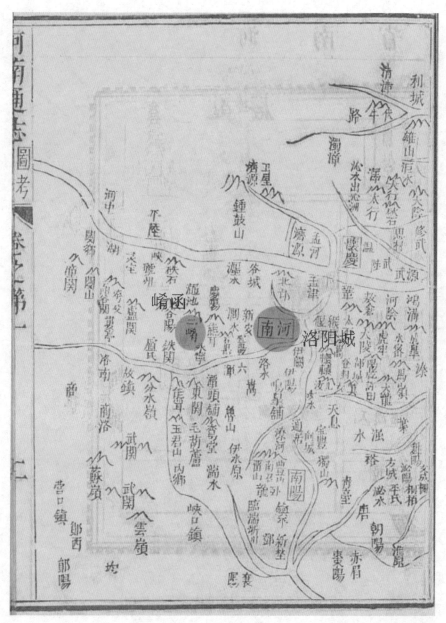

图1.12 洛阳与崤函简图

① 史记．卷九十九．娄敬叔孙通列传第三十九．
② [北齐]魏收．魏书．卷十九（中）．列传第七（中）．景穆十二王．任城王．

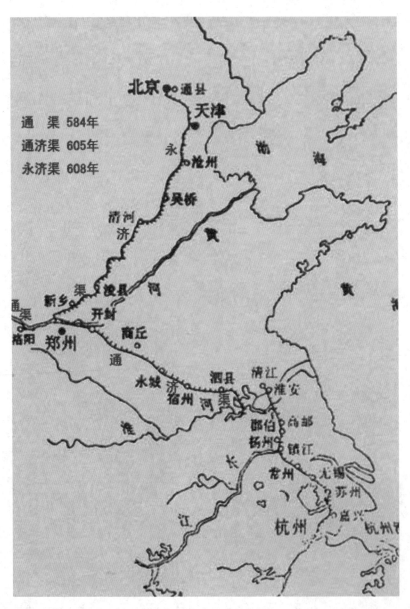

图1.13 隋唐运河与洛阳简图

要性。这里是通过崤函，来指称洛阳。而王澄支持迁都洛阳的原因，不仅是因为这里有崤函之固，更重要的是，这里居天下之中，可以为雄才大略的孝文帝施展"制御华夏，辑平九服"的更大政治抱负提供可能。如此的深谋远虑，难怪孝文帝会称赞王澄恰如汉高祖的谋臣张良一般。

隋代时，隋帝（可能是隋炀帝杨广）曾经在洛阳附近游猎，看到了洛阳的山河大势，甚为惊骇。这也促成了后来隋炀帝在洛阳建东都之举：

> 隋帝因校猎，登北邙山，观伊阙，顾谓侍臣曰："得非龙门耶？自古何不建都于此？"时臣苏威对曰："以俟陛下耳。"遂定议都焉。因诏杨素营之。大业九年成，徙都之。其宫北据邙山，南值伊阙，以洛水贯都，有天汉之象。宫室台殿皆宇文恺所造，巧思营布，前代郡邑，莫之比焉。①

显然，洛邑这个地方的山水大势果然吸引人，无论是西周天子，还是隋代皇帝，都是在偶然间置身其间之时于一瞬间感受到了它的经天纬地与气势磅礴。当然，此之洛阳，非彼之洛阳也。隋帝在这里看到的，不再仅仅是河、洛与岳鄙、天室之山河大势，而且也看到了与邙山相对之伊阙龙门。也就是在一个更为细微的环节上，为新洛阳找到了一条新的城市中轴线，从而将新洛阳城纳入到了一个更为具体而壮观的空间态势之中，同时又巧妙地将洛水这条横轴线贯穿于新建的城市之中，以创造某种"天汉之象"的效果。隋炀帝在为新都洛阳的建设所下的诏书中，再一次强调了"洛"这个地方在天下地理大势中所处的地位：

> 然洛邑自古之都，王畿之内，天地之所合，阴阳之所和。控以三河，固以四塞，水陆通，贡赋等。故汉祖曰："吾行天下多矣，唯见洛阳。"自古皇王，何尝不留意，所不都者盖有由焉，或以九州未一，或以因其府库，作洛之制所以未暇也。②

也许是因为听信了其臣子的谄媚之语，认为自己果然负有建设新都的不二使命。所以，隋炀帝在这里所强调的是，洛阳这个地方本来就应该是建都之地，只是前代帝王力不从心，所以这一历史的使命就落在了他杨广的肩上（图1.13）。

---

① [清] 钦定四库全书. 地理类. 总志之属. [宋] 乐史. 太平寰宇记. 卷三. 河南道三. 河南府一.
② [唐] 魏征. 隋书. 卷三. 帝纪第三. 炀帝（上）.

第 贰 章

九朝故都是洛阳

唐代洛阳城正门定鼎门遗址复建后现状

回首洛阳花世界，烟渺《黍离》之地。更不复、新亭堕泪。蔟乐红妆摇画舫，问中流、击楫何人是？千古恨，几时洗？

——[宋]文及翁

西望洛阳城，大路通平津。

行人细如蚁，扰扰争红尘。

——[金]元好问《缑山置酒》

第一节

洛阳建都简史

人称洛阳为"九朝故都"，这是就曾经正式在洛阳建都的朝代而言的。为了便于后面的阅读，我们先将这九个定都于洛阳的朝代做一个简单的梳理。

一、东周

第一个明确将都城确定在洛阳的朝代是东周，时间始自周平王元年（公元前770年）。这也是春秋时代的开始。自周平王至东周末代天子周赧王五十九年（公元前256年），东周天子在洛阳延续了25代，前后共515年。这个时候的周天子，虽然其实际的影响日渐缩小，但直至周灭亡前，周天子一直是法理上的天下共主，因此，这一时期的洛阳，也是理论性的全国政治中心（图2.1）。

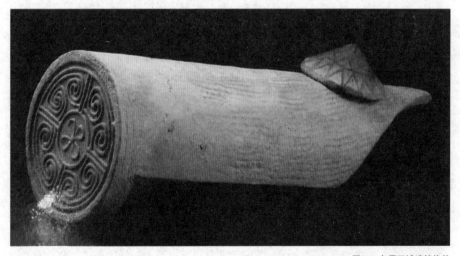

图2.1 东周王城建筑构件

二、东汉

战国晚期，周被秦所灭，后来的秦汉统一帝国，将其都城设在了关中地区。秦立国都于咸阳，显然是出于一种历史的延续。而西汉初，高祖刘邦曾经一度想在洛阳立都，但在娄敬的劝说下，处于政治与军事两个层面的考虑，仍然将其都城设在关中。直至公元初的东汉时代，政治的中心才再一次向东摇摆，回到了洛阳（图2.2）。因为历史上的汉王朝是以火德而王的，故忌水，因而将"洛"字的偏旁水去除，而改"洛"为"雒"。东汉王朝从汉光武帝建武元年（25年）到东汉末帝汉献帝刘协于建安元年（196年）被曹操胁迫迁都许昌，"挟天子以令诸侯"止。东汉王朝前后172年时间，历13帝，其中12帝都是以雒阳为都城的。

图2.2 东汉画像砖

三、曹魏

始于220年曹丕逼迫汉献帝刘协禅让帝位，改汉为魏，并改元"黄初"，改雒阳为"洛阳"，定都于此。曹魏自文帝曹丕至元帝曹奂先后5代，于魏元帝咸熙二年（265年）禅位于晋武帝司马炎，是亦为晋泰始元年，曹魏以洛阳为都前后共45年。

四、西晋

公元265年晋武帝司马炎践帝位，改元"泰始"，自武帝至愍帝司马邺，先后4帝，至晋建兴五年（317年）。西晋末年，北方胡人政权兴起，惠帝永兴元年（304年）匈奴人刘渊立国号汉，其势渐起。加之西晋末年屡现蝗灾，"愍帝建兴四年六月，大蝗。去岁刘曜频攻北地，冯翊、鞠允等悉众御之，卒为刘曜所破，西京遂溃。"① 刘曜是刘渊之子。西京即晋都洛阳。西晋以洛阳为都仅52年。

五、北魏

北魏孝文帝太和十七年（493年），早有迁都意向的孝文帝来到了洛阳，"周巡故宫基址，帝顾谓侍臣曰：'晋德不修，早倾宗祀，荒毁至此，用伤朕怀。'遂咏《黍离》之诗，为之流涕"[②]。这说明经过西晋末年的劫火之后，洛阳已经变得荒凉破败，再也没有恢复起来。太和十九年（495年）九月，北魏朝廷的"六宫及文武尽迁洛阳"[③]。这时魏孝文帝所面对的已经是一座全新的洛阳城了。从孝文帝元宏迁都洛阳，至孝武帝元修永熙三年（534年），因高欢擅权，孝武帝逃奔长安宇文泰处，高欢立清河王世子元善见为帝，是为孝静帝，接着就迁都于邺。这时的北魏也分成了东、西魏。北魏以洛阳为都城，从孝文帝到孝武帝，先后历8帝，共40年。东魏武定五年（547年），也就是孝静帝迁都13年之后，一位有役在身的官员杨衒之再一次来到了洛阳，他这时候多看到的是"城郭崩毁，宫室倾覆，寺观灰烬，庙塔丘墟，墙被蒿艾，巷罗荆棘"[④]。这是一幅多么荒凉破败的景象。盛极一时的北魏洛阳，这座当时世界上最大的都城，才仅仅经历了40年的时间，就重新沦为了一片废墟，岂不令人欷歔涕零。

六、隋

再一次见证了洛阳的辉煌的是隋唐两代。经历了数百年的战乱纷争，隋代统一之后，洛阳的地位也就开始显现出来。隋继北周，初都长安，后因为900年为都的长安水咸，隋文帝遂在长安以东另立新城，曰大兴城。这也是唐长安城的前身。但是，长安毕竟偏处一隅，随着城市人口的增加以及国家稳定，皇室贵胄日渐庞大，城市里坊户口滋衍，长安的粮食等物质供应显得力不从心。稍有灾异，就不得不将皇族迁移到洛阳。如隋文帝开皇十四年（594年），"八月辛未，关中大旱，

---

① 晋书．卷二十九．志第十九．五行（下）．蝗虫．
② 魏书．卷七（下）．帝纪第七（下）．高祖纪（下）．
③ 魏书．卷七（下）．帝纪第七（下）．高祖纪（下）．
④ [北魏]杨衒之．洛阳伽蓝记．序．

人饥。上率户口就食于洛阳"[①]。而且，有时事情竟严重到了"关中户口就食洛阳者，道路相属"[②] 的地步，这也为隋炀帝后来建造东都城，埋下了伏笔。

仁寿四年（604年）七月，高祖崩，隋炀帝即位，当年的十一月，他就行幸洛阳，并下达了建造新洛阳城的诏书。第二年，一座全新的洛阳城，就矗立在了汉魏洛阳旧城城址西边十余里的地方。这是一座平地而起的新城，也是一座经过缜密规划与建设的世界级的中古大都市。然而，由于隋炀帝的暴虐而国祚短暂，所以，若以大业元年新洛阳已建成来计算，至隋末战乱，炀帝被弑于扬州，时大业十四年（618年）。洛作为隋代都城的时间至多不过15年。

七、唐（武周）

隋末战乱中，洛阳再遭劫难。洛阳城从隋代都城辗转落到了隋末军阀王世充的手中，唐高祖武德二年（619年），王世充甚至僭隋越王杨侗位，称帝号，建元开明，国号郑。随后李唐秦王李世民兴兵伐洛，武德四年（621年）五月，王世充举洛阳而降。李世民进入洛阳做的一件大事就是"焚东都紫微宫乾阳殿"[③]。

唐代初称洛阳为洛阳宫，高宗显庆二年（657年），高宗"手诏改洛阳宫为东都，洛州官员阶品并准雍州"[④]。自此洛阳就一直是唐王朝的东都。但是，经常居住在洛阳，并在洛阳城内有过大规模建设的是武则天。至少武则天改元武周的那些年，洛阳比起长安更像是京师之地。武则天之后，至玄宗朝，唐代达到了鼎盛阶段，接着，安史之乱又一次将洛阳拖进了深重的灾难之中。平定安史之乱后，唐代皇帝就很少驻跸洛阳了，直至唐末天祐初，唐昭宗在朱全忠的裹挟下东迁洛阳。这时已经距离唐亡没有几年了。

尽管唐王朝主要的活动舞台是

图2.3 唐代凤纹方砖

在长安，但以高宗于显庆二年（657年）将洛阳作为东都算起，至唐天祐四年（907年）彻底灭亡，前后也有251年的历史（图2.3）。

八、后梁

唐昭宗天祐元年（904年），朱全忠杀害了宰相崔胤，胁迫昭宗由长安迁都洛阳。当年八月又杀害了年仅38岁的昭宗，另立其子李柷为帝，是为唐哀帝。天祐二年（905年），又于滑州白马驿（今河南滑县境）大开杀戒，斩杀宰相裴枢、崔远等唐末朝臣30余人，投尸于河，此即史上的"白马之祸"。接着他就废唐哀帝，自称帝号，改元"开平"，并将自己的名字改为"晃"，建都于开封，国号为"梁"，即后梁（图2.4）。

图2.4 五代青瓷注子

① 隋书. 卷二. 帝纪第二. 高祖（下）.
② 隋书. 卷二. 帝纪第二. 高祖（下）.
③ 旧唐书. 卷一. 本纪第一. 高祖.
④ 旧唐书. 卷四. 本纪第四. 高宗（上）.

后梁开平三年（909年）正月，朱晃奉迁太庙四室的神主赴西京，即洛阳。而称开封为"东都"。这一年后梁对遭到战争重创的洛阳重新加以修葺。并诏令正月元宵节前后三天，各坊市均可以开门庆贺，"一任公私燃灯祈福"①。久经磨难的洛阳，似乎又开始恢复了一点元气。

后梁自开平元年始，至末帝（朱瑱）龙德三年（923年），先后历2帝，共17年。而洛阳作为其东都的时间，大约有15年。

九、后唐

后唐庄宗李存勖，于后梁龙德三年（923年）即帝位，改元"同光"，并定都洛阳。同光二年（924年）八月，庄宗下诏书："诏洛京应有隙地，任人请射修造，有主者限半年，令本主自修盖，如过限不见屋宇，许他人占射。"②而《五代会要》中也提到了这一诏书："在京应有空闲地，任诸色人请射盖造。藩方侯伯，内外臣僚，于京邑之中，无安居之所，亦可请射，各自修营。其空闲有主之地，仍限半年，本主须自修盖，如过限不见屋宇，亦许他人占射。"③这从一个侧面说明，后唐时期，可能是洛阳城在久经摧残之后的一次复苏。

后唐自同光元年（923年）至后唐末帝李从珂清泰三年（936年），历4帝，有国14年。这也是洛阳作为帝王之都的最后14年。后唐清泰三年，在契丹人的帮助下，石敬瑭以将雁门以北及幽州之地割于契丹人、且每岁向契丹人输帛30万为代价，被立为晋帝，改元"天福"，石敬瑭做了契丹人的"儿皇帝"，并迁都汴梁。

如上就是我们常说的洛阳为"九朝故都"的大致情况。如果再加上上古时的夏朝于斟鄩立都（偃师二里头）、商代于西亳（偃师尸乡沟）立都、西周初立洛邑与成周二城，定鼎洛阳、五代后晋时曾将洛阳定为西京，这样就大约有13个朝代是以洛阳及其附近的地方为都城的。而北宋时期，虽然其京师在东京汴梁，但仍称洛阳为西京，尽管这时的洛阳实质上已经不具备都城的地位与功能了。宋以后的洛阳城，先是遭金人的战火蹂躏，后来又落入元人手中，渐趋没落，到明清时期，就已经沦落为一座普通的地方城市了。

第二节

周秦洛邑，汉晋京师

一、周代洛邑

距今3100年前的西周初年，周成王姬诵在天子位。这时正当周武革命后不久，天下辅定，百事待兴。当时的西周首都尚在关中地区沣河两岸的丰、镐两京。周天子成王已经开始考虑在更接近周人心目中天下之中心位置的中原地区再兴建一座都城，便派遣召公与周公前去相地建城（图2.5）。现存最古老的史籍《尚书》中记录了这件事情：

"成王在丰，欲宅洛邑，使召公先相宅，作《召诰》……惟太保先周公相宅……太保朝至于洛，卜宅。厥既得卜，则经营。越三日庚戌，太保乃以庶殷攻位于洛汭。越五日甲寅位成。"④

图2.5 作邑东国图

---

① 旧五代史. 卷四（梁书）. 太祖纪四.
② 旧五代史. 卷三十二（唐书）. 庄宗纪六.
③ [宋]王溥. 五代会要. 卷二十六. 街巷.
④ 尚书. 周书. 召诰第十四.

《尚书》中还记载了周公卜宅于洛的详细过程：

召公既相宅，周公往营成周，使来告卜，作《洛诰》。周公拜手稽首曰：
"朕复子明辟。王如弗敢及天基命定命，予乃胤保大相东土，其基作民明辟。予
惟乙卯，朝至于洛师。我卜河朔黎水，我乃卜涧水东，瀍水西，惟洛食；我又卜
瀍水东，亦惟洛食。伻来以图及献卜。"①

《史记》中记载得比较扼要而清晰：

成王在丰，使召公复营洛邑，如武王之意。周公复卜申视，卒营筑，居九鼎
焉。曰："此天下之中，四方入贡道里均。"作《召诰》、《洛诰》。②

显然，在西周初年，周天子已经将洛邑作为了天子之宅而经营，并且特别设
置了象征天子地位的"九鼎"。按照史书上的记载，这座周公所经营的洛邑城：

城方千七百三十丈，郭方七百里，南系于洛水，北因于郏山，以为天下之大
凑，制郊甸方六百里，国西土为方千里，分以百县，县有四郡，郡有四鄙，大县
城方王城三之一。小县立城方王城九之一，郡鄙不过百室，以便野事。③

这里应该说的是洛邑所辖的范围，由此也可以大致知道周代洛邑城的大致
规模。这是一座其周长为1730丈的城池。以商尺为0.169米计，这里的一丈约为
1.69米，则这座城池的规模约为2923.7米。其规模折合成为现尺，其周长也不足
6里，大约相当于明清时一座县城的规模。但这在3000多年前的中国，已经是一
座大邑了。

建都于洛的原因也很清楚，洛邑位于天下之中，便于四方的朝贡。然而，在
西周一代的数百年中，天子一直都居住在丰、镐两京。真正将首都迁至洛邑，是
在洛邑建城300多年后的周平王时代。公元前770年，周幽王遭弑，其子宜臼继
位，是为周平王。平王即位后，立刻东迁洛邑，从而开始了一个新的时代——东
周时代。平王之时，周室已趋衰微，各诸侯国以强并弱，齐、楚、秦、晋等诸侯
势力日益强大，从而形成了历史上的春秋时期。这也是洛邑作为全国性都城的第
一个时期（图2.6）。

周代的洛邑，城内有周天子的宫殿。宫前有门曰闶门，其外还有皇门。另外
还有左闶门，会群门等。据《逸周书》的解释，左闶门，是路寝左门。与其相对
者，很可能还有右闶门。而闶门则很可能是周天子宫殿正殿路寝殿的正门。若将

路寝殿想象成为明清故宫的太和殿，则闳门有可能相当于太和门。而皇门可能是宫殿的前门，大约相当于明清故宫的午门。而会群门，从字面上的意思来看，有可能是宫城的外门，大约相当于明清故宫的天安门。

周代洛邑的宫殿建筑，已经相当复杂，据《逸周书》：

乃位五宫、大庙、宗宫、考宫、路寝、明堂。咸有四阿、反坫、重亢、重郎、常累、复格、藻棁、设移、旅楹、惷常画、内阶、玄阶、堤唐、山廧、应门、库台、玄阃。④

这里的五宫、大庙之属，指的是洛邑城中的宫殿与祠庙建筑，而四阿、反坫等则指建筑的一些形式与细部做法。如四阿，指宫殿建筑最高规格的庑殿顶；反

图2.6 东周王城时期天子驾六车马坑

① 尚书．周书．洛诰第十五．
② [汉]司马迁．史记．卷四．
③ [清]钦定四库全书．经部．五经总义类．[明]孙瑴．古微书．卷二十七．
④ [清]钦定四库全书．史部．别史类．[晋]孔晁注．逸周书．卷五．作雒解第四十八．

玷，可能是反坫之误，指其殿檐柱外有外向的有台座的尚室空间；重亢，是指梁栋累叠；重郎，疑为重廊，是将房屋廊榭累叠建造；复格，是累叠的栭格；藻梲，是绘有彩画的梁柱；棼，指的是藻井之饰。而这一系列的描述，都是说室内的梁柱、藻井有很精美的彩绘。至于内阶、玄阶、堤唐等，则是指用石头筑造的踏阶，或隆起的甬道。应门为宫殿前的一道门。库台，也是宫殿前的另外一道门——库门前的台座。而玄闑，则是说其门的台阶，是用黑色的石头筑造的。

《礼记》中记载的天子之庙饰有："山节藻梲，复庙重檐，刮楹达乡。反坫出尊，崇坫康圭，疏屏。"[①] 很可能也是对洛邑天子宫殿祠庙建筑的一些描述。这里的山节，指的是雕刻的像山一样的斗栱；复庙重檐，显然是就建筑物的外形而言，是指重檐屋顶的建筑；刮楹达乡，既是说堂前的柱子很光洁，也是说堂殿的门窗洞开四达，空间宏敞；反坫出尊，是说在堂檐柱之南设立土台尚室；崇坫康圭，康者，亢也，这里是说在高台之上，高举象征敬意的圭板；而疏屏，疏者，雕琢之意，这里是指经过雕刻的屏风。由这些早期文献的记载可以知道，中国帝王宫殿的许多具有礼仪规范性的四阿、重檐、复廊、台座、柱楹、藻井、屏风，及相应的雕刻、彩绘等基本的建筑造型与装饰手法，早在周代洛邑的天子宫殿中，就已经初具形态了。

据《周礼》、《礼记》等的记载，周代天子宫殿前有五门制度，分别为皋门、雉门、库门、应门、路门（图2.7）。而《逸周书》中出现的各种门，及门前台座的描述，也是对这种门堂制度的一种补充。重视礼制规范的周王朝，在洛阳城内外还建造了一些祭祀性的建筑，如南郊坛、社坛等：

乃设丘兆于南郊，以上帝配。后稷、日月、星辰、先王皆与食……乃建大社于周中，其壤东青土、南赤土、西白土、北骊土、中央叠黄土。将建诸侯，凿取其方一面之土，苞以黄土，苴以白茅，以为土封，故曰受则土于周室。[②]

据《水经注》载："秦封吕不韦为洛阳十万户侯，大其城。"[③] 这应该是春秋以后对洛阳的第一次大规模扩建。考古发掘也证明了秦代曾将周代洛邑南垣向南拓展（图2.8）。公元前221年，秦统一六国，地处由秦地进入中原之咽喉地带的洛阳为秦三川郡的郡治所在。公元前206年，秦末农民战争及之后的楚汉相争之时，项羽曾封申阳为河南王，居洛阳。刘邦入洛后则置河南郡。直至刘邦确立西汉王朝，最初就是将都城设在洛阳，后来汉室迁都长安。前后又经历了近200年的时间，直至公元25年，汉光武帝建立东汉王朝，再一次定都洛阳，才又一次开启了洛阳作为古代中国都城的历史。

由于历史的久远，周代洛邑王城早已淹没在岁月的磨砺之中。自1954年始，文物考古部门曾经对东周王城旧址进行了一系列勘探发掘。根据考古发掘得出的初步印象是，东周王城曾经有夯土城垣，但早已毁圮不存，由考古钻探初步探知了其城垣的三个转角及四侧轮廓走向。由此可知，这座数千年前建造的王城，其南与洛河相邻，其西跨越涧河，大致呈一个不规则的方形轮廓。残存的西侧墙垣宽度约为5米左右，残高有1.5米；北侧墙垣宽约8～10米，残高有0.8～1.65米；北墙之外还有约深5米的护城壕；其东墙宽约15米，南墙宽约14米，最高处的残存高度约为4米。城墙是由夯土夯筑而成的。考古专家们推测，这座残存的老城墙大约建造于春秋中叶以前，后来在旧墙之上有一些补夯的部分，大约是在战国

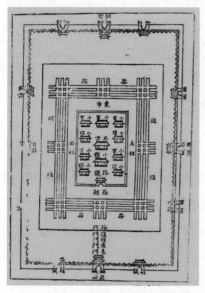

图2.7 东周王城与宫殿简图

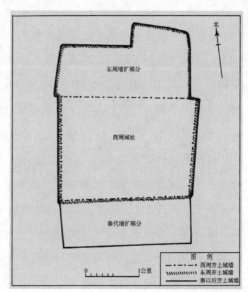

图2.8 早期城址示意图

① 礼记. 明堂位第十四.
② [清]钦定四库全书. 史部. 别史类. [晋]孔晁注. 逸周书. 卷五. 作雒解第四十八.
③ [北魏]郦道元. 水经注. 卷十六.

到秦、汉间所增筑。从文化层遗存的情况看，这座城垣在西汉后期已经开始荒废了。城西南隅两侧墙垣约长1公里左右的北端和东端，地势稍高，地面有一些建筑残片的堆积，考古专家们推测，这里可能是周王城的宫殿建筑区。这说明周代时的重要建筑物可能是分布在这座王城城址内稍偏南或偏中的位置上。而在城址内西北部还有较大范围的陶器和窑址的残存，其时代大约为战国至西汉初。此外，在推测的宫殿区之东，特别是靠近洛河的附近，发现有一些粮仓的遗址，这也从一个侧面，对宫殿区位置的可能性进行了印证。此外，周代洛邑王城内还分布有一些墓葬、车马坑及小型居住建筑的遗址。在遗址中还有陶制排水管的发现。考古专家们的这些成果，虽然不过是一些鸿泥雪爪，却可以引发我们对时代遥远的东周、战国与西汉洛邑城的无限遐想。

二、东汉洛阳

秦代洛阳城虽然已经不是都城，但仍然是一座十分宏伟的城市。秦末楚汉相争之际，楚王项羽曾将自己的属将瑕丘申阳封为河南王，并以洛阳为其都城。西汉初年，汉高祖刘邦曾经经过一座名叫曲逆的城市，"上其城，望见其屋室甚大，曰：'壮哉县！吾行天下，独见洛阳与是耳。'"[①] 说明那时的洛阳已经是天下名城。因此，刘邦曾一度想以洛阳为都城，但遭到了齐人娄敬的劝阻。娄敬主张汉高祖立都于秦地关中，他的理由很简单："且夫秦地，被山带河，四塞以为固，卒然有急，百万之众可具也。因秦之故，资甚美膏腴之地，此所谓天府者也。陛下入关而都之，山东虽乱，秦之故地可全而有也。"[②]

洛阳再一次成为全国性的首都，已经是在相当于公元之初的东汉时期了。公元25年，也就是汉光武帝刘秀即位的建武元年（25年）十月，刘秀率大军进入洛阳，住在了洛阳南宫的却非殿（图2.9），并将洛阳作为东汉一朝的都城。

刘秀定都洛阳之后，为了完成统一大业，先后用兵于关中长安一带，最终剿灭了号称百万之众的赤眉军，接着又铲除了割据陇右之地的隗嚣，并将在西蜀割据称帝的公孙述等大小数十个地方军阀势力彻底消灭。直到这时，自西汉末年新莽之乱以来长达约20年的战乱纷争终于结束，一代新的王朝在中原大地上重新建

图2.9 汉代却非殿示意复原图

立了起来。在东征西讨、平定山河的同时，踌躇满志的汉光武帝刘秀也同时开始
了洛阳城的建设。

东汉洛阳沿用了周秦及西汉洛阳城的旧址，在其基础上，加以修葺改造，并
在城内建造宫殿、祠庙、官署、仓廪等建筑。建武二年（26年），光武帝"起高
庙，建社稷于洛阳，立郊兆于城南，始正火德，色尚赤"③。为了确保其王朝的
正统性与合法性，光武帝还派人到已遭赤眉军焚毁的西京长安城恭迎西汉12位帝
王的神主牌位，供奉于洛阳城新建的高庙之中。

东汉人班固曾写有《东都赋》，描述了东汉时代洛阳城的盛况：

然后增周旧，修洛邑，扇巍巍，显翼翼。光汉京于诸夏，总八方而为之极。
是以皇城之内，宫室光明，阙庭神丽，奢不可逾，俭不能侈。外则因原野以作
苑，填流泉而为沼，发蘋藻以潜鱼，丰圃草以毓兽，制同乎梁邹，谊合乎灵囿。④

东汉洛阳城内有南、北两宫。最初洛阳城中仅有南宫，当是因东周洛邑宫殿

① [汉]司马迁. 史记. 卷五十六. 陈丞相世家第二十六.
② [汉]司马迁. 史记. 卷九十九. 刘敬叔孙通列传第三十九.
③ [南朝宋]范晔. 后汉书. 卷一（上）. 光武帝纪第一（上）.
④ [清]严可均 辑. 全后汉文. 卷二十四. 东都赋.

旧址而建。东汉建武十四年（38年）春正月，"起南宫前殿"[①]。这种在宫内设前殿的做法沿袭了秦咸阳阿房宫前殿与西汉长安未央宫前殿的制度。洛阳南、北宫之设很可能在周代就已经开始，但是在汉光武帝时，北宫只是供藩王居住之地。《后汉书》中记载："建武末，沛王辅等五王居北宫，皆好宾客。"[②] 光武帝陨后，汉明帝开始经营北宫。汉明帝永平四年（61年）开始对北宫进行大规模营造，同时建造的还有洛阳城内的一些官府建筑。永平八年（65年）十月，北宫建成。南北宫之间有复道相连。

从考古资料来看，洛阳城是在周公营造的成周城基础上逐渐扩展的。西周洛邑是一个东西略长、南北稍短的城垣。东周时因为作为天子之都，而向北扩展，秦代时则沿西周城垣南壁向南扩展，形成一个南北向略长、而东西向稍狭的城市轮廓。《河南志》引《帝王世纪》记载，洛阳"城东西六里十一步，南北九里一百步"[③]。因此有所谓"九六城"之说，喻其城南北长9里，东西宽6里。这个南北9里余、东西6里余的城垣，就是从西周以来渐渐形成的洛阳大城的范围。（图2.10）

东汉时代的洛阳城与西汉长安城（图2.11）相似的地方，就在于宫城在城内占了很大的比重。南宫与北宫纵贯城市中心线，北宫的北垣已经接近外城的北垣，而南宫的南垣，距离外城南垣也很近，甚至认为外城南门平城门亦是南宫的正门[④]，则南宫南垣几可与外城南垣相接，而城内还有永安宫、濯龙园、太仓、武库等皇家建筑以及供交易之用的洛阳金市，留给普通市民居住的空间已经不是很大了（图2.12）。

东汉洛阳城内市肆，已经有了一些商业贸易活动。如东汉人王充，曾经在洛阳太学读书，受业于班彪。而王充"好博览而不守章句。家贫无书，常游洛阳市肆，阅所卖书，一见辄能诵忆，遂博通众流百家之言"[⑤]，说明这时的洛阳城已经是一个商业与文化都很发达的城市，以至于时人都为此担忧："今举俗舍本农，趋商贾，牛马车舆，填塞道路，游手为巧，充盈都邑，务本者少，浮食者众。'商邑翼翼，四方是极。'今察洛阳，资末业者什于农夫，虚伪游手什于末业。"[⑥] 商业的发达，也带来了物质文明的发达，东汉时代的洛阳城中，达官贵戚的生活已经变得十分奢侈了：

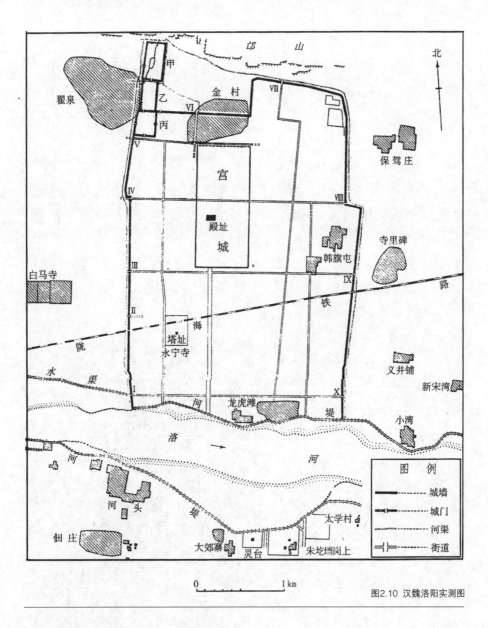

图2.10 汉魏洛阳实测图

① [南朝宋]范晔. 后汉书. 卷一（下）. 光武帝纪第一（下）.

② [南朝宋]范晔. 后汉书. 卷八十三. 逸民列传第七十三.

③ [清]徐松. 河南志. 周城古迹.

④ [南朝宋]范晔. 《后汉书·志第十三》中多有"南宫平城门"的记载，如"南宫平城门内屋自坏"、"南宫平城门内屋、武库屋及外东垣屋前后顿坏"等。

⑤ 后汉书. 卷四十九. 王充王符仲长统列传第三十九.

⑥ 后汉书. 卷四十九. 王充王符仲长统列传第三十九.

而今京师贵戚，衣服饮食，车舆庐第，奢过王制，固亦甚矣。且其徒御仆妾，皆服文组彩牒，锦绣绮纨，葛子升越，筩中女布。犀象珠玉，虎魄玳瑁，石山隐饰，金银错镂，穷极丽靡，转相夸咤。其嫁娶者，车軿数里，缇帷竟道，骑奴侍童，夹毂并引。富者竞欲相过，贫者耻其不逮，一飨之所费，破终身之业。①

这里描写的虽然是洛阳城内生活的奢侈，却也从一个侧面显示了洛阳城市生活的奢华与繁闹。试想一下，公元之初的一座城市，有如此繁华热闹的场景，其经济的发达与文化的繁盛不是也可以从中略窥一斑吗？

东汉末年时的洛阳城中，社会秩序已经十分混乱，当时年仅20岁的曹操曾经担任过洛阳尉，他"入尉廨，缮治四门，造五色棒，悬门左右。犯罪者，不避豪强，皆棒杀之。京师敛迹"②，这时似已显示了曹操后来的雄才大略。然而，以一人之力图求有治，无法阻止天下行之将乱。一代繁华的京师之地，在汉末战乱纷争中特别是董卓之乱后几成灰

古都洛阳

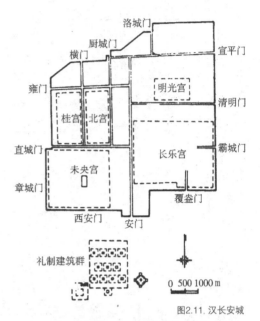

图2.11. 汉长安城

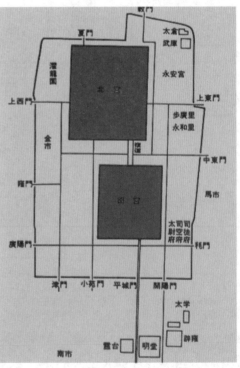

图2.12 东汉洛阳城

烬，"宫室烧尽，街陌荒芜，百官披荆棘，依丘墙间……饥穷烧甚，尚书郎以下，自出樵采，或饥死墙壁间"③。

三、魏晋洛阳

从周代洛邑基础上发展起来的东汉洛阳城，自光武帝刘秀始，历12帝196年；汉末三国曹魏时代至北魏，又从魏文帝曹丕始，历5主46年、西晋武帝司马炎始，历4帝52年、于北魏孝文帝拓跋元始，历8帝42年，先后3个朝代29位帝王，共经历了330年的时间。

魏文帝曹丕黄初元年（220年），曹魏政权迁至洛阳，并于当年12月，"初营洛阳宫"④，宫中有建始殿、玄武馆、前殿、西厢、嘉福殿、崇华殿（又名"九龙殿"）、建始殿、鞠室等建筑。黄初七年（226年），文帝又在洛阳筑造了九华台。至魏明帝太和三年（229年），又"大治洛阳宫，起昭阳、太极殿，筑总章观"。其中有太极前殿、太极东堂等建筑，并将洛阳南的委粟山营造为祀天的圆丘坛。⑤ 并建洛阳庙，将邺城旧庙的四神主迁至洛阳。曹魏时期比较大的建造活动就是在洛阳城西北角筑造了金墉城（图2.13）。据《水经注》记载：

谷水又东，迳金墉城北，魏明帝于洛阳城西北角筑之，谓之金墉城。起层楼于东北隅。《晋宫阁名》曰：金墉有崇天堂，即此，地上架木为榭，故曰楼矣……南曰乾光门，夹建两观，观下列朱桁于堑，以为御路。东曰含春门……城上四面列观，五十步一睥睨，屋台置一钟，以和漏鼓。⑥

据考古发掘，金墉城是位于洛阳大城西北角上的三座连在一起的小城，其作用可能具有避难和军事防御的功能。西晋惠帝永宁元年（301年）。赵王伦篡帝

---

① 后汉书. 卷四十九. 王充王符仲长统列传第三十九.
② [明]张岱 辑. 夜航船. 卷六. 选举部.
③ 三国志. 卷六. 魏书六. 董二袁刘传第六.
④ 三国志. 卷二. 魏书二. 文帝纪第二.
⑤ 三国志. 卷三. 魏书三. 明帝纪第三.
⑥ [北魏]郦道元. 水经注. 卷十六.

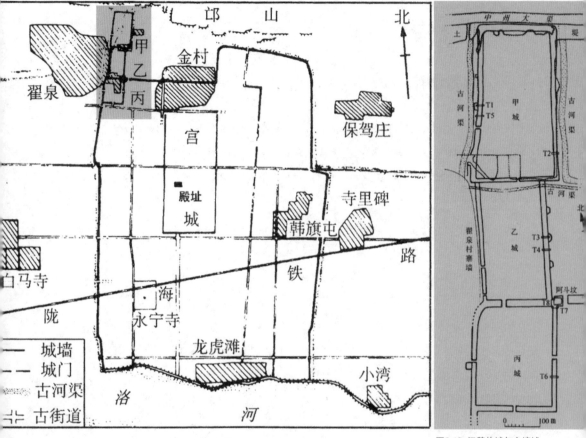

图2.13 汉魏故城与金墉城

位，曾将金墉城改为"永昌宫"，用于囚禁被逼做太上皇的晋惠帝。文献记载中，金墉城中还有魏文帝建造的"百尺楼"，应该是当时洛阳城中最高的建筑物。魏文帝时，还在洛阳城中兴造了大规模的园林建筑，如华林园、芳林园等：

  景初元年，明帝愈崇宫殿，雕饰观阁，取白石英及五色大石于太行谷城之山，起景阳山于芳林园，树松竹草木，捕禽兽以充其中。于时百役繁兴，帝躬自掘土，率群臣三公以下，莫不展力……又逐瑶华宫南，历景阳山北。山有都亭。堂上结方湖，湖中起御坐石也。御坐前建蓬莱山，曲池接筵，飞沼拂席，南面射侯，夹席武峙，背山堂上则石路崎岖，严嶂峻险，云台风观，缨峦带阜。[①]

曹魏时期的洛阳城中还曾出现过一座中国古代建筑史上十分奇特巧妙的建筑物，就是魏明帝时期（227—239年）建造的凌云台，《艺文类聚》中引用了《世说新语》的记载：

　　《世说》曰：凌云台楼观极精巧，先称平众材，轻重当宜，然后造构，乃无锱铢相负揭，台虽高峻，恒随风摇动。魏明帝登台，惧其势危，别以大材扶持之，楼即便颓坏，论者谓轻重力偏故也。②

　　显然，这是一座充分运用了力学原理而建构得十分巧妙的木结构建筑物，而且从其他记载中还可以知道，这是一座建造得十分高大的建筑，如南北朝时的齐人有记录：

　　魏明帝起凌云台，误先钉榜而未题，以笼盛（韦）诞，辘轳长絙引之，使就榜书之。去地上二十五丈，（韦）诞甚危惧，乃掷笔以下，焚之。仍诫子孙，绝此楷法，著之家令。③

　　唐人段成式《酉阳杂俎》中也提到了这件事："魏明帝起凌云台，峻峙数十丈，即韦诞白首处。"④ 韦诞是曹魏时期的书法家，曾官至司徒。这里记载的凌云台高25丈，以一北魏尺为0.241米计，其高度折合今尺，约为60米余，这在公元3世纪时的中国，确实是令人不可想象的高度，其是否为确，尚不可证，但以韦诞惧怕其高而不敢为其题写匾额，甚至诫绝子孙再练习书法，也可以说明其高度已经相当可观，令当时人大为震骇。

　　西晋洛阳沿用了曹魏时的主要建筑，并有所增益。西晋洛阳宫殿仍然分为南、北宫，主要建筑如南宫中有太极殿、光极殿、建始殿等，并建有太极前殿、光极前殿等建筑。西晋洛阳宫门前树立有铜驼雕刻，其形式很可能类似于后世宫门前的双狮雕刻。此外，洛阳城门外还可能树立有铜马、翁仲等雕刻，以及日晷之类的设施。这一点可以从晋室南迁后，后赵石勒曾 "徙洛阳铜马、翁仲二于

① ［北魏］郦道元. 水经注. 卷十六.
② ［唐］欧阳询. 艺文类聚. 卷六十三. 居处部三.
③ ［清］严可均 辑. 全齐文. 卷八. 王颙. 条疏古来能书人名启.
④ ［唐］段成式. 酉阳杂俎. 卷九. 事感.

襄国，列之永丰门"、"徙洛阳晷影于襄国，列之单于庭"^① 这一史实中看出。而且从史料里透露出来的消息，洛阳城中的雕刻还不只这些。如咸康二年（336年）后赵石季龙又再一次在洛阳劫掠，"徙洛阳钟虡、九龙、翁仲、铜驼、飞廉于邺。"^② 这也说明，洛阳城不止一处布置有翁仲、铜驼等雕刻。重要的是这些雕刻的尺寸还十分巨大，其中的一座钟在运输过程中落入河中，不得不用300人入河，系以竹緪，并用牛百头，还使用了辘轳等设备，才将其打捞出来。这些被劫掠而来的城市雕刻，是通过"造万斛舟以渡之，以四轮缠网车，辙广四尺，深二尺，运之邺"。^③ 可见其规模之大。

据《晋书》中记载的洛阳城："东西七里，南北九里。东有建春、东阳、清明三门；南有开阳、平昌、宣阳、建阳四门；西有广阳、西明、阊阖三门；北有大夏、广莫二门。"^④ 这里所说的"东西七里"，恐也是一个大致的估计，或仍是对汉洛阳东、西6里余的一个粗估。因为从考古发掘看，汉晋间洛阳城垣没有大的变化。另外，西晋洛阳城内还有三市，其中有东市、马市和五谷市（图2.14）。

西晋时代的洛阳城见于《河南志》所引陆机《洛阳记》：

洛阳十二门，门有阁。闭中，开左右出入。城内大道三：中央御道，两边筑土墙，高四尺；公卿、尚书、章服从中道；凡人行左、右道。左入右出，不得相逢。夹道种槐、柳树。《晋书》曰：洛阳十二门，皆有双阙。有桥，桥跨阳渠水……华延俊《洛阳记》曰：城内宫殿、台观、府藏、寺舍，凡有一万一千二百一十九间。^⑤

这里最引人注目的是，城里的三条大道是用高4尺的路墙分离开的，这就凸显了晋代在城市规划上的明显倒退。另外，在每座城门前布置双阙，则是包含有丰富的汉代城市空间与格局方面的余韵的。

洛阳城内还有一些祭祀性建筑，除了前面提到的位于委粟山的圜丘坛外，还于南郊设立了高禖坛（祠）和老人星庙。洛阳城内还曾建有国子圣堂，《晋书》称这座圣堂是"礼乐之本"，说明这座圣堂很可能是国子监中祀孔的场所。历史上还有一个著名的典故，发生在西晋与北魏时期的洛阳，这就是"洛阳纸贵"之成语的出处。据说："左思作《三都赋》，豪贵之家竞相传写，洛阳为之纸贵，邢邵文章典丽，每文一出，京师传写，为之纸贵。"^⑥ 由此也可以看出，这一时期洛阳城在文化上的繁盛。

据《太平寰宇记》中的记载："洛阳城东西七里，南北九里。内宫殿、台观、府藏、寺舍，晋魏之代，凡有一万一千二百一十九门。自永嘉之乱，刘曜入洛阳，元帝渡江，官署里闾，鞠为茂草，至后魏孝文帝幸洛阳，巡故宫，遂咏黍离之诗，群臣侍从无不感怆。"⑦ 这里不仅提到了汉晋洛阳城内的繁盛景象，也提到了晋代永嘉之乱后，洛阳城的悲怆与荒凉。而北魏洛阳城就是在这历史的废墟上建立起来的。

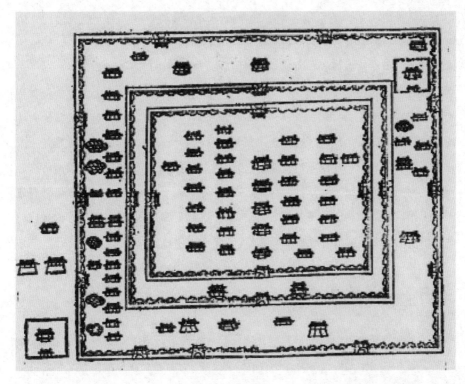

图2.14 晋城阙图（清）

① 晋书. 卷一百零五. 载记第五. 石勒（下）.
② 晋书. 卷一百零六. 载记第六. 石季龙（上）.
③ 晋书. 卷一百零六. 载记第六. 石季龙（上）.
④ [唐]房玄龄. 晋书. 卷十四. 志第四. "地理（上）".
⑤ [清]徐松. 河南志. 晋城阙古迹.
⑥ [明]张岱 辑. 夜航船. 卷八. 文学部.
⑦ [清]钦定四库全书. 史部. 总志之属. [宋]乐史. 太平寰宇记. 卷三. 河南道三. 河南府一.

北魏洛阳，隋唐东都

　　如果把史实不详的东周时期不计在内，洛阳城的鼎盛时期大约分为三个阶段。第一个阶段是东汉洛阳时代。这时的洛阳是真正意义上的全国政治、经济与文化中心，也是洛阳最为稳定而平和的时代。第二个阶段是北魏洛阳时代。一部由其同时代人杨衒之撰写的《洛阳伽蓝记》尽现了北魏洛阳城作为帝王之都与佛教中心的双重繁荣与兴盛。这一时代虽然很短暂，却成就了当时世界上最为宏伟的一座伟大城市，也成就了佛教史上最为宏伟的寺塔建筑。第三个阶段则是隋唐东都洛阳。隋炀帝初建洛阳，就以其缜密的城市规划与宏伟的宫殿门阙而将这一短暂的时代载入了史册。隋炀帝建造的洛阳宫正殿乾阳殿，至今仍然是宫殿建筑史上出现过的最为宏伟的建筑之一。而唐代武则天时期，对洛阳宫的大规模营造，也描绘了洛阳城市与宫殿建造史上十分浓重的一笔。

一、北魏洛阳

　　然而，从城市史的角度来看，北魏一朝对汉魏洛阳的发展所起的作用最大。北魏孝文帝太和十七年（493年）幸洛阳，"周巡故宫基址。帝顾谓侍臣曰：'晋德不修，早倾宗祀，荒废至此，用伤朕怀。'遂咏《黍离》之诗，为之流涕"①。于是，就在这一年孝文帝定下了由平城迁都洛阳的计划（图2.15）。

　　北魏人杨衒之的《洛阳伽蓝记》，对北魏时的洛阳有比较详细的记载：太和十七年（493年），后魏高祖迁都洛阳，诏司空公穆亮营造宫室。洛阳城门依魏晋旧名。东面有三门，自北向南分别为：建春门、东阳门、青阳门；南面有三门，自东向西分别为：开阳门、平昌门、宣阳门；西面有四门，自南向北分别为：西

图2.15 汉魏故城东北角城墙由北望东现状

明门、西阳门、阊阖门、承明门；北面有二门，自西向东分别为：大夏门、广莫门。[②] 其中西面的第四门承明门，是北魏孝文帝初迁洛阳时，居住在金墉城中，因城西有一座上南寺，孝文帝经常要到寺院中去，为方便行走而专门开设的，北魏时代还曾被称为"新门"。据杨衒之的记载，北魏时的洛阳各城门都是两重檐屋顶的城楼，只有北面偏西的大夏门为三重檐屋顶的城楼，去地有20丈高，是诸城门中规模最为宏大的城楼（图2.16）。

① [北齐]魏收. 魏书. 卷七（下）. 帝纪第七（下）. 高祖纪（下）.
② [北魏]杨衒之. 洛阳伽蓝记. 自叙.

图2.16 北魏宫城阊阖门复原示意图

在《洛阳伽蓝记》结束语中，杨衒之概括性地描述了北魏洛阳城的情况：

京师东西二十里，南北十五里，户十万九千余，庙社宫室府曹以外，方三百步为一里，里开四门，门置里正二人，吏四人，门士八人，合有二百二十里。寺有一千三百六十七所。①

这显然是一座比号称"九六城"的南北9里、东西6里的东汉洛阳城大得多的京城（图2.17）。城内除了宫城之外，还规划布置了220座有围墙的里坊，每一坊为1里见方的规模，也就是说，北魏洛阳城东西方向布置了20个里坊，南北方向布置了15个里坊，全城大约占地为300里坊的面积，去掉没有划分在里坊范围内的庙社、宫殿、府曹，以及用于交易的市，洛阳城内实际布置了220个可供居住的里坊，其中居住了10.9万户人家。以每户平均有5口人计，这座公元5世纪末至6世纪初的大都会中，居住了大约60万人口。除了城中的这些里坊外，在洛阳城南还设有四夷馆，分别留居南、北、东、西的外来客人，一时间洛阳城中："乐中国土风因而宅者，不可胜数。是以附化之民，万有余家。门巷修整，阊阖填列。青槐

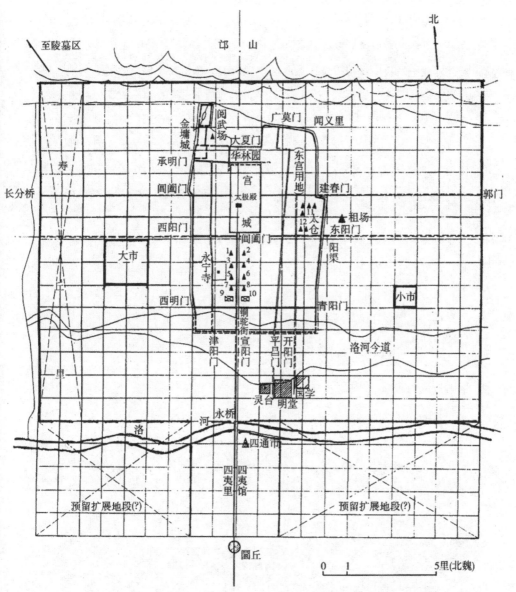

图2.17 北魏洛阳规划复原图

1. 右卫府　2. 左卫府　3. 太卫府　4. 司徒府　5. 将作曹　6. 国子学　7. 九级府　8. 宗正寺
9. 太社　10. 太庙　11. 籍田署、典农署、句盾署、司农寺　12. 太仓署、导官署

① [北魏]杨衒之. 洛阳伽蓝记. 卷五. 城北.

荫陌，绿树垂庭。天下难得之货，咸悉在焉。"① 俨然一座国际化大都会，这在当时的世界上恐怕也是独一无二的。（图2.18）

北魏统治者以佞佛著称，因此，北魏洛阳城也是一座佛寺之城。北魏时期洛阳城中的佛教寺院，据称有1367所之多，大部分都分布在洛阳城的里坊之中。许多寺院都是当时官宦人家舍宅为寺而建成的，寺院的规模很大，如："建中寺，普泰元年尚书令乐平王尔朱世隆所立也，本是阉官司空刘腾宅。屋宇奢侈，梁栋逾制。一里之间，廊庑充溢。堂比宣光殿，门匹乾明门，博敞弘丽，诸王莫及也。"② 说明这座寺院的规模有一个里坊之大，其主要殿堂可以与北魏皇宫中的主殿之一——宣光殿相媲美。（图2.19）

据《洛阳伽蓝记》的记载，北魏洛阳城中里坊内佛教寺院充溢，"于是昭提栉比，宝塔骈罗，争写天上之姿，竞摹山中之影。金刹与灵台比高，广殿共阿房等壮，岂直木衣绨绣，土被朱紫而已哉!"③ 其中最为重要的是位于汉故城以内、宫城之前的永宁寺（图2.20）。寺中有一塔，号称百丈之高（据《水经注》记载，塔刹下至地49丈），可谓中国历史上曾经建造过的最高的木构建筑（图2.21）。

除了巨塔大寺之外，北魏洛阳城中还有一些小型的精舍，如在明人的笔记中提到了北魏洛阳的一件事情，是说："洛阳城东建阳里有台，高三丈，上作二精舍，有钟，撞之，闻五十里。太后移在宫内，置凝闲室。"④ 这件事也得到了北魏人杨衒之的印证，据《洛阳伽蓝记》："阳渠北有建阳里，里内有土台，高三丈，上作二精舍。赵逸云：'此台是中朝时旗亭也。'上有二层楼，悬鼓击之以罢市。有钟一口，撞之闻五十里。太后以钟声远闻，遂移在宫内，置凝闲堂前，

图2.18 北魏洛阳城想象图

图2.19 北魏帝后礼佛图

图2.20 永宁寺塔现状

① [北魏]杨衒之. 洛阳伽蓝记. 卷三. 城南.
② [北魏]杨衒之. 洛阳伽蓝记. 卷一. 城内.
③ [北魏]杨衒之. 洛阳伽蓝记. 序.
④ [明]蒋一葵. 尧山堂外纪. 卷十九. 六朝 [北魏].

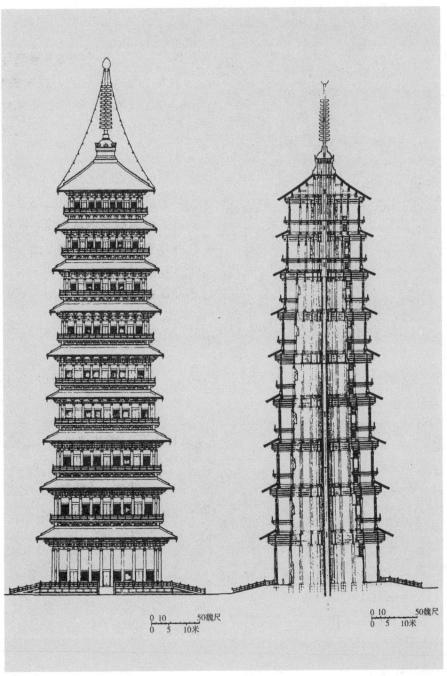

图2.21 永宁寺塔复原研究

与内洴沙门打为时节。"① 曾为旗亭之台，其规模应该不会很大，而在这样一座小土台上，居然建造了两座精舍。精舍中还有两层的鼓楼之设，并悬有铸造精良的钟。这或从一个侧面证明了，在北魏时期的寺庙精舍中，已经开启了后世佛教寺院中常见的钟鼓楼之设。只是这时的寺院钟鼓楼之设，恐还未成定制，故太后才有可能轻易地将其钟移至自己的宫中。

然而，这座盛极一时的伟大都城，在北魏末年屡遭兵燹，渐趋衰落，终至成为"城郭崩毁，宫室倾覆，寺观灰烬，庙塔丘墟，墙被蒿艾，巷罗荆棘。野兽穴于荒阶，山鸟巢于庭树。游儿牧竖，踯躅于九逵；农夫耕老，艺黍于双阙"② 的荒凉破败的凄惨景象，这或许正是仅仅在100余年之后的隋代，就在北魏洛阳旧城西侧10余里外又重新建造了一座全新的洛阳城的根本原因所在。

二、隋唐洛阳

隋代最初建都于汉长安之东、龙首原之南的六冈之地，称为大兴城。即后来的唐长安城。但从地理位置上看，随着人口增加，即使是富庶的关中大地，也很难维系庞大的皇家与贵族集团的生活支出，相比较之下，位于函谷关以东的洛阳地区，距离鱼米之乡的江左一带比较近便，还有便利的水运通道。所以，隋文帝开皇十四年（594年），"上率户口就食于洛阳"③。开皇十五年（595年），东拜泰山，"关中户口就食洛阳者，道路相属"④。说明这时的洛阳在隋帝国中已经具有了十分重要的经济地位。故而，隋文帝殂后，隋炀帝所做的第一件大事就是兴建一座新的洛阳城，作为新王朝宫廷的长期居留之地。

隋文帝仁寿四年（604年），帝崩，炀帝即位后不久即下诏，表示了迁都洛阳之意：

朕又闻之，安安而能迁，民用丕变。是故姬邑两周，如武王之意，殷人五徙，成汤后之业。若不因人顺天，功业见乎变，爱人治国者可不谓欤！然洛邑自古

① [北魏]杨衒之. 洛阳伽蓝记. 卷二. 城东.
② [北魏]杨衒之. 洛阳伽蓝记. 序.
③ [唐]魏征. 隋书. 卷二. 帝纪第二. 高祖（下）.
④ [唐]魏征. 隋书. 卷二. 帝纪第二. 高祖（下）.

之都，王畿之内，天地之所合，阴阳之所和。控以三河，固以四塞，水陆通，贡赋等。故汉祖曰："吾行天下多矣，唯见洛阳……今可于伊、洛营建东京，便即设官分职，以为民极也。"①

隋唐两代称为东都的洛阳，始于隋炀帝大业元年（605年）。如果说自周至北魏近1500年间，洛阳一直是在最初的成周旧址上延续建设，隋代洛阳最大的变化，就是在周秦与汉魏古洛阳城之西18里的地方，重新建造了一座新洛阳城，即隋唐洛阳城。（图2.22）

隋唐时代实行两京制，隋唐洛阳城是一座等级略低于京师长安的都城，故称东都。唐武则天时期武后比较长的时间居住在洛阳，故又称"神都"。作为东都的洛阳城，其城市布局比西京长安城略有一些不同，例如，它不将宫城与皇城宫殿置于城市中轴线上，而在外城西北一隅、皇城以南的定鼎门大街，是洛阳城的主要街道，但却是一条偏西的城市南北干道。

隋唐洛阳城的另外一个特点是洛河穿城而过（图2.23），所谓"北据邙山，南对伊阙，洛水贯都，有河汉之象"②，将洛阳城分为南北两个部分。洛河以北，又再分为两个部分，西部为隋唐洛阳的宫城与皇城，其东部是与洛河之南一样的方整里坊（图2.24）。

《旧唐书》中记载的洛阳城："南北十五里二百八十步，东西十五里七十步，周围六十九里三百二十步。都内纵横各十街，街分一百三坊，二市。每坊纵横三百步，开东西二门。宫城在都城之西北隅。东西四里一百八十步，南北二里一十五步。宫城有隔城四重，正门曰应天，正殿曰明堂。明堂之西有武成殿，即正衙听政之所也。"③

显然，这是一座长宽各15里余、大略呈方形的城市，里坊也呈300步见方的方正格局。因而是一座十分规整的城市。可以将这座城市与比其早20余年前建造的隋大兴城（唐长安城）在尺度上做一个比较。据《旧唐书》记载，建造于隋开皇二年（582年）的大兴城，"城东西十八里一百五十步，南北十五里一百七十五步。……有东西两市。都内南北十四街，东西十一街，街分一百八坊。"④ 也就是说，隋洛阳城在初建时，其南北长度基本上是按照此前建造的大兴城（长安城）确定的，而城内坊市的数量也几乎与大兴城一样。只是在城市东西宽度上小于大兴城，而这一点也主要是由于里坊的格局差异而造成的。大兴城（长安城）的里坊多以南北方向的宽度小于东西

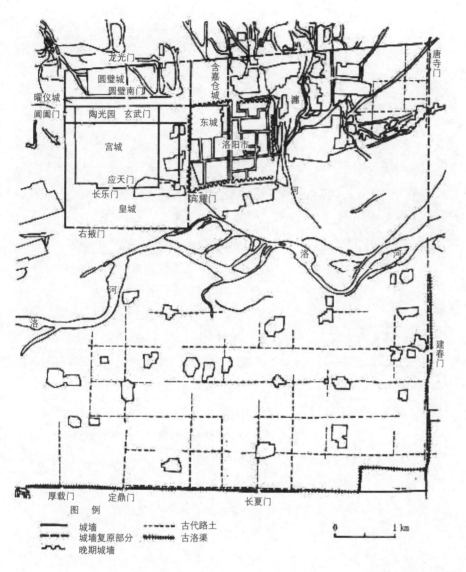

龙光门
圆壁城
圆壁南门
曜仪城
阊阖门
陶光园　玄武门
宫城
应天门
长乐门
皇城
右掖门

含嘉仓城

东城
洛阳市

濮

唐寺门

洛

河

河

洛

河

宾耀门

建春门

厚载门　　定鼎门　　　　　　长夏门

图　例

━━━　城墙　　　　- - - -　古代路土

━ ━ ━　城墙复原部分　┉┉　古洛渠

〰〰　晚期城墙

0　　　　1 km

图2.22　隋唐洛阳遗址

① [唐]魏征. 隋书. 卷三. 帝纪第三. 炀帝（上）.

② [后晋]刘昫. 旧唐书. 卷三十八. 志第十八. 地理一·河南道.

③ [后晋]刘昫. 旧唐书. 卷三十八. 志第十八. 地理一·河南道.

④ [后晋]刘昫. 旧唐书. 卷三十八. 志第十八. 地理一·关内道.

图2.23 隋唐天津桥遗址附近之洛河现状

方向的长度的长方形布置，从而造成了整座城市在东西方向上的尺度大于南北方向。

两座城市在南北长度上基本一致，里坊布置上也都采取了南北13坊的布局。但在东西方向的里坊布置上，大兴城仅整齐地布置了10坊，而洛阳城在洛河南岸的基本里坊格局是以东西11坊布置的，而在其城市最南端的两排里坊，向西增加了两坊，而呈东西13坊的布局，使城市在外轮廓上保持了南北13坊、东西13坊的方形格局，其象征意义似为1年12月有闰，显然是一种刻意为之的规划处理。

《新唐书》中对洛阳城的历史、城市与宫殿做了概括性的描述：

东都，隋置，武德四年废。贞观六年号洛阳宫，显庆二年日东都，光宅元年日神都，神龙元年复日东都，天宝元年日东京，上元二年罢京，肃宗元年复为东都。（皇城长千八百一十七步，广千三百七十八步，周四千九百三十步，其崇三丈七尺，曲折以象南宫垣，名日太微城。宫城在皇城北，长千六百二十步，广八百有五步，周四千九百二十一步，其崇四丈八尺，以象北辰藩卫，日紫微城，武后号太初宫。上阳宫在禁苑之东，东接皇城之西南隅，上元中置，高宗之季，常居以听政。都城前直伊阙，后据邙山，左瀍右涧，洛水贯其中，以象河汉，东西五千六百一十步，南北五千四百七十步，西连苑，北自东城而东二千五百四十步，周二万五千五十步，其崇丈有八尺，武后号日金城。）[①]

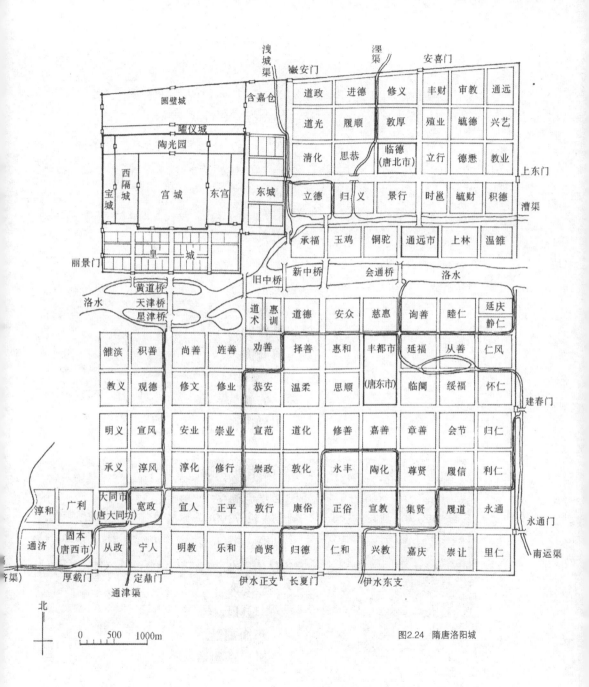

图2.24 隋唐洛阳城

① 新唐书．卷三十八．志第二十八．地理二．

也就是说，洛阳先后被称为东都、东京与神都。而武周到玄宗开元、天宝时期的洛阳，可以说达到了其历史上最为鼎盛的时期。据开元元年（713年）的统计，洛阳的居民有19.4746万户，总人口数为118.3092万。这一时期的洛阳与长安两京，应该是当时世界上规模最为宏大的城市。（图2.25～图2.26）

唐武则天时期，有一位名叫宋之问的文人曾写过一首诗《明河篇》，其中有几句特别描绘了唐人眼中的洛阳城的大致形象："洛阳城阙天中起，长河夜夜千门里。复道连甍共蔽亏，画堂琼户特相宜。"宋之问在另外一首诗中还有："洛阳花柳此时浓，山水楼台映几重"之句，俨然一座中古时代大都会的盛况，十分形象地描述了这一时期洛阳城的城市与建筑景象。

后世故事中有一则是发生在唐代洛阳宫殿中的："唐武后天授元年二月，策问贡士于洛阳殿前。状元之名，盖自此始。"[①]

隋唐洛阳城，作为一座都城，虽然在地位上略低于西京长安城，

图2.25 唐代洛阳城正门定鼎门遗址复建后现状

图2.26 西门道东望定鼎门遗址现状

但是，在有唐一代，因其与江左富庶之地位置近便和便利的漕运体系，成为唐代帝王经常的驻留之地（图2.27）。一代女皇武则天的大部分时间就是在洛阳度过的，甚至在她登基的光宅元年（684年），将洛阳城改为"神都城"，将洛阳的皇家禁苑西苑改名为"神都苑"。洛阳神都的这一名号，沿用到唐显宗神龙元年（705年），在这前后20余年的时间中，洛阳几乎成为了事实上的京师之城。这一时期洛阳城中演绎的建筑大戏，如武则天明堂（通天堂）、天堂等大规模建筑的反复营造，都成为古代中国建筑史上颇有影响的一个个重大事件。（图2.28～图2.29）

图2.27 隋唐含嘉仓遗址

图2.28 唐代明堂遗址——中心柱洞

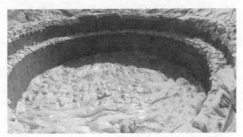

图2.29 隋唐宫城天堂遗址现状

① 张岱 辑. 夜航船. 卷六. 选举部.

三、五代洛阳

洛阳与长安一样，在唐末战争中遭到了重创。或者说，洛阳遭到重创的时间比长安更早，早在盛唐末期的安史之乱中，洛阳城内的宫阙就遭到了毁灭性的摧残。中唐时的敬宗自即位以来就一直希望能够临幸东都，但因为东都残破不适合皇帝起居而遭群臣力谏未果。唐宝历二年（826年），在敬宗的一再坚持下，裴度上言说："国家本设两都以备巡幸，自多难以来。兹事遂废。今宫阙、营垒、百司廨舍率已荒圮，陛下傥欲行幸，宜命有司岁月间徐加完葺，然后可往。"① 唐末昭宗天复四年，即唐哀帝天祐元年（904年），昭宗"乃率诸道丁匠财力，同构洛阳宫，不数月而成。"② 说明自安史之乱的天宝十四年（755年）到唐末哀帝天祐元年（904年）的将近150年中，洛阳宫阙一直处于荒圮的状态。到了五代后梁开平三年（909年），梁太祖朱晃将都城确定在洛阳，并称要"创开鸿业，初建洛阳"，御五凤楼，大赦天下，还要求"正月十四、十五、十六日夜，开坊市门，一任公私燃灯祈福"③。说明虽遭唐末兵燹的洛阳城，大致格局还存在，但也需要大规模营建才能满足需求。

五代后梁开平元年（907年），有人提议："升汴州为开封府，建名东都。其东都改为西都，仍废京兆府为雍州佑国军节度使。"④ 也就是说，将汴州升为都城，称东都，而将唐东都洛阳城改为西都，将唐西京长安城降为节度使驻地。如此则基本上完成了中国历史上帝都东移的过程。显然，自五代至北宋，洛阳城仍然具有西都的重要地位。

继后梁而起的五代后唐时，曾一度以洛阳为京城。这时的洛阳宫殿虽遭重创，其基本的架构还在，如后唐庄宗时，"洛阳大内宏敞，宫宇深邃，宦官阿意顺旨，以希恩宠，声言宫中夜见鬼物"，并且解释说唐代宫廷中，"六宫嫔御，殆及万人，椒房兰室，无不充牣，今宫室大半空闲，鬼神尚幽，亦无所怪"⑤。后唐庄宗患宫中暑湿，希望要建造高楼以避暑，宦官则逢迎道："今大内楼观，不及旧时长安卿相之家，旧日大明、兴庆两宫，楼观数百，皆雕楹画栋，干云蔽日，今官家纳凉无可御者。"⑥ 这也从一定程度上反映了五代时的洛阳宫殿，虽然骨架尚存，但因久遭损毁，早已没有往日的辉煌，也没有那么多高大宏伟的建筑了。

后晋天福二年（937年），几经战乱颠覆的洛阳，已经渐趋破败，且因距离江左较远，转运困乏，已经不再适合作为一个全国性政治中心，而且洛阳正处在久受袭扰，"属舟船焚爇之余，馈运顿亏，支费殊阙"的狼狈状态。这时的汴梁，却是"梁苑雄藩，水陆交通，舟车云集"，呈现日渐兴盛的景况。因而，初登大宝的后晋帝石敬瑭就有了迁都汴梁的打算，以"谋徙都大梁"。他的臣属也附和曰："大梁北控燕、赵，南通江、淮，水陆都会，资用富饶。"⑦ 显然，废弃洛阳，而迁都汴梁，在五代中期已经是在所难免的事情了。迁都进一步造成了洛阳城的衰败，到了五代后汉乾祐年间（948—950年），当时人杨凝式有诗："洛阳风景实堪哀，昔日曾为瓦子堆。不是我公重葺理，至今犹自一堆灰。"⑧

五代后周世宗年间（954—959年），曾命武行德对摧毁殆尽的洛阳城重加修葺。北宋初年，仍立都于汴梁，"因周之旧为都，建隆三年（962年），广皇城东北隅，命有司画洛阳宫殿，按图修之，皇居始壮丽矣。"⑨ 说明唐末历五代数十年，最为壮观的宫殿建筑似仍在洛阳。虽然，后梁、后晋与后周栖居汴梁，但宋代初年，新兴的北宋王朝，仍然要从洛阳宫殿遗址中寻找自己建造宫殿的蓝本。宋代时，仍将洛阳定为西京。宋仁宗景祐年间（1034—1038年）也曾对洛阳城进行过修缮。有宋一代的洛阳，虽然已不似帝王之都般壮丽雄伟，但仍然是人文荟萃，居舍云集之地，宋时人多游历洛阳旧迹"间与浮图、隐者出游，洛阳名园山水，无不至也"⑩。宋代人李格非著《洛阳名园记》一书，记录了宋代时洛阳城中园林滋茂的城市景观。李格非在这本书中还有一句名言："天下之盛衰，候于洛阳之盛衰；洛阳之盛衰，候于园圃之兴废。"⑪ 由此也可以看出洛阳在中国历史与文化中的地位。

① [宋]司马光. 资治通鉴. 卷二百四十三. 宝历二年.
② [宋]薛居正. 旧五代史. 卷二. 梁书. 太祖纪二.
③ [宋]薛居正. 旧五代史. 卷四. 梁书. 太祖纪四.
④ [宋]薛居正. 旧五代史. 卷二. 梁书. 太祖纪二.
⑤ [宋]薛居正. 旧五代史. 卷五十七. 唐书. 列传九.
⑥ [宋]薛居正. 旧五代史. 卷五十七. 唐书. 列传九.
⑦ [宋]薛居正. 旧五代史. 卷七十六. 晋书. 高祖纪二.
⑧ [宋]薛居正. 旧五代史. 卷一百二十八. 周书. 列传八.
⑨ [元]脱脱. 宋史. 卷八十五. 志第三十八. 地理一. 京城.
⑩ [元]脱脱. 宋史. 卷二百八十六. 列传第四十五.
⑪ [宋]邵博. 邵氏闻见后录. 卷二十四.

北宋西京，明清府城

一、宋金洛阳

北宋灭亡后，洛阳先后被金人和元人所据，金时曾为中京金昌府城，元时为河南路，明洪武间改为河南府，并一直沿用至清。因其特殊的地理位置，常常处于兵家必争之地，屡遭兵燹袭扰，到明清时代，这座盛极一时的千年古都，渐渐沦为一座普通的地方性城市（图2.30）。

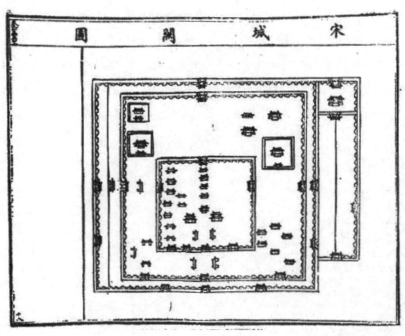

图2.30 宋城阙图

宋代时，仍称洛阳为西京。宋初开宝八年（975年），宋太祖曾派遣庄宅使王仁珪、内供奉官李仁祚，与河南知府焦继勋："同修洛阳宫室，上始谋西幸也。"[①] 第二年，在对洛阳宫室的修葺之后，太祖赵匡胤来到了洛阳："上至西京，见洛阳宫室壮丽，甚悦。"[②]

其实，出生于洛阳的赵匡胤，本来就很喜欢洛阳这里的风土人情，这一次看到宫殿尚好，就有了迁都之意。随行而去的起居郎李符提出了8条困难来阻止太祖的迁都之举："京邑凋敝，一难也。宫阙不完，二难也。郊庙未修，三难也。百官不备，四难也。畿内民困，五难也。军食不充，六难也。壁垒未设，七难也。千乘万骑，盛暑从行，八难也。"[③] 但是这些理由都不足以使宋太祖改变主意。随从中一位将军插话说："东京有汴渠之漕，岁致江、淮米数百万斛，都下兵数十万人，咸仰给焉。陛下居此，将安取之？且府库重兵，皆在大梁，根本安固已久，不可动摇。若遽迁都，臣实未见其便。"[④] 其实，这一种说法也没能说服宋太祖，在众人的力劝下，太祖只说姑且从之。

太祖赵匡胤最终也没有能够实现迁都洛阳的愿望。到了宋真宗时，久居于繁华的东京汴梁，连皇帝自己也改变了主意，真宗曾经对辅臣说："洛阳宫阙壮丽，然城北地隘，谷、洛浅滞，辇运艰阻，谅非久居之所，第因行礼，暂巡幸耳。"[⑤] 造成迁都困难的问题，主要还是辇运艰阻，而洛河水浅，漕运也很困难，这说明随着国家经济日益仰赖东南江左之地，帝都东移其实是一个不以人的意志为转移的必然趋势。当然，从这里也可以看出来，在北宋时代，洛阳的宫殿建筑仍然保存得较好，且其规模比起东京北宋宫殿，更为壮丽雄伟。

如果来观察一下北宋汴梁城的宫殿，其所仿效的仍然是洛阳隋唐宫阙，《宋史》上提到了这件事情：

---

① 续资治通鉴长编. 卷十六. 太祖开宝八年.
② 续资治通鉴长编. 卷十六. 太祖开宝九年.
③ 续资治通鉴长编. 卷十六. 太祖开宝九年.
④ 续资治通鉴长编. 卷十六. 太祖开宝九年.
⑤ 续资治通鉴长编. 卷七十五. 真宗大中祥符四年.

东京，汴之开封也。梁为东都，后唐罢，晋复为东京，宋因周之旧为都，建隆三年，广皇城东北隅，命有司画洛阳宫殿，按图修之，皇居始壮丽矣。雍熙三年。欲广宫城，诏殿前指挥使刘延翰经度之，以居民多不欲徙，遂罢。宫城周回五里①

汴梁宫殿是模仿洛阳宫殿而来的，据可靠的史料，金中都宫殿是模仿汴梁宫殿而建的，元大都宫殿，受到了金代宫殿的影响，而明代营造南京宫殿时，也参考了大都宫殿的格局。明北京宫殿，则是既沿用了元大都宫殿的旧址，又参照了明南京宫殿的格局。清代北京紫禁城，则是明代北京宫殿的一个延续。也就是说，自公元10世纪以来，中国宫殿建筑史，其真正的源头应该就是隋唐洛阳宫殿。而北宋时的洛阳宫殿，保存得尚算完好。

据《河南通志》的记载，宋仁宗景祐年间（1034—1038年），洛阳知府王曾曾经对洛阳城"复加修缮，视成周减五之四。金元皆仍其旧。"② 这一次的缮修工程，可能是根据具体的城市建筑物与人口的存留情况，对旧有城池所做的一次大规模缩减。金代时将洛阳定为中京，改河南府为金昌府，并将河南县并入洛阳县。这时，洛阳旧城因战乱而遭毁弃，于是，又在隋唐洛阳城的东北角上另筑了一座新城，其规模周回不足9里。此后的金元洛阳城，就延续了这次修建的结果。而明清时代的洛阳老城，也是在这一基础上修建的。

北宋时，洛阳属河南府洛阳郡，隶属于京西北路。宋徽宗崇宁年间（1102—1106年），洛阳共有12.7767万户人家，总人口数为23.3280万人。这比起人口已近百万的东京汴梁是小了一些，但这在当时仍然是一座大都会的人口规模。

而宋时的洛阳，虽然不是都城，却仍然是一个文化底蕴深厚且适合文人雅士居住的地方。李格非的一部《洛阳名园记》，描绘的就是宋代洛阳的山水城市景观，其中不乏园池优美的仕宦之宅。宋真宗时一位文臣名王曙："曙参知政事，治第西京，……间与浮图、隐者出游，洛阳名园山水，无不至也。"③ 还有一位陈希亮，是仁宗朝人，他的"洛阳园宅壮丽与公侯等，河北有田岁得帛千匹"，但至晚年，却皆弃不取，"庵居蔬食，徒步往来山中。妻子奴婢皆有自得之意，不与世相闻"④。这一方面可以看出北宋时的洛阳仍是一个文人荟萃之地；另一方面，或也可以略窥这些文人雅士特立独行的精神气质。

宋代的洛阳城，是文人荟萃之地，宋代大儒邵雍、司马光、欧阳修等在洛阳都有园宅。而且这些园宅中一改唐代不许在里坊中起楼阁的规定，在住宅中建造起了多层楼阁。如宋神宗熙宁年间，退休太师王拱辰在洛阳道德坊中所营的第宅，其中堂起屋三层，最上层曰朝元阁。⑤ 除了住宅中的楼阁外，宋代洛阳城中，还在城市空间中建立高阁，供游人登临眺望，如：

（司马）温公一日登崇德阁，约康节，久而不至，乃作一绝以候之云："淡日浓云合复开，碧伊清洛远潆回。林间高阁望已久，花外小车犹未来。"康节至，和其韵云："君家梁上年时燕，过社今年尚未回。为罚误君凝望久，万花深处小车来。"⑥

能够望见碧伊清洛潆绕回环，说明这座楼阁颇为高峻。从这则故事中，我们不仅看到了洛阳城中的高楼危阁，而且，还看到当时洛阳城内"林间高阁"、"万花丛中"的优美景色。

但是，这优美的景色中，也隐隐地渗透着历史的沧桑。文化荟萃的洛阳，也是历代文人的感伤之地。宋代大儒邵雍曾经写过一篇《洛阳怀古赋》，其中多少也透露出宋代文人对洛阳之兴衰的感伤之情：

洛阳之为都也，居天地之中，有中天之王气在焉。予家此，治平岁，会秋垂雨霁，与殿院刘君玉，登天宫寺三宝阁，洛之风景因得周览。惜其百代兴废以来，天子虽都之，而多不得其久居也，故有怀古之感，以通讽谕。⑦

其实，这样的感伤，常常见于宋代文人著述的字里行间，如李格非所写的《洛阳名园记》中有十分著名的一段：

洛阳处天下之中，挟崤渑之阻，当秦陇之襟喉，而赵魏之走集，盖四方必争之地也。天下常无事则已，有事则洛阳先受兵。予故曰：洛阳之盛衰者，天下治乱之候也。方唐贞观开元之间，贵戚开馆列第于东都者，号千有余邸，及其乱离，继以五季之酷，其池塘、竹树，兵车蹂躏，废而为丘墟，高亭、大

① 宋史．卷八十五．志第三十七．地理一．京城．
② [清]钦定四库全书．史部．地理类．都会郡县之属．河南通志．卷九．城池．河南府．
③ 宋史．卷二百八十六．列传第四十五．
④ 宋史．卷二百九十九．列传第五十八．
⑤ [明]蒋一葵．尧山堂外纪．卷四十七．宋．
⑥ [明]蒋一葵．尧山堂外纪．卷四十七．宋．
⑦ [清]钦定四库全书．史部．地理类．都会郡县之属．河南通志．卷七十二．艺文一．

榭，烟火焚燎，化而为灰烬，与唐共灭而俱亡者，无余处矣。予故尝曰：园圃之废兴，洛阳盛衰之候也。且天下之治乱，候于洛阳之盛衰，而知洛阳之盛衰，候于园圃之废兴。①

这段震烁古今的话，既点明了洛阳在中国地理与历史上的重要地位，也使人们在慨叹洛阳这座古城的盛衰之时，多会激发出一种念千古之悠悠，独怆然而涕下的复杂心绪。

宋钦宗靖康元年（1126年），金兵的铁蹄已经逼近河洛，最初金人威逼东京，要求割让三镇以和，在宋廷内部主战主和争执不下的时候，"金人次洛阳，不复言三镇，直请画河为界"②。金兵的入侵，恐怕是洛阳真正走向衰落的一个转折点。靖康之乱后，洛阳、汴梁渐入金人之手。金太宗天会四年（1126年），也就是金人攻陷洛阳不久，就将洛阳、襄阳等地的居民迁至河北，这无疑对洛阳又是一次致命的打击。金代时将洛阳称为中京金昌府。

元太宗窝阔台三年（1231年），蒙古大军就已经直逼陕、洛。"三年辛卯春二月，克凤翔，攻洛阳、河中诸城，下之。"③ 由此可知，洛阳城在金人的统治下延续了大约105年。元代洛阳已经是一座地方性城市，且屡遭天灾人祸的洗劫。如元顺帝至正二十二年（1362年），"河南洛阳、孟津、偃师三县大旱，人相食"④。这很可能是洛阳历史上最为悲惨的一页了，被边缘化了的一代名都，在遇到天灾之时，竟无力自救，惨而至于到了人相食的地步。而洛阳的这一衰败景象，也标志着元帝国的末日了。元代时洛阳仍属河南府，其下辖有洛阳、宜阳、登封、偃师等九县，总户数为0.952万户，总人口为6.5751万人。这时的洛阳及其下辖各县的总人数，大约只接近北魏洛阳人口（约60万余）的近1/10，唐代盛期洛阳人口（约118万余）的1/18，及宋代洛阳人口（约23万余）的近1/4。其衰落之甚由此或也可以略加想见了。

二、明清洛阳

元代时的洛阳，已是夕阳西下，暮霭重重，早已淡去了往日的辉煌与艳丽。元时人比喻事不长久，甚至会用洛阳的兴衰来作对比。如元末之时，一位任姚州判官的江西人叫程国儒，因为躲避战乱而投到了友人方谷珍、吕玄英处暂时栖身。程国儒手中有一幅《鹤傍牡丹图》，请吕玄英为此画题字，吕玄英题了一首诗曰："牡丹花畔鹤精神，飞并云林似倚人。万里青霄不归去，洛阳能有几时春。"⑤ 其意显然是以洛阳作比，慨叹事物的不长久，拿到题诗的程国儒自然明白其中的意思，当天就匆匆忙忙地离去了。

明代初年，太祖朱元璋颇有迁都洛阳之意，洪武二十四年（1391年）八月，他曾"命皇太子往视关洛。皇太子志欲定都洛阳，归而献图。明年四月，以疾薨。太祖哭之恸，追谥为懿文皇太子。葬孝陵之次。时太祖春秋六十有五，日御东角门，向群臣泣"⑥。显然，若不是明太祖年事已高，抑或不是太子朱标英年早逝，有明一代的都城是否真的会最终花落洛阳，也是一件难以臆测的事情。然而，一个偶然的事件，既改变了明代的历史，也彻底湮灭了洛阳再次成为京师之地的可能。

明清时的洛阳城，当是在金元洛阳城旧址上，重新修葺而成的。明洪武元年（1368年）：

> 因旧址始筑砖城，设河南卫。守之周围八里三百四十五步，高四丈，广如之。池深五丈，阔三丈。门四，东曰建春，南曰长夏，西曰丽景，北曰安喜。建角楼四，敌楼三十，警铺三十九。⑦

这显然是一座军事防御性城市，其规模（周回8里余，东西、南北各约2里）与汉魏洛阳城（东西6里，南北9里，周回21里余）、北魏洛阳城（东西20里，南北15里，周回70里余）或隋唐洛阳（东西15里余，南北15里余，周回69里余）相比，不过是区区一角，甚至不及隋唐洛阳宫城（东西4里余，南北2里余）的基址规模。

---

① [宋]李格非. 洛阳名园记.
② 宋史. 卷三百五十二. 列传第一百一十一.
③ 元史. 卷二. 本纪第二. 太宗.
④ 元史. 卷五十一. 志第三下. 五行二.
⑤ [明]黄溥. 闲中今古录摘抄. 卷一.
⑥ [明]姜氏秘史. 卷一.
⑦ [清]钦定四库全书. 史部·地理类·都会郡县之属·河南通志. 卷九.

明代洛阳城中规模最大的建筑群应该是王府建筑。洛阳曾经先后建造过两座王府，一座是伊王府，另外一座是福王府，而又以明神宗朱翊钧第三子福王朱常洵的府邸规模更为宏巨。明万历四十二年（1614年），福王之国就在旧洛阳县衙旧址上大兴土木。其工程之大，甚至与当时的知府之间发生了冲突，据《河南通志》，明万历时人张经世在洛阳知府任上时："值福王之国，缮造府第，日与内监，规画基址。挺身争之，百姓赖以安全。"① 说明其府值对城内百姓的利益多有侵夺。按照现代人的勘测，洛阳福王府的基址范围，东至原洛阳县府前街，西至城中的十字街之北，南至旧察院街，北至莲花寺。明代王府有明确的规制，而福王的王府又是明代王府中较为宏敞奢华者，占地面积约为23万平方米，其内的空间分为内寝与外殿，其四周围有城墙，王府城墙的四个方向上建有四座门楼。其南正门的位置在察院街（今洛阳东大街）处。大门与洛阳府文庙的后门正相对应，并与府文庙设置在同一条中轴线上。南门楼建筑为面广五开间，进深三开间，采用歇山式屋顶。其外蹲踞着一对硕大的石狮子。再外南是一座雕刻有二龙戏珠图案的大型影壁墙。

进入南门之后，在王府之内的外殿部分，先后有仪门、圣谕牌坊、中正殿、皇恩殿等中轴线上的主要建筑物，以及数量可达百间的两侧厢房与廊庑。外殿之东驻有守卫的兵士和马房，以及库廪建筑，并建有马王庙。在王府东西两门之间有一条横街，这一点是仿天子的规制，通过横街将前殿与后寝隔离开来。外殿的后门前亦建造有一座约1丈余高、3丈余宽的影壁墙。墙南面仍然是二龙戏珠的雕刻，墙北面则书有"皇恩浩荡"四个大字。

内寝的正门亦为三间，其外有一对石狮子。门前另建有一座影壁墙，墙北题有"皇帝万寿"字样，墙南仍旧雕刻有二龙戏珠图案。王府内寝部分，分别设置有左右宅房、客堂、书房。内寝的后部建有一座文昌楼，楼东有土地庙，楼西则为后花园。福王府内的花园内，开凿有湖池，引莲花寺的泉水入池，池岸上错落布置着亭台楼榭等园林建筑，应该也是一处不错的府邸园池。崇祯十四年(1641年)，李自成率兵攻占洛阳，一把大火烧毁了福王府。这一组浩大的建筑群，现在仅存一对旧时王府前的石狮子，其位置大约在今日洛阳的中州路北侧（图2.31）。近年又发现了王府外门之外的一尊大石狮，现已收藏在洛阳民俗博物馆中（图2.32）。

清代洛阳仍延续了明代的建制，其地为河南府治的所在地，洛阳县治附郭而设。清兵进入洛阳后，将残存的明福王府后寝部分加以修整改建，用作清代的河南府衙署。河南府下辖洛阳、偃师、巩县、孟津、宜阳、新安、渑池、嵩县等8县。①

据清代《河南通志》的记载，明清时代的洛阳为河南府所在地。其城池经宋景祐间的知府王曾修缮后，规模有所减小，金元仍宋之旧，但此前的城池为土筑。直至明代洪武元年（1368年），因其旧址始筑砖城。这座明初的洛阳城池周回8里345步，城墙高4丈，墙厚亦为4丈。城外有护城壕，壕深5丈，阔3丈。在这座大约每面边成仅约2里的城池四面，各设了一座城门。其东门称建春门，南门称长夏门，西门称丽景门，北门称安喜门。由此可以推知，城内应该呈正交的十字交叉的街道网络，其中心位置应为"十字街"。这样的一种街道布局，在明清北方地方城市中十分常见。此外，还于城池四角建造了4座角楼，沿城设置了30座用于防御的敌楼。同时，另在城内设置了39座警铺，用于维持城内的社会治安。在清顺治五年（1648年），洛阳知府金本重修了洛阳城池，康熙三十三年（1694年）巡抚顾汧又在城中建造了一座公共建筑——奎楼。②

从实际勘测中可以知道，明清洛阳老城的位置大约在隋唐洛阳宫城东墙以东的位置上。以其约8里见方的规模，城池每面的长度不过2里左右，我们假设唐人与清人用了相同的里步单位，则明初所新筑的洛阳城，比隋唐洛阳宫城（不含皇城）的大小范围（周回十三里二百四十一步）还要小许多，甚至还没有已经缩小了的宋代西京洛阳宫殿的占地范围大。因为，据《宋史》的记载，宋代西京洛阳"宫城九里三百步"③。也就是说，明代河南府城比宋洛阳内残存的宫城面积，其周回短了一里余。这座周长仅八里余，大约仅相当于隋唐时洛阳城内四个里坊大小的范围，就是今日洛阳老城的前身（图2.33）。

① [清]钦定四库全书. 史部. 地理类. 都会郡县之属. 河南通志. 卷五十六. 名宦下.
② [清]钦定四库全书. 史部. 地理类. 都会郡县之属. 河南通志. 卷九. 城池.
③ [元]脱脱. 宋史. 卷八十五. 地理志第三十八. 地理一.

图2.31 明代福王府旧址石狮

图2.32 民俗博物馆藏明代彩绘石狮

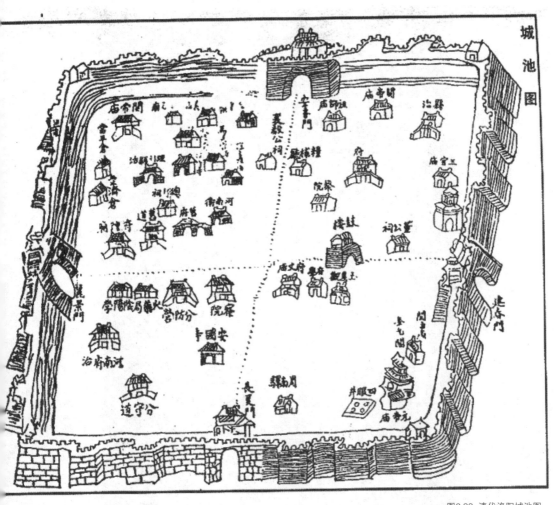

图2.33 清代洛阳城池图

　　由史料中观察的洛阳，洛阳及其周围地区曾经是一座自然生态十分良好的城市，一种说法是，在北魏时，洛阳周围地区似还曾有狮子出现，明代人笔记引《博物志》说，魏武帝出外征战时曾斩获一只狮子，"得狮子还，来至洛阳三十里，鸡犬无鸣吠者"①。这一说法当然无法得到印证，但中古时代以前的河南地区曾经有猛兽出没，则是可能的。此外，从一些明人笔记中还可以知道，明代弘治间（1488—1505年），洛阳人出城进山时，还时常会遇到猴群。② 这也从一个侧面印证了洛阳地区曾经有过的良好生态环境。

图2.34 明清小石桥

  清朝初年，洛阳的人口规模与元代时相比，并没有太大变化。据《河南通志》，清顺治十六年（1659年）有人丁76983人；康熙元年（1662年）有人丁86474人；而到了康熙六十年（1721年），已经有人丁127579人了。^③ 显然，在社会稳定的清代，洛阳同其他地区一样，人口规模呈上升的趋势（图2.34）。

---

① [明]张岱 辑. 夜航船. 卷七十. 四灵部.
② [明]陆粲. 说听. 卷四.
③ [清]钦定四库全书. 史部. 地理类. 都会郡县之属. 河南通志. 卷二十四. 户口下.

第 叁 章

汉晋遗阙北魏宫

北魏宫城中轴线北眺太极殿遗址现状

步登北邙阪，遥望洛阳山。

洛阳何寂寞，宫室尽烧焚。

垣墙皆顿擗，荆棘上参天。

不见旧耆老，但睹新少年。

——[三国]曹植《送应氏诗二首·其一》

钟虡何年去洛阳，仙人辞汉泪成行。

最苦西飞双燕子，重来不见旧宫墙。

——[明]邢昉《故宫燕》

汉晋洛阳宫苑

中国古代建筑的主流是宫殿建筑，每一朝代最为重要的建筑工程几乎无一例外的都是宫殿建筑。《吕氏春秋》中有言："古之王者，择天下之中而立国，择国之中而立宫，择宫之中而立庙。"[①] 周公以洛阳居天下之中，故而立洛邑王城。至迟从东周时代起，洛邑城中就有了天子的宫殿建筑。东汉建都雒阳（洛阳），京师雒阳城中有南北宫。北魏时新建的洛阳城，已经将宫殿置于城市的中心地位。

从建城遗址看，存在两个洛阳，一个是从周秦到汉魏时期的洛阳；另一个是隋唐以来的洛阳。

隋立东都洛阳，由于地形的限制，同时可能也因为作为东都，在制度上比西京城要略低一级，其宫城设了城市的西北一隅。但其宫阙巍峨，基本的宫殿旧址一直沿用到北宋时代。从北宋至金、元、明、清，其宫殿建筑在基址规模与平面布局上代有传承，最终却都可以追溯到宋代尚存的洛阳隋唐宫殿遗址。因而，说洛阳城中的隋唐宫殿格局是宋以后历代中国帝王宫殿的原型，并不为过。

一、周代宫苑

周代洛阳宫殿遗迹历经各朝各代的反复破坏与建造，早已荡然无存。只能从历史文献中找到一点蛛丝马迹。关于成周城的记载有两说：

---

① [战国]吕不韦. 吕氏春秋. 审分览第五. 慎势.

一为《河南志》引《周书》曰："周公作大邑成周，于土中立城，方千六百二十丈，郭方七十二里，南系于洛水，北因于邙山，以为天下之大制。"另外一说见于《博物志》："王城方七百二十丈，郭方七十里，南望洛水，北至邙山。"①

　　一说方1620丈，一说720丈，当是其周回的长度。以1周尺为今尺0.23米推测，方720丈的宫城，周回长度约合今尺1656米；而方1620丈的宫城，周回长度约合今尺3720米。设想这一宫殿为南北长、东西窄的格局，按照后来洛阳之"九六城"的比例推算，则周回720丈者，其长约496.8米，而其宽约331.2米；而其周回1620丈者，其长约2232米，其宽则约为744米。后者已经比现存明清北京紫禁城要大，而前者的规模似比较符合周代时的社会生产能力。无论如何，两说中必有一说有误。关于宫城的具体布置，则：

　　面有三门，凡十二门：南城门曰圉门，东城门曰鼎门，北城门曰乾祭，余名不传。每门三涂：男子由右，女子由左，车从中。南北之道为经，东西之道为纬，涂阔二十步。王宫当中涂之经。左祖右社，面朝后市。王宫有五门：曰路门、应门、雉门、库门、皋门。宫有六寝：前曰路寝，余五寝居后，缌曰燕寝。（东北一寝，春居之。东南一寝，夏居之。西北二寝，秋、冬居之。中央一寝，季夏居之。）其内有后之六寝，九嫔以下分居之。近郊三十里之地为明堂，以祀文王、享上帝。（高三丈，东西九筵，南北七筵，九堂十二室。每堂四户、八牖。其官方一百步。）②

　　这里的记载，很可能是后人根据《周礼》的一些有关王城与宫城的制度描述而推想出来的。但似乎也说明了周代洛阳宫殿是后世所有皇宫建筑的雏形。其制度性层面的一些基本规定，比如左祖右社、面朝后市、五门制度、前朝后寝制度，都是后世历代宫殿布局之滥觞。但是，周代宫殿中围绕一个中心寝殿，在周围环绕布置4个寝殿，天子按照不同季节，分别住在这些位于不同方位上的寝殿中的做法，应与尚处远古时代的周人相信天子与天地四方、四季周流运转相互对应，从而保证天下安定、和谐的思想相吻合的。

二、东汉宫苑

东汉洛阳分南、北宫，两宫间有复道相连。当然，南、北宫并非一天建成。东汉建武元年（25年）六月，汉光武帝即皇帝位，十月，"车驾入洛阳，幸南宫却非殿，遂定都焉。"[③] 这座南宫却非殿应是东汉之前就已存在的建筑（图3.1）。东汉初年，可能还未及开展大规模的宫殿建设，因为从文献的记载看，直到建武十四年（38年）春，亦即汉光武帝即位

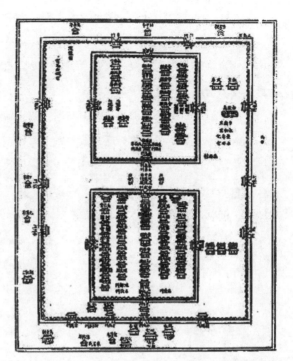

图3.1 后汉京城图（清）

的第十四个年头，才"起南宫前殿"[④]。至光武帝中元元年（56年），才"初起明堂、灵台、辟雍，及北郊兆域"[⑤]。接着，中元二年（57年）春正月，"初立北郊，祀后土"[⑥]。说明这些重要皇家祭祀建筑，是在汉光武帝晚年才开始兴造的。而在刚刚建造完这些基本的祭祀建筑之后，即中元二年二月，光武帝"崩于南宫前殿"[⑦]。我们知道，秦汉宫殿建筑中，前殿往往是最重要的殿堂。秦始皇咸阳宫有阿房前殿，东汉高祖刘邦曾建造了未央前殿，这些"前殿"似乎都是用来举行大型皇家礼仪活动如登基大典而用的，然而，从这里可以看出，东汉南宫前殿，不仅仅是礼仪性殿堂，也是皇帝日常起居之所。

---

① [清]徐松. 河南志. 周城古迹.
② [清]徐松. 河南志. 周城古迹.
③ [南朝宋]范晔. 后汉书. 卷一（上）. 光武帝纪第一（上）.
④ [南朝宋]范晔. 后汉书. 卷一（上）. 光武帝纪第一（上）.
⑤ [南朝宋]范晔. 后汉书. 卷一（下）. 光武帝纪第一（下）.
⑥ [南朝宋]范晔. 后汉书. 卷一（下）. 光武帝纪第一（下）.
⑦ [南朝宋]范晔. 后汉书. 卷一（下）. 光武帝纪第一（下）.

东汉第二位皇帝汉明帝，于永平十八年（75年）"崩于东宫前殿"①，第三位皇帝汉章帝，章和二年（88年）"崩于章德前殿"②，汉和帝也是崩于章德前殿，汉殇帝则殡于崇德前殿，汉顺帝、汉冲帝、汉质帝都是崩于玉堂前殿，汉桓帝崩于德阳前殿。可以看出东汉时期的"前殿"制度，不仅见于宫殿中轴线上，也在附属宫殿上，如东宫前殿、章德前殿、德阳前殿、玉堂前殿等。从文献中看来，东汉宫殿中见于记载的有南宫宣室殿、嘉德殿、黄龙殿、千秋万岁殿、长秋殿、和欢殿、杨安殿；北宫还有一座嘉德殿，以及北宫德阳殿。另外还有不知其所在位置的崇德前殿、崇德殿（似应在南宫，因曹魏时的魏明帝曾在其南宫起太极殿，用的就是崇德殿旧址）、承福殿、温德殿、寿安殿、宣德殿、章台下殿、华光殿、宣明殿、宣平殿、白虎殿、显亲殿、未央殿、云台殿、安福殿等。

这些宫殿，可能都是一些成组的院落，由其前殿、主殿，甚至后殿，及各座殿堂前的庭院及门殿组成。如南宫不仅有前殿，还有内殿；北宫除章德前殿外，还有章德殿；德阳殿还有东厢（及西厢），顺帝阳嘉三年（134年），"天子亲自露坐德阳殿东厢请雨"③。而玉堂殿，既有前殿，也有后殿，及后殿庭院。另外，德阳前殿有西阁，而温明殿有东庭，说明东汉宫殿中不仅有楼阁建筑，而且一座殿堂除了前后庭院外，可能还有东西方向的跨院。灵帝光和五年（182年）七月，"青虹见御座玉堂后殿庭中"④。这些殿堂中还有铜人等装饰品，如灵帝中平三年（186年），曾"复修玉堂殿，铸铜人四，黄钟四，及天禄、虾蟆"⑤。关于这件事还有更为详细的记载："明年（中平三年），遂使钩盾令宋典缮修南宫玉堂。又使掖庭令毕岚铸铜人四，列于苍龙、玄武阙，又铸四钟，皆受二千斛，县于玉堂及云台殿前。又铸天禄、虾蟆，吐水于平门外桥东，转水入宫。"⑥从空间组群上看，一座宫殿还各有自己不同方位的阙。如由这里的记载可知，南宫玉堂殿就有东方苍龙阙、北方玄武阙等。

东汉洛阳南宫中还有一组呈前后殿布置的玉堂。据史料记载，汉顺帝建康元年（144年），顺帝崩于玉堂前殿，而继其位的汉冲帝于永憙元年（145年）也崩于玉堂前殿。而据《洛阳宫殿记》，南宫中有玉堂前后殿⑦。但是，这种前后殿，是以前后两殿配列，还是在一座主殿（玉堂）之前后各有一殿，呈前、中、后三殿的形式，还不是十分清楚。

关于宫殿规模，见于记载的只有《河南志》引《洛阳宫殿名》一说："永安宫（《洛阳宫殿名》曰：周回六百九十八丈。《洛阳宫殿簿》曰：宫内有景福殿、安昌殿、延休殿。有园。）"⑧ 这座永安宫是东汉时代的一座离宫，其规模也有周回698丈的范围，几乎与记载中周回720丈的周代洛阳的天子之宫一样大了。由此或可推测东汉洛阳南、北宫的各自规模恐都不会小于这样一个周回尺度。

据《河南志》，东汉宫殿分南、北宫，其北宫共有12座门。南面有4门，正南曰平门，其东为开阳门，其西依序是宣阳门、津门。东面有3门，南为耗门（又称宣平门），中为中东门，北为上东们。西面也是3门，南为广阳门，中为雍门，北为上西门。北面为2门，东为谷门，西为夏门。⑨

南宫濒临洛水，与北宫的距离为7里，中间作大屋，两者之间有三道复道相连。天子走中道，从官走两侧。南宫的宫门名称比较驳杂，如司马门、端门、广义门（宫东门）、神虎门（宫西门）、朔平门、金商门、铁柱门、盛馔门、章台门等，此外还有南掖门、北掖门、东掖门、西掖门、左掖门、虎贲掖门等。值得注意的是，南宫四周分别有朱雀、苍龙、白虎与玄武四座门阙。⑩

《河南志》引《汉官典职》和《洛阳宫殿簿》中还有一些有关德阳殿的记述：

《东观汉记》曰：明帝欲起北宫，尚书仆射钟离意上书谏，出为鲁相。后起德阳殿。殿成，百官大会，上谓公卿曰：钟离尚书若在，不得成此殿。殿前有东阁。《汉官典职》曰：德阳殿，画屋朱梁，柱皆金镂。一柱三带，韬以赤缇。周旋容万人。激洛水于殿下。《洛阳宫殿簿》曰：殿南北行七丈，东西行三十七丈四尺。⑪

① [南朝宋]范晔. 后汉书. 卷二. 显宗孝明帝纪第二.
② [南朝宋]范晔. 后汉书. 卷三. 肃宗孝章帝纪第三.
③ [南朝宋]范晔. 后汉书. 卷六十一. 左周黄列传第五十.
④ [南朝宋]范晔. 后汉书. 卷八. 孝灵帝纪第八.
⑤ [南朝宋]范晔. 后汉书. 卷八. 孝灵帝纪第八.
⑥ [南朝宋]范晔. 后汉书. 卷七十八. 宦者列传第六十八.
⑦ [清]钦定四库全书. 史部. 编年类. [明]王祎. 大事记续编. 卷十五.
⑧ [清]徐松. 河南志. 后汉城阙古迹.
⑨ [清]徐松. 河南志. 后汉城阙古迹.
⑩ [清]徐松. 河南志. 后汉城阙古迹.
⑪ [清]徐松. 河南志. 后汉城阙古迹.

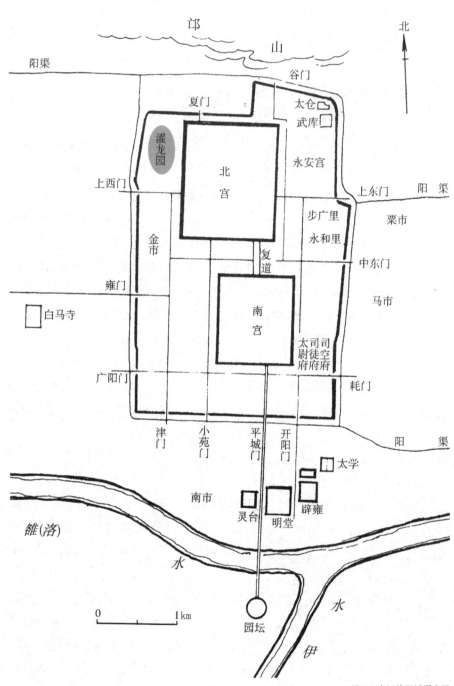

图3.2 东汉洛阳城濯龙园

这应该是有关东汉洛阳宫殿建筑单体最为详细的记述。若以一东汉尺为今尺0.239米计算，这座德阳殿应是一座面广合今尺约89.386米，进深合今尺约16.73米的大殿。与今日尚存明清故宫太和殿相比，其面广要大一些，而其进深却仅相当于太和殿的1/2。这应该是一个比较符合真实情况的记录，因为，较为早期的古代建筑，因为受结构技术的限制，其在面广方向的延伸似乎不太受局限，而在进深方面的跨度延展，则会受到很大约束。

东汉顺帝阳嘉元年（132年），曾"起西苑，修饰宫殿"[①]，这可能是在洛阳建造皇家苑囿之始（图3.2）。史书中关于东汉洛阳西苑的记载很少，《后汉书》中曾提到："又西苑之设，禽兽是处，离房别观，本不常居，而皆务精土木，营建无已，消功单贿，巨亿为计。"[②] 除了宫殿之外，东汉皇家祭祀建筑中还有一些附属性的建筑，如太学讲堂、辟雍礼殿等。

东汉人班固《两都赋》对汉代宫殿作了十分文学化的描述：

其宫室也，体象乎天地，经纬乎阴阳。据坤灵之正体，放（太）、紫之圆方。树中天之华阙，丰冠山之朱堂。因瑰材而究奇，抗应龙之虹梁。列棼橑以布置，荷栋桴以高骧。雕玉瑱以居楹，裁金璧以饰珰……于是左城右平，重轩三阶。闺房周通，门闼洞开。列钟虡于中庭，立金人于端闱。[③]

显然，这样一座宏伟的宫殿建筑群，正如班固所云，可谓是"崇台闲馆，焕若列星"，"区宇若兹，不可殚论"了。汉以后魏晋间的洛阳城内虽也有宫殿，但似不可能与东汉盛期的洛阳宫殿同日而语。

三、魏晋宫阙

曹魏最初将其宫殿营造于邺城，曹操在世时曾着手对东汉洛阳宫殿的修复工作。曹丕代汉而起后，则开始了在东汉洛阳宫殿的废墟上营造其洛阳宫殿。魏明

---

① [南朝宋]范晔. 后汉书. 卷六. 孝顺孝冲孝质帝纪第六.
② [南朝宋]范晔. 后汉书. 卷三十（下）. 郎觊襄楷列传第二.
③ [南朝宋]范晔. 后汉书. 卷四十（上）. 班彪列传第三十上.

帝时，是曹魏洛阳宫殿建设的高峰时期，初步奠定了魏晋洛阳宫殿的基础，而司马晋代魏之后，也大致沿用了曹魏时的洛阳宫殿而无多增益。

曹魏时洛阳城是否仍然保持了东汉洛阳南、北宫的格局，似乎不很清楚。曹魏时代主要是重建了北宫，并向南扩展，取消了南、北宫之间的间隔，并将南宫的部分范围纳入城市用地范围，从而形成了一座完整的宫城。据建筑史学家傅熹年先生的研究，这一处理造成了略与其邺城相似的宫室在北，官署、居里在南的格局，并且将城市的中轴线与宫殿的中轴线重合为一，城市主干道正对着北宫的正门与正殿（图3.3）。①

曹魏洛阳宫殿的正衙为太极殿。据顾炎武的《历代帝王宅京记》，这是魏明帝效法上天的太极之位而建造的，其位置在东汉南宫崇德殿的故址之上。太极殿前为路门。而路门是周礼宫殿制度中，天子正殿前五座门（皋门、库门、雉门、应门、路门）中的最后一座门，其位置大约相当于明清北京故宫的太和门。

自曹魏首创太极殿，其后的历代宫殿中，多以太极为正殿，似已成为规制。如元人方回撰《续古今考》提到："历代殿名，或因或革，唯魏之太极，自晋以降，正殿皆名之。"② 关于太极殿的形制，《续古今考》引西晋挚虞的《决疑要注》："其制有堿，右堿左平，平以文砖相亚次。堿者，为陛级也。九锡之礼，纳陛以登，谓受此陛以上殿。"③ 所谓右堿左平，是一种宫殿台阶的形式。堿者，为有阶的踏道，供人登临；平者，类似今日的坡道，可供车辆上下殿堂。

在太极殿之后的第二进庭院为式乾殿。西晋时的式乾殿，是皇帝讲学、议事及会见群臣的地方。式乾殿之后，又有一座殿堂，称昭阳殿，也是独立成一院落的。据《三国志》，魏明帝青龙三年（235年）："大治洛阳宫，起昭阳、太极殿，筑总章观。"④ 而正是在青龙年间（233—237年），"帝愈增崇宫殿，雕饰观阁，凿太行之石英，起景阳山与芳林之园，建昭阳殿于太极之北，铸作黄龙凤皇奇伟之兽，饰金墉、陵云台、陵霄阙。百役繁兴，作者万数，公卿以下至于学生，莫不展力"⑤。这不仅说明昭阳殿是中轴线上位于太极殿后的一组重要建筑，也说明曹魏时宫殿建设的高潮，主要是在明帝时期。

前面已经提到，曹魏时在洛阳建造了一座凌云台。关于这座凌云台还有一些

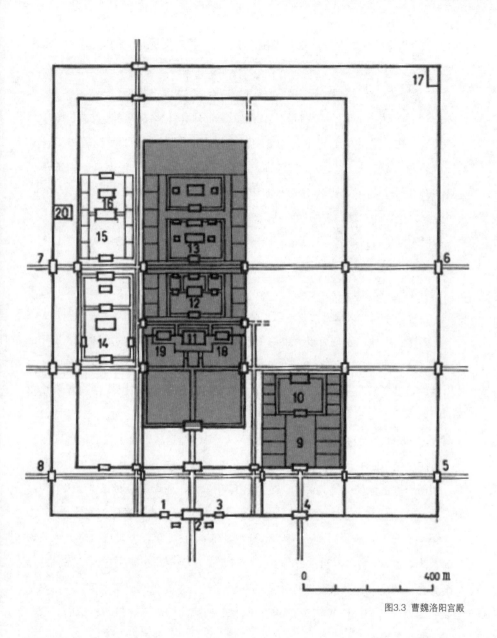

图3.3 曹魏洛阳宫殿

① 傅熹年. 中国古代建筑史（第二卷）. 北京：中国建筑工业出版社，2001：9.
② [清]钦定四库全书. 子部. 杂家类. 杂考之属. 续古今考. 卷二十八.
③ [清]钦定四库全书. 子部. 杂家类. 杂考之属. 续古今考. 卷二十八.
④ [晋]陈寿. 三国志. 卷三. 魏书三. 明帝纪第三.
⑤ [晋]陈寿. 三国志. 卷二十五. 魏书二十五.

记载，如《水经注疏》中引杨龙骧《洛阳记》云："凌云台高二十三丈，登之见孟津。"并引《述征记》云："凌云台在明光殿西"，说明这座高台建筑坐落在宫城之内。而《太平御览》引《晋书》："武帝登凌云台，望见廒苜蓿园，阡陌甚整，依然感旧。"① 从宫中一座高台，可以望见周围纵横的阡陌，也略可见这座建筑之高。

但是，在其另外的史料中，凌云台的高度似乎仅有13丈，而不是23丈。如《历代帝王宅京记》引《洛阳宫殿簿》曰："凌云台，上壁方十三丈，高九尺（疑当作丈），楼方四丈，高五丈，栋去地十三丈五尺七寸五分也。"② 另据《三国志补注》引《洛阳宫殿簿》的记载：

洛阳宫殿簿曰：陵（凌）云台，上壁方十三丈，高九丈。楼方四丈，高五丈。栋去地十三丈五尺七寸五分也。世说曰：陵（凌）云台楼观精巧，先称平众木轻重，然后造构，乃无锱铢相负揭。台虽高峻，常随风摇动，而终无倾倒之理。魏明帝登台，惧其势危，别以大材扶持之，楼即颓坏，论者谓轻重力偏故也。③

根据这些尺寸，我们可以大致想象出这座高台式楼阁建筑的形制。以其"上壁方十三丈"（以三国尺合今尺0.242米计，约方31.46米），说明其台顶是向外出挑的，其下应有向内收进的结构体支撑。以每侧悬挑出1.5丈（约合今3.63米）的距离，则支撑台顶的台身结构仍有10丈见方。而在台顶面上有一座楼殿，平面为四方形，边长4丈（合今尺9.68米），则可能是居于台中央的一座殿阁，其四面距台边缘各4.5丈（合今尺10.89米）。其殿可能还有台阶、踏步。台高，即台顶面距离地面的高度为9丈（合今尺21.78米），而这座殿阁脊檩（栋）距离地面的高度为13.575丈（合今尺32.852米），则其栋距离台顶面的高度为4.575丈（合今尺11.072米），而台顶楼阁的外观高度为5丈（合今尺12.1米）。两者间的差为4.25尺（合今尺1.028米），应该是脊檩上皮与正脊上皮的距离。这座高踞于台顶的楼屋，其实是一座单层的小殿，其基本的造型形式，我们或可以从南北朝时北齐后主天统三年（567年）所建造的河北定兴义慈惠石柱上的石刻小殿中大略想象出来。

凌云台建筑的性质也颇令人起疑，如清人顾祖禹《读史方舆纪要》中提到，苻秦时，曾在凌云台置戍。晋太元八年（383年），叛军败秦兵，"克凌云台戍"，东晋末"司马顺明率众保凌云台"④，似乎这是一座重要的军事建筑。而据《二十二史劄记》引《魏略》云：曹魏时"至高贵乡公之被弑也，帝以威权日去，心不能甘，发甲于凌云台，亲讨司马昭"⑤。则凌云台似乎又像是一座藏纳兵器的军械库。若果如此，则其内部的空间也一定是比较大的。这一点从其高9丈、方13丈的台身造型可以想见。其台顶四壁为13丈见方，即使将每侧悬挑出1.5丈，其支撑台顶的结构部分也有10丈见方，则以其高9丈（21.78米），长宽各10丈（24.2米）的结构体量，其中无疑可以形成很大的空间。

故而台顶面下的支撑体中，应该有木制的楼梯，可能还有多层可供使用的空间。傅熹年先生引裴松之注《三国志》所提到的魏元帝在陵（凌）云台铠仗授兵，及引《世语》关于"挟天子登凌云台，台上有三千人仗，鸣鼓会众"⑥ 一事，即认为凌云台有可能是曹魏宫殿中存储武器甲仗的武库 。⑦

无论如何，凌云台无疑是当时的能力所能够建造的巨大建筑物。为了这座宏大建筑的建造，皇帝甚至躬自动土，据去曹魏不远的晋人王嘉《拾遗记》记载："魏明帝起凌云台，躬自掘土，群臣皆负春插，天阴冻寒，死者相枕。"⑧ 如此似也可以说明凌云台建造的工程浩大。

曹魏洛阳宫殿已经多有一些园林的建设，如魏明帝在宫西凿濛汜池。《楚辞·天问》中有"出自汤谷，次于濛汜；自明及晦，所行几里？"说明，在古代神话中，太阳是西沉于濛汜之中的。魏明帝于宫殿之西凿池曰"濛汜"，其中应有"日入濛汜"的象征性意义。此外，在曹魏洛阳宫殿的西宫中，还有琼花池⑨ ，应该也是一座宫殿中的园林池苑。曹魏洛阳宫殿中还有一座天渊池，池中有九华殿，又有说是九华台、九华楼等。这座殿建造于黄初七年（226年）。在天渊池南还建有茅茨堂，这可能是为了表示皇帝的节俭，而特意建造的用茅草葺盖屋顶的殿堂。

① 太平御览. 卷八百二十四. 资产部四. 园.
② [清]钦定四库全书. 史部. 地理类. 都会郡县之属. [清]顾炎武. 历代帝王宅京记. 卷八. 魏.
③ [清]钦定四库全书. 正史类. 三国志补注. 卷一. 魏书. 文帝纪.
④ [清]顾祖禹. 读史方舆纪要. 卷四十八.
⑤ [清]赵翼. 二十二史劄记. 卷六. 三国志多回护.
⑥ 傅熹年. 中国古代建筑史（第二卷）. 注[38]、注[39]. 北京：中国建筑工业出版社. 2001：29.
⑦ 傅熹年. 中国古代建筑史（第二卷）. 北京：中国建筑工业出版社. 2001：25.
⑧ [晋]王嘉. 拾遗记. 魏.
⑨ [宋]乐史. 太平寰宇记. 卷三. 河道三. 河南府一.

西晋基本上沿用了曹魏在洛阳的宫殿，其主殿是太极殿，其后为式乾、昭阳诸殿。故西晋宫殿也应该是不分南、北宫的一整座宫城（图3.4）。据《晋书》，太极殿自端门入，显然是位于宫城的中轴线上的。太极殿组群采用了南北朝建筑中典型的东西堂之制。这种东西堂制度，是在正殿太极殿的东西两侧并列布置了两座殿堂。其方位不像后世在正殿前设置东西配殿的做法，而是将东西二堂与正殿一样，呈坐北朝南的布置。

曹魏时期洛阳宫殿中已经有了东西堂的配置。如高贵乡公曹髦在嘉平六年（254年）十月："公入于洛阳，群臣迎拜于西掖门南……遂步至太极东堂，见于太后。其日即皇帝位于太极前殿。"[①] 说明曹魏时的太极殿，既有东西堂，也保留了汉代宫殿，在主殿前设立前殿的制度。晋代时东堂是听政及宴会之所。《晋书》中提到，"太极东堂皆朝享听政之所"[②]，而且，有几位晋代

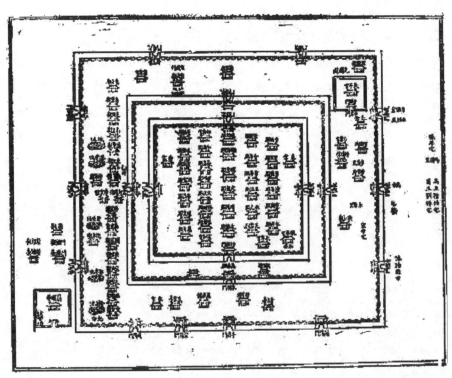

图3.4　晋都城图

皇帝都薨于东堂，说明东堂有可能同时还是皇帝日常起居生活之所。

西堂的功能似乎与东堂接近，皇帝在这里举行宴会，或会见群臣，"及小会于西堂，设妓乐，殿上施绛绫帐，缕黄金为颜，四角作金龙，头衔五色羽葆疏苏"③。说明其中还具有娱乐的功能。而也有多位皇帝崩于西堂，并将西堂作为送殡之所。这些都反映了东西堂在使用功能上有相似的地方。关于太极殿，《洛阳宫殿簿》曰：

太极殿十二间。殿前南行，仰阁三百二十八间。南上总章观，阁十三间，东上凌云阁，阁十一间，殿前有两株万年树。④

这里记述了一座早期宫殿建筑中心庭院的做法。主殿太极殿为12开间，殿前用朝房328间，围合成为一个很大的庭院，也就是史书上所说的"太极前庭"。太极殿是帝王登基，或举行大典礼仪的地方。但为什么设计成偶数开间的"十二间"，很令人不解。

在正南面与太极殿相对应的位置上，是一座楼阁，称为总章阁，以其名称推测，这可能是一座犹如明堂一样的楼阁，平面很可能呈方形，以周回12间，中间一间是被称为太室的大房间。而在其东邻的院落中，则是著名的凌云阁。因为是巧妙受力的楼阁建筑，其平面很可能也是集中式构图的，但如何是11间，却也不得而知。也许这里的凌云阁与魏明帝时的凌云阁并非是同一座建筑物，亦未可知。

奇怪的是，这里没有提到太极前殿。而太极前殿在魏晋两代的帝王生活中都扮演了重要作用。如新帝登基、百官拜贺等，甚至，在太极前殿中还有御床，有时皇帝还在太极前殿中宴飨群臣、会见群臣等，说明这座前殿也是一座功能很复杂的建筑物。也许，前面提到的与太极殿相对而立的总章观，就是太极前殿的别称。

① [晋]陈寿．三国志．卷四．魏书四．三少帝纪第四．
② [唐]房玄龄 等．晋书．卷二十八．志第十八．五行中．
③ [唐]房玄龄 等．晋书．卷九十九．列传第六十九．
④ [南朝宋]范晔．后汉书．卷四十（上）．班彪列传第三十（上）．

北魏宫苑

　　北魏初都平城（今大同），在平城建有西宫与东宫，其西宫外垣墙有周回二十里规模。东宫规模大约相当于西宫的1/3。北魏人对洛阳宫苑的经营，最初是在太平真君十一年（450年），当时北魏太武帝曾在行幸洛阳时，大治宫室，并让皇太子居于北宫。太和十七年（493年），孝文帝"诏司空穆亮，将作董迩缮洛阳宫室，明年而徙都之"[①]。太和十九年（495年），洛阳金墉宫（图3.5）建成，"六宫及文物尽迁洛阳"[②]。此后的北魏洛阳，不止一次大规模地营造宫室，如宣武帝景明二年（501年），在经过战乱之后，曾经有过一次大规模重建，关于这一点见于宣武帝的诏书："京洛兵芜，岁逾十载。先皇定鼎旧都，惟新魏历，剪扫榛荒，创兹云构，鸿功茂绩，规模长远。今庙社乃建，宫极斯崇，便当以来月中旬，蠲吉徙御。"[③]　孝静帝天平二年（535年），曾发众76000人营新宫。[④]

　　关于北魏洛阳宫殿，史料中的记载语焉不详，从考古发掘来看，北魏时似已不在洛阳大城（所谓"九六城"）中分设南、北宫，而是形成一个完整的宫城（图3.6）：

　　宫城坐落于大城的中北部，位置适中略偏西，它与大城形制相仿，呈南北长的矩形……宫城南北长约1398米，东西宽约660米，面积占了大城面积的十分之一左右，是都城里最重要的中心建筑区。

　　宫城的四面垣墙保存尚好，墙基虽已埋没地下，还都能连接起来。南端在今韩旗屯往白马寺的东西大道之北，东西直行。全长约660米，约宽8～10米，墙基残存约高1.3～2米。在南墙的偏西处，探见门址一座，形制宏伟，当时南墙的正门，按文献记载，北魏时叫"阊阖门"，当地群众称为"午门台"。它距离宫城西南角约180米，门洞阙口宽约46米，门内侧有夯筑土阙，形制很大，阙口下有

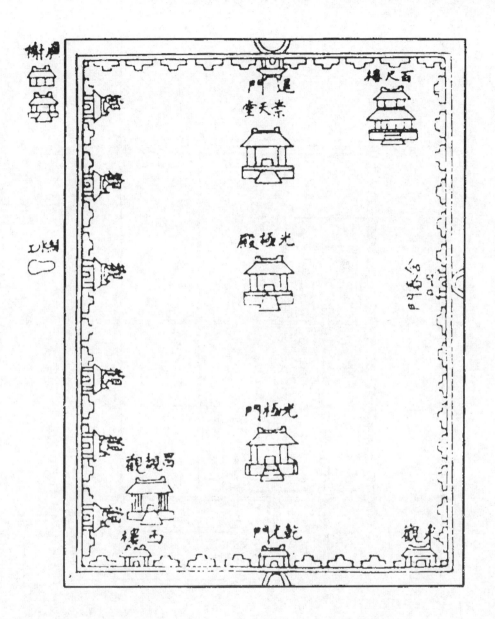

图3.5 早期志书中的金墉城

① [北齐]魏收. 魏书. 卷一百五之四. 志第四. 天象一之四.
② [北齐]魏收. 魏书. 卷七（下）. 帝纪第七（下）. 高祖纪（下）.
③ [北齐]魏收. 魏书. 卷八. 帝纪第八. 世宗纪.
④ [北齐]魏收. 魏书. 卷十二. 帝纪第十二. 孝静纪.

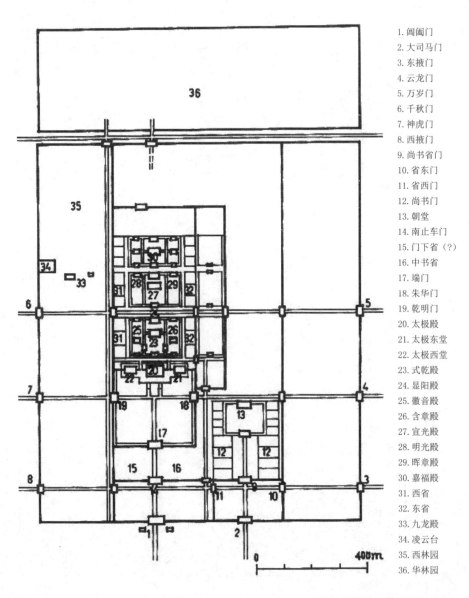

1. 阊阖门
2. 大司马门
3. 东掖门
4. 云龙门
5. 万岁门
6. 千秋门
7. 神虎门
8. 西掖门
9. 尚书省门
10. 省东门
11. 省西门
12. 尚书门
13. 朝堂
14. 南止车门
15. 门下省（？）
16. 中书省
17. 端门
18. 朱华门
19. 乾明门
20. 太极殿
21. 太极东堂
22. 太极西堂
23. 式乾殿
24. 显阳殿
25. 徽音殿
26. 含章殿
27. 宣光殿
28. 明光殿
29. 晖章殿
30. 嘉福殿
31. 西省
32. 东省
33. 九龙殿
34. 凌云台
35. 西林园
36. 华林园

图3.6 北魏洛阳宫城平面复原示意图

厚实路土和白灰墙皮砖瓦等堆积……西墙南北直行，全长约1398米，南段宽约13米，北段宽约20米，残墙基约高1.2～2.2米……东墙南北直行，墙垣较西墙和南墙都窄，一般4米至8米，最宽不过11米……残长1284米，墙基残高1.7～3.4米……北墙未见墙垣。[①]

上面的考古描述，大略厘清了这座宫城的范围，以探明的南北长约1398米、东西宽约660米计算，约为922680平方米。以一北魏尺为0.255米计，一步为6尺，合1.53米，一平方步为2.34平方米，则一北魏亩为240步，折为561.8平方米，则所探明的北魏宫城面积约为1642.36北魏亩。其规模虽然比起明清北京紫禁城要大一些，但在汉唐时期的宫城规模中，其宫殿范围属于相当狭小的了。如与北魏初年在平城所建宫殿——其西宫周回20里，东宫约为西宫1/3的规模——相比较，则北魏洛阳宫殿远不及其平城宫殿为大。

关于宫殿建筑的遗址发掘，在考古资料中也有一些记录（图3.7）：

宫城的西部遗迹，它应该是汉北宫和北魏宫城中的主要殿堂之地，如在金村南面的高地，就是传说的"金銮殿"基址，当地群众也叫"朝王殿"，其位置适中，遗基高阜，比附近地面高约4米左右，南对宫门，呈长方形，东西长约100米，南北宽约60米，地下保存的夯筑台基高达6米以上，其周围见有密集成组的夯土基址。南侧是一群呈"曰"字形的大面积的台基，它北对"金銮殿"，南抵宫门，当是殿堂基址。[②]

以台基规模推算，这座被称为"金銮殿"的主要殿堂台座面积约为6000平方米，约合10.7北魏亩面积，以其位置略似明清故宫的太和殿。而面广约60米、进深约30米的太和殿，其规模仅是这座"金銮殿"面积大小的1/3（图3.8）。

然而，北魏洛阳城中不仅有宫殿，还有皇家御苑。其位置约在宫城以北（图3.9）、洛阳大城北门大夏门以南偏东。北魏郦道元《水经注》中记载了这座自曹魏时期就修造了的园林：

① 中国科学院考古研究所洛阳工作队. 汉魏洛阳城初步勘察. 见: 洛阳市文物局 编. 汉魏洛阳故城研究: 13.
② 中国科学院考古研究所洛阳工作队. 汉魏洛阳城初步勘察. 见: 洛阳市文物局 编. 汉魏洛阳故城研究: 14.

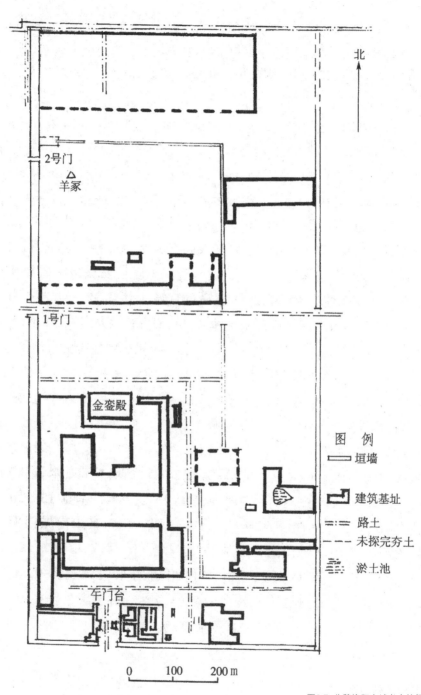

北

2号门

羊冢

1号门

金銮殿

图　例

＿＿ 垣墙

＿＿ 建筑基址

≔ 路土

----- 未探完夯土

≋ 淤土池

车门台

0　　100　　200 m

图3.7　北魏洛阳宫城考古挖掘图

图3.8 北魏宫城中轴线北眺太极殿遗址现状

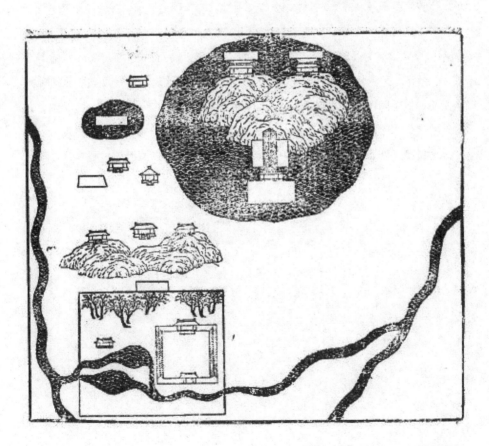

图3.9 北魏华林园图

又东历大夏门下，故夏门也。陆机《与弟书》云：门有三层，高百尺，魏明帝造。门内东侧，际城有魏明帝所起景阳山，余基尚存。孙盛《魏春秋》曰：景初元年，明帝愈崇宫殿，雕饰观阁，取白石英及紫石英及五色大石于太行谷城之山，起景阳山于芳林园，树松竹草木，捕禽兽以充其中。于时百役繁兴，帝躬自掘土，率群臣三公以下，莫不展力。山之东，旧有九江。陆机《洛阳记》曰：九江直作圆水，水中作圆坛三破之，夹水得相迳通。……又迳瑶华宫南，历景阳山北。山有都亭。堂上结方湖，湖中起御坐石也。御坐前建蓬莱山，曲池接筵，飞沼拂席，南面射侯，夹席武峙，背山堂上则石路崎岖，岩嶂峻险，缨峦带阜。游观者升降阿阁，出入虹陛，……其中引水飞皋，倾澜瀑布，或枉渚声溜，潺潺不断。竹柏荫于层石，绣薄丛于泉侧，微飙暂拂，则芳溢于六空，实为神居矣。①

据《魏书》记载："高祖曾幸华林园，因观故景阳山。（郭）祚曰：'山以仁静，水以智流，愿陛下修之。'高祖曰：'魏明以奢失于前，朕何为袭之于后？'祚曰：'高山仰之。'高祖曰：'得非景行之谓？'"② 可知，北魏时其园还在，但景阳山已非曹魏时般壮观了，但其时景阳山之形体犹在，当不会令人质疑。（图3.10）

北魏覆灭以后，"东魏使尚书右仆射高隆之，发十万夫撤洛阳宫殿，运其材入邺"③。

图3.10 宫城正门阊阖门遗址

① [北魏]郦道元. 水经注. 卷十六.
② [北齐]魏收. 魏书. 卷六十四. 列传第五十二. 郭祚传.
③ [宋]司马光. 资治通鉴. 卷一百五十七. 梁纪十三.

龙门石窟奉先寺卢舍那佛

第肆章

隋殿唐阁洛阳宫

水声东注市朝变，山势北来宫殿高。

——［唐］许浑

洛阳亭榭与山齐，北邙车马如云逐。

——［明］李梦阳

隋唐宫苑

一、隋代洛阳宫殿

隋唐两代都在洛阳城中建造了大规模的宫殿建筑群。隋代在兴建洛阳城的同时，就在城中建造了宫城，据记载：

宫城曰紫微城，（其城象紫微宫，因以名。）在都城之西北隅。（卫尉卿刘权、秘书丞韦万顷监筑宫城，兵夫七十万人。城周匝两重，延袤三十余里，高三十七尺，六十日成。宫内诸殿及墙院，又役十余万人。直东都土工监，当役八十余万人。其木工、瓦工、金工、石工，又十余万人。）①

这里极言建造用工之多，工种之杂，规模之大，都从一个侧面看出这一宫殿建筑群是中国中古时期一个大规模的国家性工程：动用了70余万人建造城垣，又80余万人建造宫殿，并有10余万的各种专业工匠。其工程之浩大也可由此想见一二。

关于这座在短时间内建造起来的庞大宫殿建筑群，我们可以从历史文献的记载与描述中看到大致的组成情况，而在现代考古发掘，及建筑史学家傅熹年先生的详细而缜密的考证与研究下，我们似可看出其大致空间布局。（图4.1～图4.2）

隋唐洛阳宫殿设置在洛阳城西北隅，据傅熹年先生的研究，洛阳宫城所在的地段，"受洛水横贯全城的限制，宫城不在全程南北中线上，而偏在城的西北角地势较宽之处，方向微偏向东南。宫的中轴线北指邙山，南面遥对伊阙，在宫

---

① [清]徐松. 河南志. 隋城阙古迹.

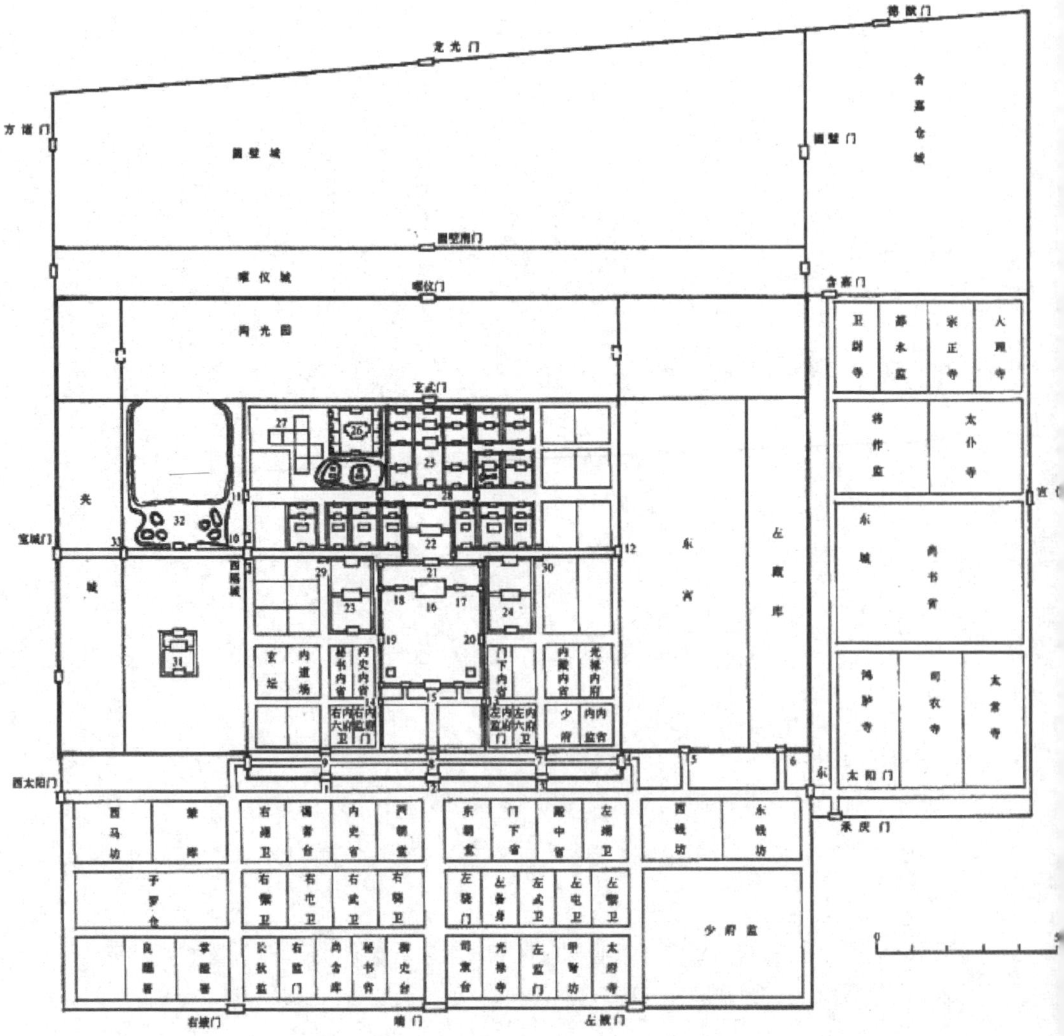

图4.1 隋东都宫城复原平面示意图

1.光政门	6.泰和门	11.归义门	16.乾阳殿	21.大业门	26.安福殿	31.仪鸾殿
2.则天门	7.会昌门	12.重润门	17.东上阁门	22.大业殿	27.八院	32.九洲池
3.兴教门	8.永泰门	13.左延福门	18.西上阁门	23.武安殿	28.永巷	33.阊阖门
4.永康门	9.景运门	14.右延福门	19.西华门	24.文成殿	29.显福殿	
5.重光门	10.阊阖重门	15.乾阳门	20.东华门	25.徽猷殿	30.章善门	

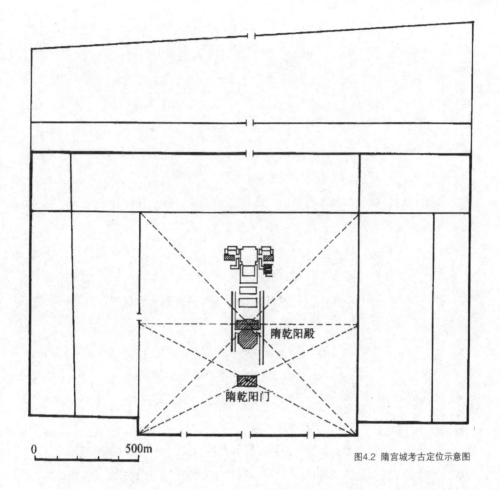

隋乾阳殿

隋乾阳门

0   500m

图4.2 隋宫城考古定位示意图

城定位上充分利用了最有利的地理形势"①。其原因显然是出于对地形环境的考
虑。宫城之外有皇城，皇城南面设了三座门，中为端门，左右分别为左掖门与右
掖门；此外，在唐代洛阳皇城的东西两侧还分别设置了宾耀门（东）与宣耀门
（西）。在皇城西面偏南的位置上另有丽景门一道。皇城以内，宫城以外的位
置，是百僚廨署的所在。

---

① 傅熹年. 中国古代建筑史（第二卷）. 北京：中国建筑工业出版社. 2001：366.

　　隋代的洛阳宫城，在南面设了四座门。居中者为则天门，其南与皇城正门——端门相对应，与端门的距离为500步，则天门前左右连阙，阙高120尺；则天门左右对称布置两门：东为兴教门，西为光政门，两门距离则天门均为200步。兴教门与光政门之外，宫城城墙都向北折，并在东西墙上各设了一门：东为永康门，西为隆庆门。此外，在兴教门之东200步，另有一门是泰和门，与兴教门的距离也是200步，是位于宫城之东左藏库的门。

　　在隋代洛阳宫城的东、西、北三面各有一门。东面为重光门，门内即东宫。西面为宝城门。北面为玄武门，与南面的则天门在一条南北轴线上。玄武门以北还有两道门，第一道是曜仪门，第二道是圆璧门。从概念上讲，南边皇城的端门、宫城正门则天门、宫城北门玄武门，玄武门之北的曜仪门、圆璧门都是在一条南北中轴线上的。而宫城的东门重光门与西门宝城门，很可能也是在一条东西方向的对应线上。这就是洛阳宫城外轮廓的大致情况。我们再来看一看宫城内的情况。

　　进入宫城正门则天门之后，在距离则天门45步的地方，布置有永泰门。永泰门往北40步（一说为140步）处布置有隋代宫殿正殿乾阳殿前的大门——乾阳门①。乾阳门为重楼形式，门两侧有东西轩廊，应该是形成了一个环绕乾阳殿的大型回廊院。

　　进入乾阳门内120步处，就是洛阳宫殿的正殿乾阳殿。乾阳殿据说有13间，29架，三陛轩，也就是说，乾阳殿是坐落在三重台基之上、面广为13间的大型殿堂。乾阳殿南有南轩，轩前悬挂有如帘幕一样的珠丝网络。殿前东西对称布置有钟楼与鼓楼，楼之下层为计时用的漏刻。殿前左右各有大井一口，每口井的直径为20尺。

　　在正殿乾阳殿两侧设有东、西上合，东上合向东20步，再南折60步是东华门（唐之日华门），西上合向西20步，再南折60步是西华门（唐之月华门）。乾阳殿以北30步是大业门。这是洛阳宫殿中第二座殿的前门。大业门内40步处为大业殿。从乾阳门、乾阳殿，到大业门、大业殿，形成了宫城内的建筑主轴线。（图4.3～图4.4）

　　从唐代的史料来看，在大业殿（唐称"贞观殿"）之后，还有徽猷殿。这两座殿堂各有自己的周匝轩廊，这样就把这条中轴线延伸到了徽猷殿。唐时在正殿（乾

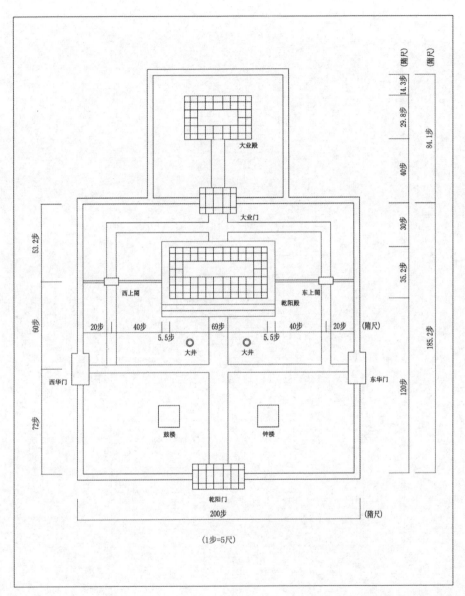

图4.3 隋乾阳殿总平面推想一

① [南宋]刘义庆. 大业杂记: "则天门两重观, 观上曰紫微观。左右连阙。阙高二十尺。门内四十步有永泰门。门东二百步至会昌门。永泰西二百步至景运门, 并步廊连市, 坐宿卫兵。永泰门内四十步有乾阳门, 并重楼。乾阳门东西亦轩廊周匝。门内一百二十步有乾阳殿。"这里的"阙高二十尺"实为"阙高一百二十尺"之误; 参照考古发掘, 则"永泰门内四十步有乾阳门", 亦可能是"永泰门内一百四十步有乾阳门"之误。

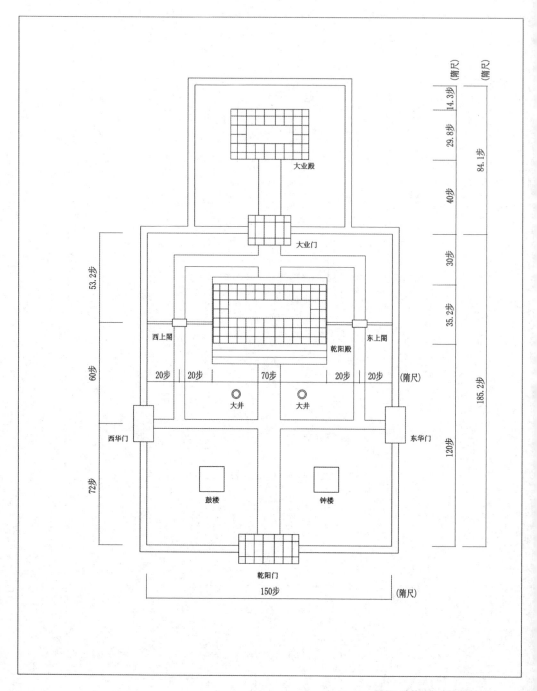

图4.4 隋乾阳殿总平面推想二

元殿)之后的两座殿堂——贞观殿与徽猷殿之间有一个东西50步、南北40步的石砌水池。这个水池是在徽猷殿前的庭院中还是在两座庭院之间的位置上，还不清楚。徽猷殿之后就是陶光园。陶光园已经直抵宫殿之北面边界。（陶光园："东西数里。南北有长廊。即宫殿之北面也。园中有东西渠，西通于苑。"[1]）陶光园之后，就是曜仪城与圆璧城的位置了。这两道城的城门曜仪门、圆璧门也都应该是布置在端门、则天门、乾阳殿、大业殿所形成的宫殿中轴线上的。

我们再来看一看洛阳宫殿内东路的情况。洛阳隋代宫城正门则天门之东200步处是兴教门。兴教门是宫城中轴线之东的一条次轴线。次轴线南端是位于宫城南墙上的兴教门，进门30步是会昌门。会昌门内有门道一条。道左（东侧）有内殿、内省、少府、内监、内尚、光禄、尚尉等内府机关；道右（西侧）有门下、内省，及左六卫内府、左监门内府等行政与防卫机关。因其位于宫城内之东侧，故称左六卫、左监门。会昌门内还是内廷膳食、药物的供应场所。

与兴教门轴线相对应，宫城南门则天门之西200步为光政门。光政门以北30步是景运门。永泰门是位于宫城中轴线上的则天门以内、乾阳门以外的一道门，距离则天门45步。由此可见，会昌门与景运门和永泰门不在一条直线上，而是比永泰门要向南凸出15步的两座门。景运门内也应该是一条门道。门内有步廊连匝，是宿卫军士们的执勤之所。门之北200步处是明福门（显福门），这里是命妇、学士进入内廷的入口，因而是与中轴线的主要宫殿可以相通的一道门。与会昌门一样，景运门内也有门道一条，道左（东侧）是内史、内省秘书、内省学士馆，以及右监门、右六卫等机构。这里的右监门与右六卫恰与会昌门内的左监门、左六卫呈对称布置之势。景运门内道右（西侧）则是命妇朝堂，以及慧日、法云两个佛教道场与通真、玉真两个道教坛台。明福门（显福门）北30步有志静殿，殿周围"周以轩廊，即宫内共事佛像之所"[2]。志静殿前应有志静门，门前有横街，横街东40步有修文殿。[3]

宫城西门为宝城门。东距宝城门130步是阊阖门。与阊阖门相对应的宫城东门

---

① [清]徐松. 河南志. 唐城阙古迹.
② [清]徐松. 河南志. 隋城阙古迹.
③ [清]徐松. 河南志. 修文殿（在志静门横街东四十步。殿内藏正御本书。）.

应是重润门^①。东华门以东40步处道北有文成门，其内为文成殿。殿周围有轩廊。在东华门南40步有左延福门。左延福门向东100步处是章善门街。这与前面的"章善门内，横街东一百二十步"的记载相衔接。

西华门以西30步（若与文成门对应，应为40步）道北有武安门。门内是武安殿。这应该是与文成门、文成殿相对称布置的一组建筑群，且表明了隋代宫殿中同样运用了"左文右武"的布置格局。而由下文"大业、文成、武安三殿，御座见朝臣"的说法，说明这三座殿堂很可能在一条东西方位的轴线上。而这种三殿格局与南北朝时期宫殿建筑中习用的东西堂的规制十分接近，应该是宫殿东西堂制度的一种延伸。由此还可以推知，在西华门南40步有右延福门，出门向西100步是明福门街。故明福门（显福门）街与章善门街也是对应布置的。

宝城门内有一组殿堂称为仪鸾殿，殿前有百余步长的范围种植着林木及蒲桃架。架南是射堂，而射堂的位置正与阊阖门相对。^②因为宝城门与阊阖门在一条东西方向的线上，则这座与阊阖门相对的射堂应该也在这条线上，则仪鸾殿就在这座射堂以北百余步的位置上。另外还有一些不清楚准确位置的殿堂，如：

观文殿。（殿前两厢为书堂，各二十间。堂前通为阁道承殿。每一门有十二宝橱，高广六尺，皆饰以杂宝。橱中皆江南晋、宋、齐、梁古书。橱前后方，五香床装以金玉，春夏铺九尺象簟，秋设凤纹绫花褥，冬则加锦装须绣毡其间，内南北通道为赎霓窗棂。每三间，门一方，户户垂锦幢。）^③

关于观文殿，还有一条较为细致的记载：

于东都观文殿东西厢构屋以贮之，东屋藏甲乙，西屋藏丙丁。又聚魏已来古迹名画，于殿后起二台，东曰妙楷台，藏古迹；西曰宝迹台，藏古画。^④

这里的东屋、西屋，应该与上文中的"殿前两厢"相对应。也就是说观文殿前有东、西两厢，各20间。殿后又有东、西二台：东曰"妙楷台"，西曰"宝迹台"。这组殿堂阁台是一处专门用来收集古迹的地方。

另外，在洛阳宫城内还有安福殿、仙居院、出斋院、花光院、翔龙院、仁智院、千步阁、九洲池等。池中有瑶光殿。这几座殿院的关系是：在临波阁北池之北为安福殿，安福殿之西是仙居院，仙居院之北是出斋院与花光院。花光院之北是翔龙院。仙居院之西是仁智院。而在安福殿之西有千步阁，千步阁之南为归义门。在归义门之西，仁智院（仁智殿）之南有面积约10顷的九洲池。

二、唐代洛阳宫殿

我们还可以通过文献中关于唐代洛阳宫苑的描述来加以参照，以进一步弄清隋唐洛阳宫殿中的布局关系：（图4.5～图4.6）

宫城：（因隋名曰紫微城。）周十三里二百四十一步，高四丈八尺。（东西四里一百八十八步，南北二里八十五步。）城中隔城四重。（最北曰圆璧，次曰曜仪，次曰玄武，最南曰洛城。）贞观六年，号为洛阳宫。⑤

这里给出了洛阳宫的周回尺寸。而据考古发掘，隋唐洛阳宫城的东西宽为2100米，南北长为1270米。⑥ 我们或可以将这两个尺寸做以核算，以其东西4里188步，折合为6940尺，则其每尺的长度约为0.3025米。然而，记载中所说其南北长2里85步，因为洛阳宫城的平面轮廓呈两侧为长度不等的梯形，而且在宫城之后，另有曜仪城与圆璧城，所以这里不知其所谓"南北二里八十五步"到底是指哪一部分的长度。若以前述折合的尺寸，每尺长度为0.3025米，则2里85步约合今日的1036米。我们可以将其作为曜仪城之南，包括陶光园在内的宫殿本身的范围。

唐代时的宫城南门有了一些变化，中为应天门（隋之则天门）（图4.7），门外为前出阙呈五凤楼式的格局；东为明德门（隋兴教门），西为长乐门（隋光政门）。这是居中的三座门（图4.8）。此外，在东侧还有重光门，这是唐代专门为东宫开启的一座门。其门两侧有两座小门，是为了保持仪制的规范而设置的。重光门之东为太和门（隋之泰和门），门内是左藏库。宫城南墙西侧还有洛城南

---

① [清]徐松. 河南志. 重润门（在章善门内，横街东一百二十步。）.
② [清]徐松. 河南志. 隋城阙古迹："宝城门内有仪鸾殿。（大业口年，有二鸾鸟降宝城内，因造殿及仪鸾双表高尺余。殿南有楹梓林、栗林、蒲桃架四行，长百余步。架南有射堂，对阗阗门。）"
③ [清]徐松. 河南志. 唐城阙古迹.
④ [唐]魏征. 隋书. 卷三十二. 志第二十七. 经籍一（经）.
⑤ [清]徐松. 河南志. 唐城阙古迹.
⑥ 傅熹年. 中国古代建筑史(第二卷). 北京：中国建筑工业出版社. 2001：366.

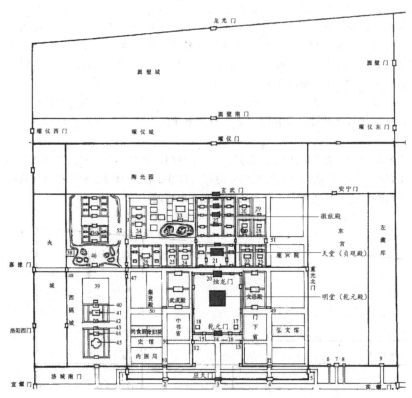

图4.5 唐洛阳宫城复原平面示意图

图4.6 唐洛阳城中轴线建筑群想象图

门，或与太和门（泰和门）略呈对称布置。在东侧明德门（兴教门）与西侧长乐门（光政门）两侧，各向北屈，在距离南墙50步处设有东西方向的两座门，东为宣政门（隋永康门），西为隆庆门（隋隆庆门）。再看东西两侧之门：

图4.7 唐应天门东阙考古现场

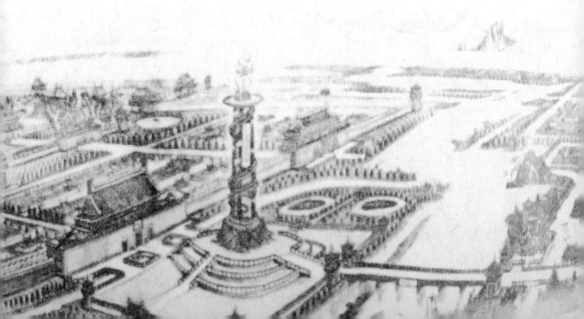

图4.8 隋唐宫城主要门道举要示意模型

东面一门曰：重光北门（隋名，门内即东宫）。西面二门：北曰嘉豫门（隋曰宝城门）南曰洛城西门。北面二门：东曰安宁门，西曰玄武门（隋名。南当应天门）。玄武门北曰曜仪城。城有三门：北面一门，曰圆璧南门（隋曰曜仪门，显庆中改），东曰曜仪东门，西曰曜仪西门（并显庆中改）。曜仪城北曰圆璧城。城有二门：北面曰龙光门，东曰圆璧门（门北即外郭之外）。①

这是宫城东、西与北三侧城门的情况，似略比隋代有所增益。再来看宫城内的情况：

应天门内曰乾元门（隋曰永泰门，武后改通天门，开元五年改乾元门）。东曰万春门，西曰千秋门。乾元门外东、西横：曰日华门、月华门（隋曰东华、西华）。②

这里非常肯定地说明了日华（东华）、月华（西华）两门在乾元门（即隋之乾阳门）外。并在乾元门东、西两侧有万春和千秋两座侧门，这两座门及乾元门是否是与文成、乾元、武安之三殿相对应的三座门，还是仅仅在主殿乾元殿庭院前的三座门，目前还不清楚。

明德门内会昌门（隋名）。次曰章善门（门内有门下省、宏文馆），长乐门内曰广运门（隋名。其后留守府，在广运门内）。次曰明福门（本名显福，避中宗名改。内有中书省。省西史馆，省北命妇院。院北修书院），……东曰光范门。宣政殿之南（初名敷政，后改光范。天祐二年改应天）。③

我们再回到唐代洛阳的中轴线上来：

乾元门内正殿曰含元殿（隋之乾阳殿）。④

这里的含元殿，亦称乾元殿，是唐代在隋洛阳宫正殿乾阳殿的旧基上建造的一座大殿。在《河南志·唐城阙古迹》中，含元殿正门与应天门之间，相当于隋之永泰门的位置上似乎只提到了乾元门，但从《河南志》所云：“应天门内曰乾元门（隋曰永泰门，武后改通天门。开元五年改乾元门）。”⑤ 来看，是将永泰门与乾元门对应看待的。

含元殿西，有乘明门。其内曰宣政殿。（常听朝内殿，本名武成。）

宫内有贞观殿。（在含元殿北。）

徽猷殿。（在贞观殿北。殿前有石池，东西五十步，南北四十步。池中有金花草，紫茎碧叶，丹花绿实，味酸可食。）

陶光园。（在徽猷、宏徽之北。东西数里。南北有长廊，即宫殿之北面也。园中有东西渠，西通于苑。）

“宏徽殿”是位于流杯殿之北的一座建筑，似不在宫城中轴线上。但是，从这一段描述中，我们已经可以大致推出唐洛阳宫殿中轴线上的建筑物前后序列：

洛阳宫殿宫城正门为应天门（隋则天门），这是一座飞观相夹如明清故宫午门式格局的“五凤楼”式建筑（图4.9）。应天门内45步处为乾元门（隋永泰门，

---

① [清]徐松. 河南志. 唐城阙古迹.
② [清]徐松. 河南志. 唐城阙古迹.
③ [清]徐松. 河南志. 唐城阙古迹.
④ [清]徐松. 河南志. 唐城阙古迹.
⑤ [清]徐松. 河南志. 唐城阙古迹.

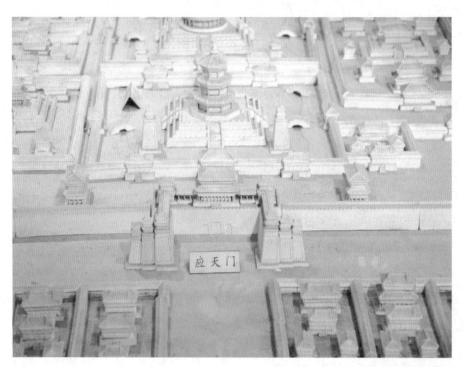

图4.9 唐应天门复原示意模型

其门距离则天门为45步），乾元门外有东西横门。按照隋代的旧制，在永泰门（唐乾元门）内40步处，还应有一座门，原是隋乾阳殿前的正门，则唐之含元殿前亦应有此门，可惜在《河南志》的"唐城阙古迹"中忽略了对这座门的记述。进入这座殿门120步即洛阳宫正殿，坐落在三层台基之上。含元殿之北为贞观殿，贞观殿之北为徽猷殿，这样就可以大致推测出与明清故宫三大殿相对应的唐洛阳宫三大殿：含元殿、贞观殿与徽猷殿。不同的是，明清故宫三大殿是位于一个完整的三层台基之上的，而唐代洛阳宫，似仅有正殿含元殿是坐落在这个三层台基之上的。正殿之后的两殿——贞观殿与徽猷殿之间有一个东西50步、南北40步的石砌水池，以当时的水力提升能力，这个水池似不应设置在一个高大的台基之上。在徽猷殿之北则是陶光园，这是一座东西数里，南北有长廊，并有与西苑相通的东西渠的御花园（图4.10）。

图4.10 宫城之陶光园

上面谈的是宫城的大致情况，在宫城之外还有皇城，隋唐洛阳宫大致沿用了相同的皇城范围。在宫城正门应天门（隋则天门）之南为皇城的南门端门。端门之上为重楼，称为太微观。端门两侧分别为左掖门（东）与右掖门（西），两门距离端门均为一里。门上有楼观，东为崇安观，西为宣平观。另外在宫城正门应天门（则天门）前有一条横街，其街两端各距应天门700步的地方，分别有东太阳门和西太阳门。皇城西面还有一个门，称丽景门，位于西太阳门的北侧。以应天门向东与向西各700步到皇城东西门计，则皇城东西总长为1400步，合为4里200步。与《河南志》记载的4里188步十分接近而略长。因其为整数似更接近设计者的原始意图，我们或可认为这是一个更为准确的数字。若此，则考古发掘所验证的宫城东西面广2100米，按4里200步折合，每尺的长度当为0.3米。这也是一个可以作为参考的用尺长度。（图4.11）

隋唐洛阳宫殿，在盛唐安史之乱与唐末战乱中，曾两次遭到大规模的战火蹂躏，但在北宋时代，其遗迹尚存，北宋营造开封大内宫殿时，就是考察与借鉴了洛阳宫殿的遗址而建造的，这一点见于史料中的记载：

　　　　东京，汴之开封也。梁为东都。后唐罢，晋复为东京。宋因周之旧为都，建隆三年广皇城东北隅，命有司画洛阳宫殿，按图修之，皇居始壮丽矣。①

图4.11　唐代洛阳宫城出土石龙首

第二节

从隋乾阳殿、唐乾元殿到武则天明堂

隋仁寿四年（604年），隋文帝初殒，即位的炀帝就开始着手洛阳城与洛阳宫苑的兴建。在宫殿建设上，隋炀帝一开始就摆出了一副勤勉节俭之帝王的架子：

> 夫宫室之制本以便生，上栋下宇，足避风露，高台广厦，岂曰适形。故《传》云：'俭德之共，侈恶之大。'宣尼有云：'与其不逊也，宁俭。'岂谓瑶台琼室方为宫殿者乎，土阶采椽而非帝王者乎？……今所营构，务从节俭，无令雕墙峻宇复起于当今，欲使卑宫菲食将贻于后世。[2]

但是，实际情况却恰恰相反，隋炀帝是一个大兴土木之人。如隋末秦王李世民攻克洛阳后，因为看到其宫殿过于奢侈，而曾"焚东都紫微宫乾阳殿"[3]。（另有一说是王世充焚毁的）这是怎样一座大殿呢？唐初张玄素曾经做过描述："臣又尝见隋室造殿，楹栋宏壮，大木非随近所有，多从豫章采来。二千人曳一柱，其下施毂，皆以生铁为之，若用木轮，便即火出。铁毂既生，行一二里即有破坏，仍数百人别赍铁毂以随之，终日不过进三二十里。略计一柱，已用数十万功。"[4]

关于这座乾阳殿的尺度，史料上有一些记载：

> 永泰门内四十步，有乾阳门，并重楼。乾阳门东西亦轩廊周匝。门内一百二十步，有乾阳殿。殿基高九尺，从地至鸱尾高一百七十尺。又十三间，二十九架。三陛（一作阶）轩……其柱大二十四围，绮井垂莲，仰之者眩曜……

---

① [元]脱脱 等. 宋史. 卷八十五. 地理志第三十八. 地理一.
② [唐]魏征. 隋书. 卷三. 帝纪第三. 炀帝上.
③ [后晋]刘昫. 旧唐书. 卷一. 本纪第一. 高祖.
④ [后晋]刘昫. 旧唐书. 卷七十五. 列传第二十五. 张玄素传.

四面周以轩廊，坐宿卫兵。殿庭左右各有大井，井面阔二十尺。庭东南、西南各有重楼，一悬钟，一悬鼓。[①]

由于文献的记载语焉不详，我们还很难对这座建筑的基本尺度做一个描述，只能从其高度上做一个判断。以一隋尺为0.294米计，这座隋代洛阳宫的正殿，从地面至鸱尾的高度为170尺，折合今尺为49.98米，其高度比今日尚存的明清太和殿、祈年殿都要高出许多。（图4.12～图4.15）然而，这样一座大型木构建筑却毁于隋末唐初的战乱，到了唐代又在原址上重建了一座规模同样令人惊异的大殿：

显庆元年，敕司农少卿田仁佐因旧余材，修乾元殿，高一百二十尺，东西三百四十五尺，南北一百七十六尺。至麟德二年三月十二日，所司奏乾元殿成。[②]

唐高宗显庆元年（656年）建造的这座乾元殿，尺度记载比较细致，因为初唐之时，去隋不远，且唐代乾元殿仍因隋乾阳殿之旧址而建，在尺寸上也有可能因应了隋代旧尺，我们仍以一尺为0.294米计算，推测出这座大殿的基本尺寸：其东西面广345尺，折合今尺为101.43米；其南北进深为176尺，折合今尺为51.744米；其高120尺，合今尺约为35.28米。这座建筑在高度上已经与今日尚存的明清故宫太和殿的高度十分接近，但其面广与进深的尺度，却是太和殿的1.5倍。

此外，可以稍作延伸来说的是，唐乾元殿是在隋代乾阳殿的旧址上建造的，也就是说，这两座时代相去不远的大型建筑物，是在一个基址上建造起来的。我们可以推测，唐人很可能直接利用了隋代乾阳殿的旧基而建。若是这样，这两个记载就可以相互参照着来理解。比如，关于乾阳殿的记载中，没有具体的长宽尺寸，只有开间数与进深架数，而唐代乾元殿的记载则恰好相反，没有开间数、进深架数的记载，却有详细的面广与进深的尺寸。

这样我们将两座建筑物联系在一起来思考：很有可能，唐乾元殿也同样采用了隋乾阳殿面广13间、进深29架的格局，同用一个建筑基座的乾阳殿，设若唐代沿用了其旧有的柱础，则乾阳殿平面的长宽尺寸与乾元殿也应该是相同的，则隋乾阳殿很可能也是东西面广345尺、南北进深176尺的做法。而隋乾阳殿殿基高为9尺，三层台座，唐乾元殿也应该是坐落在同一座高9尺的三层台基之上。

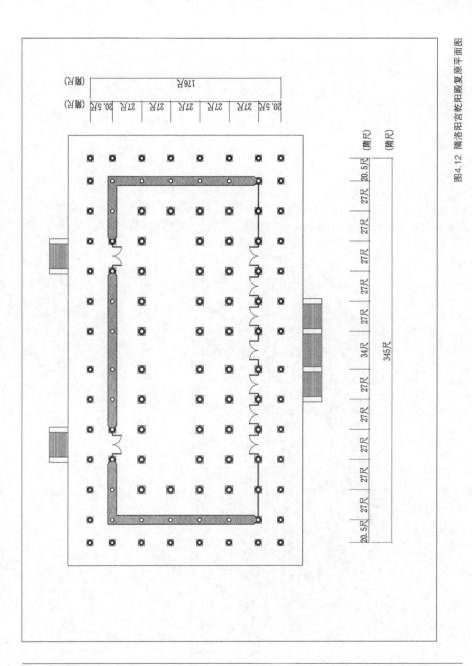

图4.12 隋洛阳宫乾阳殿复原平面图

① [清]钦定四库全书．子部．杂家类．杂纂之属．说郛．卷一百十（上）．杜宝．大业杂记．选入《说郛》；另《大业杂记》的
三个版本中，如《续谈助》、《指海》本中有称其高度是270尺，但这一记载与木结构一般规则不合。
② [宋]王溥．唐会要．卷三十．大内．

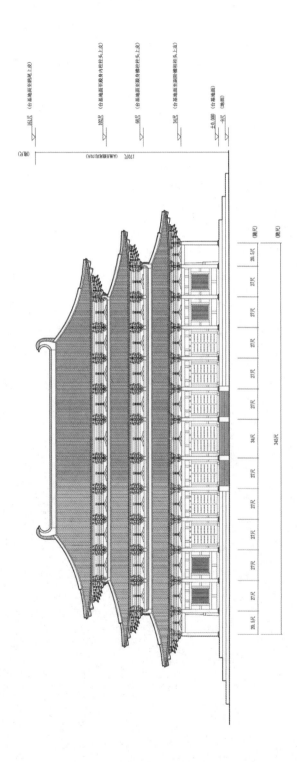

图4.13　隋洛阳宫乾阳殿复原立面图

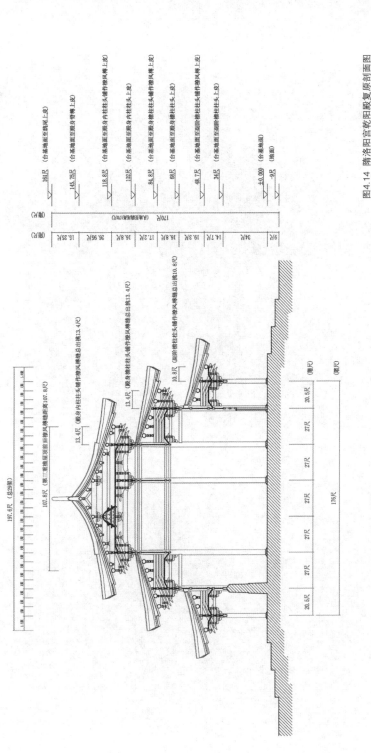

图4.14 隋洛阳宫乾阳殿复原剖面图

古都洛阳

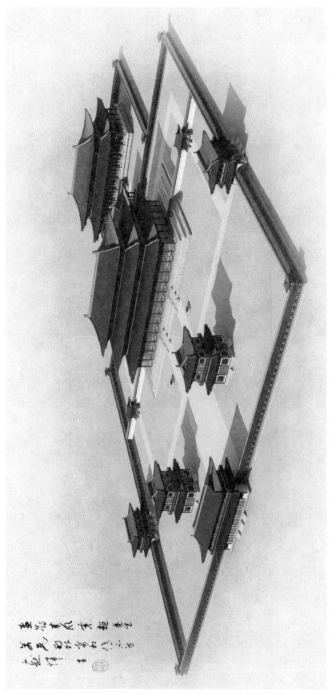

图4.15　隋洛阳宫乾阳殿复原鸟瞰图

为了印证两者的关系，我们不仿从其进深上加以分析。乾元殿进深176尺，若其也采用了乾阳殿29架的进深做法，则每一架的间距为6.07尺。而据宋《营造法式》的规定：

用椽之制：椽每架平不过六尺。若殿阁或加五寸至一尺五寸，径九分至十分。[①]

也就是说，如果将唐乾元殿也设定为进深29架，其每架的间距为6.07尺，正与宋《营造法式》关于椽架间距的规定吻合。反之亦然，隋乾阳殿也可能采用同样的进深176尺（29架）的平面尺寸，这样两者恰可利用相同的台基与柱础。唯一不同的地方是，隋乾阳殿自地面至鸱尾的高度为170尺，而乾元殿的高度为120尺，两者之间的差距有50尺。

在进一步的分析中，我们可以知道，隋乾阳殿为三重屋檐（三陛轩），而乾元殿可能仅有两重檐，而这50尺的差别恰好正是这一重屋檐在高度上的差别。如果将这两座建筑的基本信息综合在一起，并参照宋《营造法式》所规定的宋代建筑的一些基本规则，可以将这两座中国古代史上最为宏伟的大型宫殿建筑推想还原出来，使我们一睹隋唐时最高等级殿堂建筑的规模形象与尺度。（图4.16～图4.19）

稍微要提到的一点是，隋代洛阳宫正殿乾阳殿在前檐廊柱间，每一间都挂了珠帘，帘下部距离大殿台基的高度为7尺。这一珠帘可能是为了防止鸟儿飞入殿中的，也起到了遮蔽殿内景象，并对大殿起装饰效果的作用。（图4.20）

然而，唐高宗建造的这座宏大的乾元殿，并不是洛阳宫殿建筑故事的终结：

垂拱四年（688年），拆乾元殿，于其地造明堂，怀义充使督作。凡役数万人，曳一大木千人，置号头，头一嗾，千人齐和。明堂大屋凡三层，计高二百尺。又于明堂北起天堂，广袤亚于明堂。[②]

也就是说，武则天时期，又将这座宏大的殿堂拆除，而建造了一座明堂建筑。关于这座明堂建筑更为详细的记载见于《唐会要》：

---

① [宋]李诫. 营造法式. 第五卷. 大木作制度二.
② [后晋]刘昫. 旧唐书. 卷一百八十三. 列传第一百三十三. 外戚.

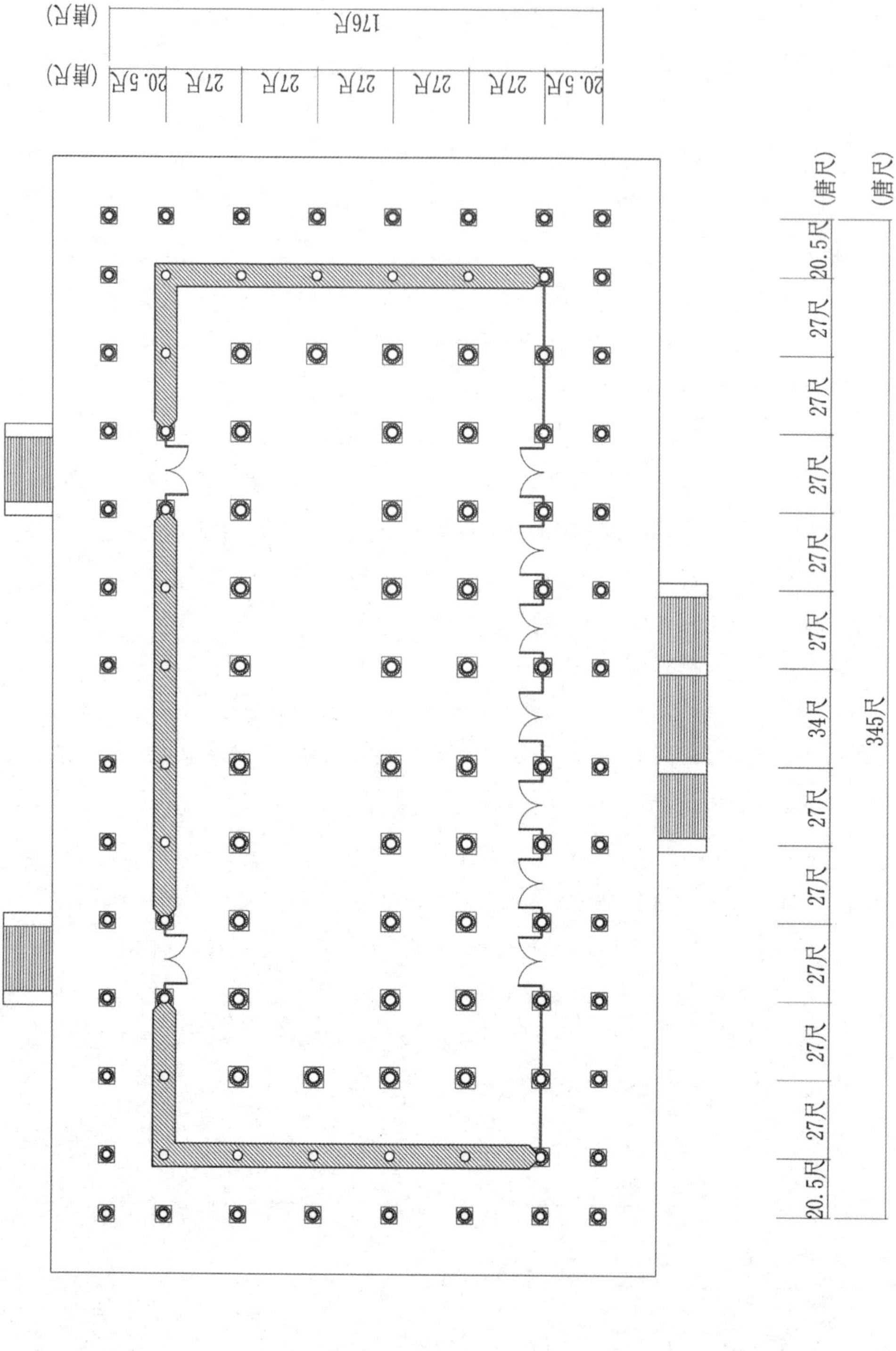

图4.16 唐洛阳宫乾元殿复原平面图

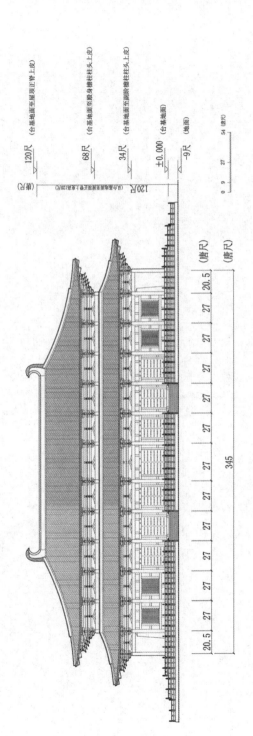

图4.17 唐洛阳宫乾元殿复原立面图

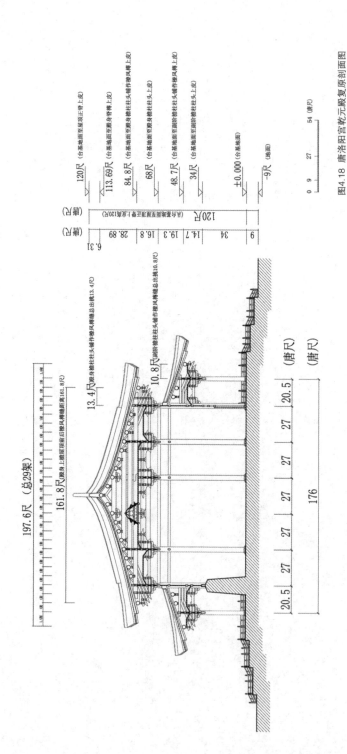

图4.18 唐洛阳宫乾元殿复原剖面图

图4.19 唐洛阳宫乾元殿复原鸟瞰图

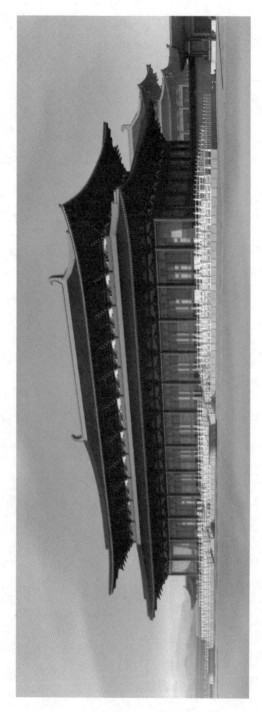

图4.20 唐洛阳宫乾元殿复原

垂拱三年（687年），毁乾元殿，就其地创造明堂。（令沙门薛怀义充使。）四年正月五日毕功，凡高二百九十四尺，东西南北，各广三百尺。凡有三层：下层象四时，各随方色；中层法十二辰，圆盖，盖上盘九龙捧之；上层法二十四气，亦圆盖。亭中有巨木十围，上下通贯，栿、栌、撑、壸，藉以为本，亘之以铁索。盖为鹭鸶，黄金饰之，势若飞翥，刻木为瓦，夹纻漆之。明堂之下，施铁渠，以为辟雍之象。号万象神宫。①

这座底层为方形、面广与进深均为300尺，中层为12边形、上层为24边形的高大明堂建筑，是以中心柱结构为特征的，其中心柱有十围粗，上下通贯。建筑物的总高度达到了294尺。仍以一尺为0.294米计，这座明堂的平面长宽为88.2米，而其总高为86.436米。这座平面为方形的建筑物，其东西面广略逊于乾元殿（101.43米），南北进深，则大于乾元殿的进深（51.744米）。因是拆除洛阳宫正殿乾元殿而建，当仍是依托了乾元殿旧有的台基而略有增益。

这里需要特别一提的是，这座武则天明堂，并非中国古代儒家典籍中正统意义上的明堂建筑。历代的明堂建造，大约可以分成单层与重层两种，如殷人为重屋，周人为明堂。汉武帝听信济南人公玉带的话，在泰山脚下的汶上所建明堂，就是一座两层的楼阁。唐高宗永徽三年（652年），乾封二年（667年）与总章二年（669年）先后提出了3座明堂建筑的设计方案，都是单层重檐的建筑。特别是总章二年明堂，高宗根据设计方案颁布了十分详细的诏书，可以因之绘制出基本的造型，是一座单层重檐木结构大殿，平面为八角形，下层屋檐为八角形，上层屋檐为圆形（图4.21～图4.22）。但是，从古代儒家典籍中，从来没有见过如武则天明堂这样的底层为方形、二层为十二边性、三层为二十四边形、上圆下方的三层楼阁式建筑。

武则天个人性格中最为突出的一点是佞佛无算。"初，则天年十四时，太宗闻其美容止，召入宫，立为才人。及太宗崩，遂为尼，居感业寺。"② 咸亨三年

---

① [宋]王溥. 唐会要. 卷十一. 明堂制度.
② 旧唐书. 卷六. 本纪第六. 则天皇后.

（672年），敕洛阳龙门山镌石龛卢舍那佛像，高85尺（图4.23）。传武后助钱两万贯。^① 中宗嗣圣元年，即则天光宅元年（684年），高宗卒后百日，为立大献佛寺，度僧二百人以实之，后改为荐福寺。^② 垂拱元年（685年），修东都故白马寺，以僧怀义为寺主。怀义与洛阳诸大德在内道场念诵，威势凌人，王公朝贵皆匍匐礼谒，人称薛师。^③ 这位僧怀义，既是武则天的嬖臣，也是武则天明堂建造的工程主持人。载初元年（690年），也就是在武氏明堂建成后的第三年，僧怀义与法明等十人进《大云经》四卷陈符命，言则天是弥勒下生，当代唐作阎浮提主，制颁于天下，因令天下各置大云寺，并改国号周，加尊号曰圣神皇帝。^④ 天授二年（691年），则天以释教开革命之阶，令释教在道法之上，僧尼处道士、女冠之前。并令神秀禅师入京行道，肩舆上殿，则天亲加跪礼，王公士庶竞至礼谒，望尘拜伏，日有万计。^⑤

不用做过多的引述，我们已经可以清楚地观察到，在武则天的精神世界中，佛教因素的影响及对佛的信仰占了很大的比重。她既要利用佛教，为自己代唐而立的做法寻求法理的依据，又希望通过佞佛之举，获得神佛的护佑，以维系其统治的久远。这与她建造明堂，礼祀中国儒家传统中的昊天上帝，并礼祀配享上帝的高祖、太宗、高宗等做法，以表征她统治的正统一样，两件事如出一辙，都是为了消解她自身因逆承大宝所带来的心理焦虑。有趣的是，在建造以儒家思想与礼仪为中心的明堂建筑时，武则天所依赖的主要工程主管僧怀义，在名义上却是一位佛教徒。那么，在武则天所创建的明堂中，是否隐含着某种佛教的空间观或宇宙观呢？

垂拱三年（687年），即武则天毁乾元殿开始其明堂建造的同一年，南天竺沙门菩提流支抵达东都洛阳，被武氏安置在福先寺译经。菩提流支主持翻译的伪经《宝雨经》中有："第四、五百年中，法欲灭时，汝于此瞻部洲东北方摩诃支那国，位居阿鞞跋致，宝是菩萨，故现女身为自在主。"^⑥ 这一点无疑正可用于消解武氏因其统治之合法性而引起的内心焦虑。而载初元年（690年）僧怀义与僧法明等所进《大云经》，又上表言武则天是弥勒下生，当代唐作阎浮提主。^⑦ 亦与《宝雨经》之伪称相合。这些都催进了武则天信佛佞佛的速度。

如在僧怀义献《大云经》之后，武则天即改元为"天授"（690—692年）。

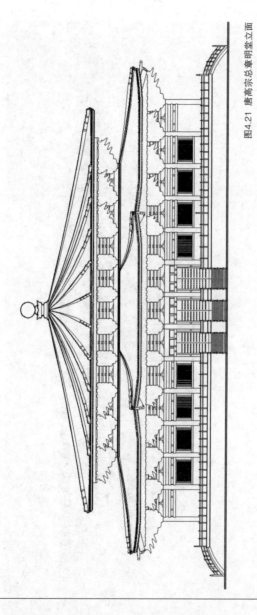

图4.21 唐高宗总章明堂立面

① 范文澜. 唐代佛教. 附张遵骝. 隋唐五代大事年表. 引金石萃编. 卷七十三. 奉先寺像龛记. 重庆: 重庆出版社, 2008: 123.

② 范文澜. 唐代佛教. 附张遵骝. 隋唐五代大事年表. 引长安志. 重庆: 重庆出版社, 2008: 127.

③ 范文澜. 唐代佛教. 附张遵骝. 隋唐五代大事年表. 引旧唐书. 卷一百八十三. 重庆: 重庆出版社, 2008: 127.

④ 范文澜. 唐代佛教. 附张遵骝. 隋唐五代大事年表. 引旧唐书. 卷六等. 重庆: 重庆出版社, 2008: 129.

⑤ 范文澜. 唐代佛教. 附张遵骝. 隋唐五代大事年表. 引旧唐书. 卷六等. 重庆: 重庆出版社, 2008: 129~130.

⑥ 转引自: 古正美. 从天王传统到佛王传统. 台北: 台湾商周出版社, 2003: 290.

⑦ 范文澜. 唐代佛教. 附张遵骝. 隋唐五代大事年表. 引旧唐书. 卷六. 重庆: 重庆出版社, 2008: 129.

图4.22 唐高宗总章明堂外观

图4.23 龙门石窟奉先寺卢舍那佛

而《宝雨经》中有"时伽耶山有一天女，名曰长寿。久住此山，率其并众，将诸眷属，来诣佛所……此天女有大威德，于贤劫中供养诸佛，于此佛刹当现等觉，号长寿如来应正等觉"①。故《宝雨经》被译出后，武则天又改元"长寿"（692—694年）。至长寿二年（693年）九月，武则天加封号"金轮圣神皇帝"，长寿三年（694年），加尊号"越古金轮圣神皇帝"，而至证圣元年（695年），更加尊号为"慈氏越古金轮圣神皇帝"。所谓慈氏，指佛教中的弥勒佛。显然，武则天就是将自己看做弥勒佛下世的法轮王了。

武氏佞佛最为激越的那些年，也正是武则天前后建造了两座明堂的那几年。这两者之间应该不会没有关联。有一件事是可以肯定的，即武氏建造明堂时，在其建筑制度的确定上，完全不理睬儒臣的意见，却主要依赖了与其相近的近臣甚至嬖臣的意见：

太宗、高宗之世，屡欲立明堂，诸儒议其制度，不决而止。及太后称制，独与北门学士议其制，不问诸儒。诸儒以为明堂当在国阳丙己之地，三里之外，七里之内。太后以为去宫太远。（垂拱四年）二月，庚午，毁乾元殿，于其地作明堂，以僧怀义为之使，凡役数万人。②

北门学士是武则天时期所特有的一股势力，武则天允许一些自己特别信任的文臣，可以从北门出入，以作为自己的智囊。这些人虽然也提出了一些好的建议，但其主要作用是为武氏登基及巩固其统治出谋划策，制造舆论。而僧怀义与北门学士的关系也非同一般，如怀义曾遭当朝儒臣之殴，诉于武则天，武氏却说："阿师当于北门出入，南牙宰相所往来，勿犯也。"③ 显然，北门学士与僧怀义不仅可以共同出入一个门，而且，彼此之间的关系也比较和洽。

在这样一个背景下，我们可以设想武则天在构想其明堂建筑的时候，是想将其对佛教观念的理解与中国儒家的明堂理念结合为一体。也就是说，在其明堂建筑的设计中，应该包含有某些佛教思想于其中。武氏指派佛教僧徒怀义来主其事，而在建造明堂的同时，又在其后建造佛堂（又称天堂），其中还特别设置了当时所能够建造的最高的大佛，似乎是想暗示出她所建造明堂的真实意义。

我们惊奇地发现，在结构与空间形式上与武则天明堂建筑最为接近的是现存韩国庆州市佛国寺大雄殿前的三层石造仿木结构的多宝塔（图4.24）。佛国寺建造于朝鲜半岛统一新罗时代的景德王十年（751年），这一年是中国唐代天宝十年。这座多宝塔的建造年代略晚于寺院的建造年代，1966年韩国学者从与之相对峙的同样也是三层的释迦塔二层塔身舍利洞内发现《无垢净光大陀罗尼经》及一卷韩纸的墨书铭，确定该塔的建造年代是新罗惠恭王（758—780年）时期。那么，推测这两座塔大约建造于这一时期[④]，相当于中国唐代的肃宗（756—761年）与代宗（762—779年）时期。

从高宗及武后时期开始的有唐一代，新罗与唐之间的交往十分频繁，如垂拱二年（686年），新罗王向唐索求《礼记》一部及杂文章，武则天令所司写《吉凶要礼》及《文馆词林》五十卷赠之。[⑤] 而据朝鲜《三国史记》记载，卒于长寿三年（694年）的新罗儒者金仁问，曾七度入唐，前后在中土生活了22年。[⑥] 那么反推他在中土的时间，也应该是在高宗、武后时期。圣历二年（699年），中国华严宗的大德法藏撰《授玄疏》成，致书新罗僧人义湘，并托人送副本与之。[⑦] 而在玄宗开元十六年（728年）新罗派使者，请允许新罗人至唐学经教，从之。[⑧] 同是这一年，新罗僧人无相到达中国的长安，还受到了玄宗的召见。[⑨] 天宝十五年（756年），避难成都的唐玄宗，还迎新罗僧人金禅师入成都大慈寺内供礼。[⑩] 这些都说明，在佛国寺及寺内多宝塔建造之时，新罗与唐之间有着密切的交往。

这座仿木结构的多宝塔，底层为方形平面，用四根方形的石柱支撑一个四坡且有角翘的屋顶。底层方形四坡屋顶之上，是一个仿木勾栏式的平坐栏杆。平坐之上是一个八角形平面的台阁，这一层没有用屋顶，而是直接在八角形墙柱之上覆盖了一个平坐，平坐周围亦用勾栏环绕，形成了第三层的地面。在这个平坐之上，又是一个八角形的亭阁，用八棵圆柱支撑着一个仰莲平台，平台上用八个向

① 转引自：古正美. 从天王传统到佛王传统. 台北：台湾商周出版社，2003：294.
② [宋]司马光. 资治通鉴. 卷二百四. 唐纪二十. 垂拱四年.
③ [宋]司马光. 资治通鉴. 卷二百三. 唐纪十九. 垂拱二年.
④ （韩国）国立文化财研究所. 庆尚北道的石塔. 2007—2009：266.
⑤ 范文澜. 唐代佛教. 附张遵骝. 隋唐五代大事年表. 引唐会要. 卷三十六. 重庆：重庆出版社，2008：127.
⑥ 范文澜. 唐代佛教. 附张遵骝. 隋唐五代大事年表. 引三国史记. 卷四十四. 重庆：重庆出版社，2008：132.
⑦ 范文澜. 唐代佛教. 附张遵骝. 隋唐五代大事年表. 引三国遗事. 卷四. 重庆：重庆出版社，2008：134.
⑧ 范文澜. 唐代佛教. 附张遵骝. 隋唐五代大事年表. 引旧唐书. 卷八. 及卷一九九. 新罗传. 重庆：重庆出版社，2008：154.
⑨ 范文澜. 唐代佛教. 附张遵骝. 隋唐五代大事年表. 引宋高僧传. 卷十九. 无相传. 及卷一九九. 重庆：重庆出版社，2008：154.
⑩ 范文澜. 唐代佛教. 附张遵骝. 隋唐五代大事年表. 引佛祖统纪. 卷四十. 重庆：重庆出版社，2008：171.

图4.24 韩国庆州市佛国寺多宝塔

外弯卷如动物头颈一样的圆润的石刻造型，我们不妨将其想象成为擎托着上层屋顶的龙首的简化形式。（图4.25～图4.26）

上层屋顶是一个八角坡形的屋顶，顶上用一个八角形须弥座承托另外一个圆形覆莲座，其上又用一个如山花蕉叶一样的台座承托相轮柱。从外观上看，这很像是一座四层塔，但是其第一、二、三层结构中，在柱子以内都有空间，而第四层却是实心无空间的做法，也没有平坐栏杆的处理，更像是将第三层处理成用仰莲座承托一个屋顶的复合式屋顶的做法。（图4.27～图4.28）另外一个重要的特征是，这座多宝塔的中心有一个巨大的方形塔心柱。这个通贯上下的塔心柱，更突出了它与那一时代十分流行的有中心塔柱的木构楼阁塔之间的关联性。

这座比武则天明堂建造时间晚近百年的新罗多宝塔，有好几处与记载中所描述的武氏明堂十分相近：（图4.29～图4.30）

（1）均为三层楼阁式建筑；

（2）首层均为方形平面，四坡屋顶的做法；

（3）二层与三层均为多角形平面；

（4）建筑物的中心均有粗大的中心柱。

另外一个特点是这座多宝塔顶层屋盖下如动物头颈之曲线一般的石刻承檐结构部分，似乎多少可以引起人们与武则天明堂二层屋顶"圆盖，盖上盘九龙捧之"的联想。（图4.31）

我们知道，在唐代的中土地区，多宝塔的建造也是比较多见的。这一时期的一座著名多宝塔是西京长安千福寺的多宝塔。这座多宝塔由玄宗天宝年间的禅师楚金所建。从唐人岑勋所撰写，并由著名书法家颜真卿所书写的《西京千福寺多宝佛塔感应碑》的碑文描述中，我们多少也可以看出来，唐西京长安千福寺的这座多宝塔，有几处与新罗庆州佛国寺多宝塔相似的地方：

（1）底层为石筑的阶砌；

（2）塔分为上、中、下三层；

（3）上层为空灵通透而显轻盈的多角形亭阁；

（4）顶层可能为重檐的处理；

（5）其首层平面可能为方形。

西立面图

0 0.2 0.5   1.0m

图4.25 韩国庆州市佛国寺多宝塔立面

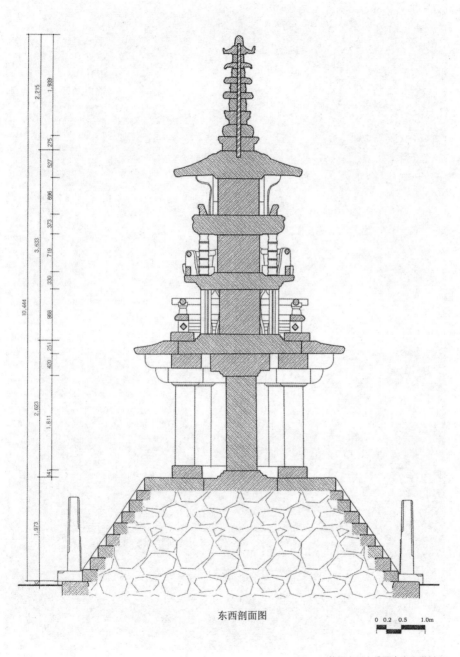

东西剖面图

0 0.2 0.5 1.0m

图4.26 韩国庆州市佛国寺多宝塔剖面

图4.27 韩国庆州市佛国寺多宝塔三层细部一

图4.28 韩国庆州市佛国寺多宝塔三层细部二

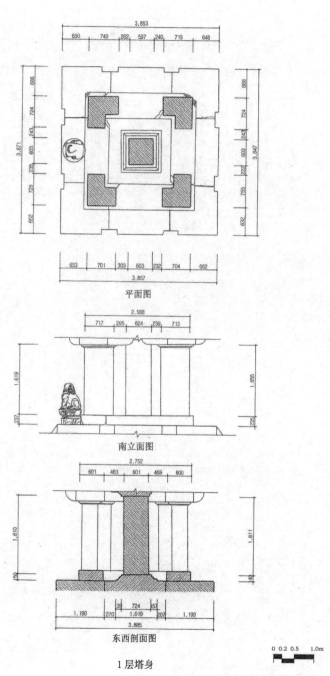

平面图

南立面图

东西剖面图

1 层塔身

0 0.2 0.5   1.0m

图4.29 韩国庆州市佛国寺多宝塔首层平面

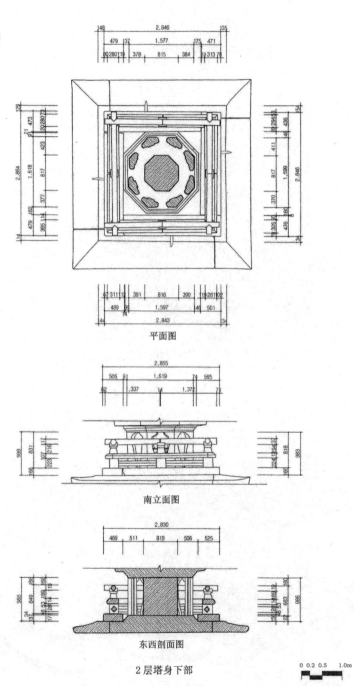

平面图

南立面图

东西剖面图

2层塔身下部

0 0.2 0.5　　1.0m

图4.30 韩国庆州市佛国寺多宝塔二层平面

如果我们不否认，彼此交往密切的新罗人与唐代中土人在多宝塔的造型上可能有某种相互的影响与借鉴的话，那么，从现存庆州佛国寺多宝塔中，我们或许多少可以看到一点唐天宝年间西京长安城千福寺多宝塔的影子。唐长安千福寺多宝塔建成于天宝四年（745年），比武则天明堂的建造时间（689年）晚了56年。但武则天明堂刚刚建成时，曾"飨群臣，赐缣缯有差。自明堂成后，纵东都妇人及诸州父老入观，兼赐酒食，久之乃止"①。说明这是一座产生了很大影响的建筑物。在口碑相传中，稍晚建造的西京千福寺多宝塔有可能采用了与武则天明堂相似的造型是完全可能的。而新罗佛国寺多宝塔仅比大唐西京千福寺多宝塔的建造时间晚了20余年。不同点是，唐千福寺多宝塔是木构楼阁式塔，其尺度恢弘而空间弘敞，且使用了斗栱及丰富的石刻与彩绘，而庆州佛国寺多宝塔则为仿木石结构塔，规模与尺度都较小，故造型简约、洗练。

图4.31 韩国庆州市佛国寺多宝塔四层细部

---

① 旧唐书. 卷二十二. 志第二. 礼仪二.

这样我们就找到了介于韩国现存新罗时期建造的三层多宝塔与同样是三层的武则天明堂之间的可能联系。建造时间略晚于武则天明堂的西京千福寺多宝塔很可能在造型上，汲取了武氏明堂的一些基本特征，而建造时间略晚于大唐西京千福寺多宝塔的现存韩国庆州市佛国寺多宝塔，也很可能汲取了唐西京千福寺多宝塔的一些基本造型特征。从而，我们可以从现存庆州市佛国寺石造多宝塔中，多少看到一些武则天明堂的影子。

1988年第三期《考古》杂志上发表了中国科学院考古研究所洛阳唐城队撰写的《唐东都武则天明堂遗址发掘简报》，其发掘报告有几点值得我们注意。一是其遗址中心有一个圆形的柱坑，坑口直径9.8米，向下呈斜收状，底内径6.16米，坑底距夯土层面4.06米。其坑底为4块大青石构成的巨型柱础，青石的厚度有1.5米，由青石形成的圆形柱础，外圈径直径4.17米，内圈直径3.87米。柱石中心还有一个方形槽，边长0.78米，深0.4米。按照发掘简报，在柱石的西北、东南、西南三块石板上分别凿有一个圆形柱孔，直径均为0.3米，西北一孔深0.16米，东南一孔深0.23米，西南一孔深0.25米。①

发掘简报中还有有关武则天明堂台基的描述：

在整个殿基夯土面上，出现四条边线，即夯土与夯土之间有一条宽约3～5厘米的松软土，土色也稍有不同，将殿基自中心柱坑至外边缘分为五部分，经钻探证明各部分夯土厚度不同。自柱坑边缘至第一条线，宽约8米，夯土坚硬、纯净，夯层厚0.08米，总厚10米；第二部分，宽6.5米，夯打硬度较差，夯层厚0.08米，总厚1.2米；第三部分，宽7.9～8米，夯土质量与第一部分相同，总厚4.8～8米；第四部分，宽3.8～4米，夯土质量与第三部分相同，总厚1.3～1.4米；第五部分（即殿基最外部分），宽11.6～11.7米，夯土颜色较杂，局部地方含有生土块、瓦片和白灰渣等物，夯层厚0.08～0.15米，总厚1.50～4.2米。②

根据发掘简报中的台基及中心柱坑情况，可以知道文献中的记载与真实的情况是十分接近的。我们史料中记载的武则天明堂的长、宽各300尺，高294尺的尺寸，并结合当代考古发掘资料，并运用唐宋时代木构建筑的一般规则，经过细致缜密的复原研究，绘制出了武氏明堂建筑各层平面，及剖面与立面的可能形式，并绘制出了复原透视图。③ 可以使我们一窥这座在中国古代建筑史上也称得上是规模宏大，造型奇伟的具有大唐神韵的武则天明堂的造型形式及组群情况。（图4.32～图4.37）

需要说明的一点是，武则天明堂是在拆除了建造时间不久的唐高宗洛阳宫主殿乾元殿的基础上建造的，因而，从对遗址发掘的分析，及文献中记载的高宗乾元殿的位置比较，可以知道武氏明堂充分利用了高宗乾元殿的基座，只是向前延伸为方形。同时，我们可以逻辑地推知，武则天明堂还应该充分利用了高宗乾元殿的既有结构材料。如我们按照高宗乾元殿中使用最多的27尺高的柱子与27尺宽的柱间距，既使高宗乾元殿原有的结构材料得到最充分的利用，也与武则天明堂的实际结构尺寸十分契合。这也从另外一个侧面，印证了这两座建筑复原研究的内在逻辑联系。

在建造大尺度的三层明堂与天堂的大约同时略晚的时候，武则天为了证明自己统治的合法性，还集天下之铜，铸造了一棵巨大的铜柱，号称"天枢"。

长寿三年（694年），则天征天下铜五十万余斤，铁三百三十万，钱二万七千贯，于定鼎门内铸八棱铜柱，高九十尺，径一丈二尺，题曰'大周万国述德天枢'，纪革命之功，贬皇家之德。天枢下置铁山，铜龙负载，狮子、麒麟围绕。上有云盖，盖上施盘龙以托火珠，珠高一丈，围三丈，金彩荧煌，光伴日月。④

武则天此举不禁令我们想起了罗马帝国皇帝图拉真在罗马城为自己建立纪功柱的故事。这两件事情的发生，在时间上大约相差600余年，但在空间上却是发生在欧亚大陆的两端。遗憾的是，图拉真的石造纪功柱至今还屹立在那里，向人们展示着古罗马的辉煌，而武则天的铜铸纪功柱——天枢，却在她死后不久，就被盛唐时代的君主唐明皇下令销毁了："开元初，诏毁天枢，发卒销烁，弥月不尽。"⑤ 从这一件小小的事情，或也可以看出古代中国人在对待其前辈的创造物上，远不如罗马人那样充满了仰慕和虔敬的心情。

洛阳城内的这场大规模的建造活动，到了武则天明堂建成之后，并没有戛然而止。武则天垂拱四年（688年），在这座明堂建筑建成后仅7年之后的证圣元年

① 中国科学院考古研究所洛阳唐城队. 唐东都武则天明堂遗址发掘简报. 考古. 1988（4）.
② 中国科学院考古研究所洛阳唐城队. 唐东都武则天明堂遗址发掘简报. 考古. 1988（4）.
③ 王贵祥 贺从容. 唐洛阳宫武氏明堂的建构性复原研究. 中国建筑史论文汇刊（第肆辑）北京：清华大学出版社，2010: 369.
④ [唐]刘肃. 大唐新语. 卷八. 文章第十八.
⑤ [唐]刘肃. 大唐新语. 卷八. 文章第十八.

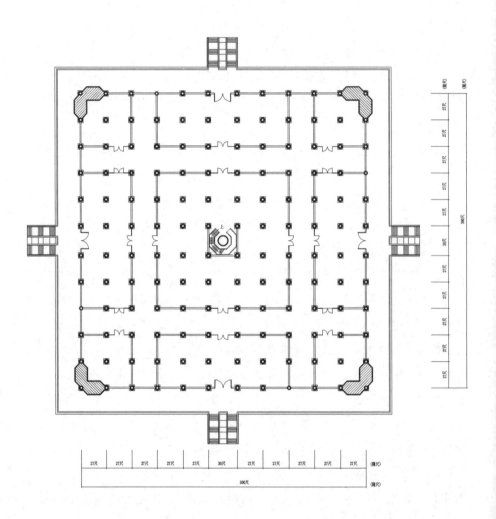

图4.32 武氏明堂复原推想图（首层平面)

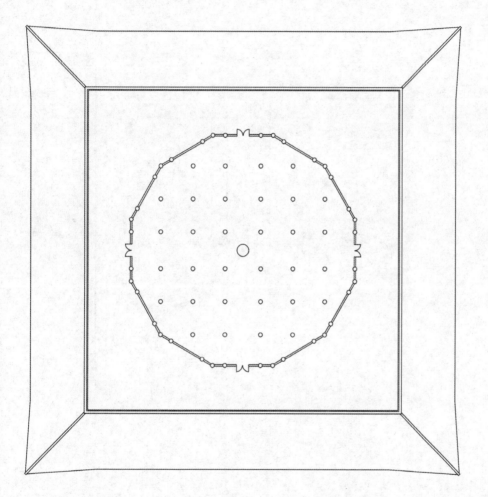

图4.33 武氏明堂复原推想方案一（二层平面）

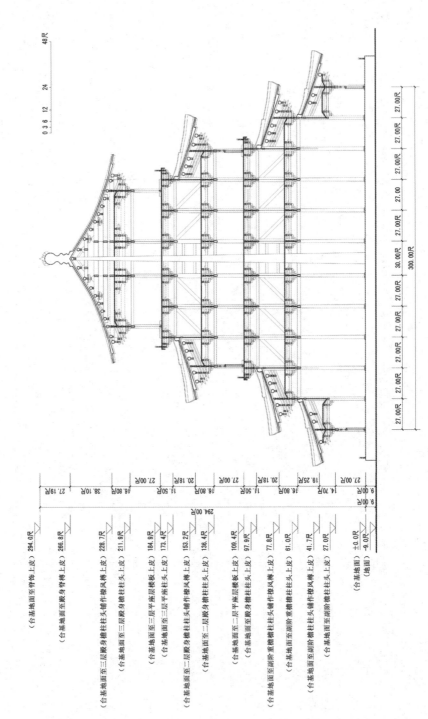

图4.34 武氏明堂复原推想方案二（剖面）

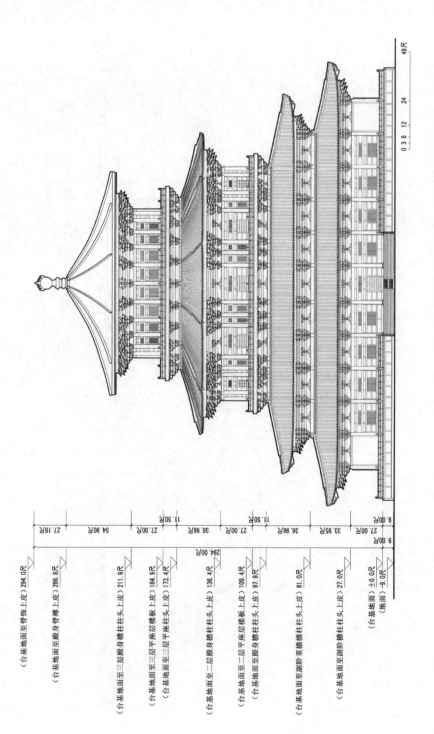

图4.35 武氏明堂复原推想方案二（用火珠脊饰立面）

（台基地面至脊饰上皮）294.0尺

（台基地面至殿身脊槫上皮）266.8尺

（台基地面至殿身槫身柱头上皮）211.9尺

（台基地面至三层平座层楼板上皮）184.9尺

（台基地面至三层平橑柱头上皮）173.4尺

（台基地面至二层殿身槫身柱头上皮）136.4尺

（台基地面至二层平座层楼板上皮）109.4尺

（台基地面至二层殿身槫身柱头上皮）97.9尺

（台基地面至副阶重槫槫身柱头上皮）61.0尺

（台基地面至副阶槫身柱头上皮）27.0尺

（台基地面 ±0.0尺
（地面）-9.0尺

48尺

24

12

0 3 6

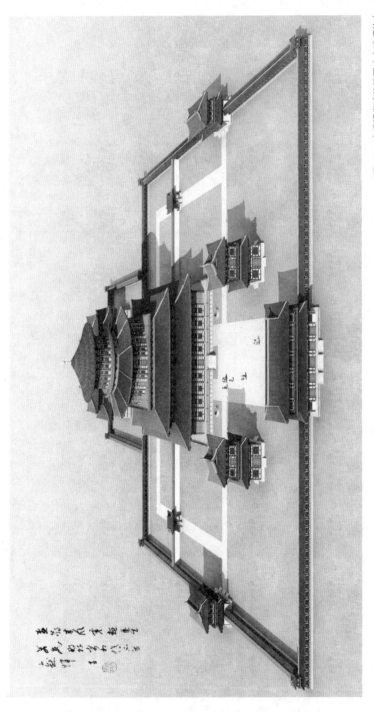

图4.36 武氏明堂建筑组群（火珠顶饰）

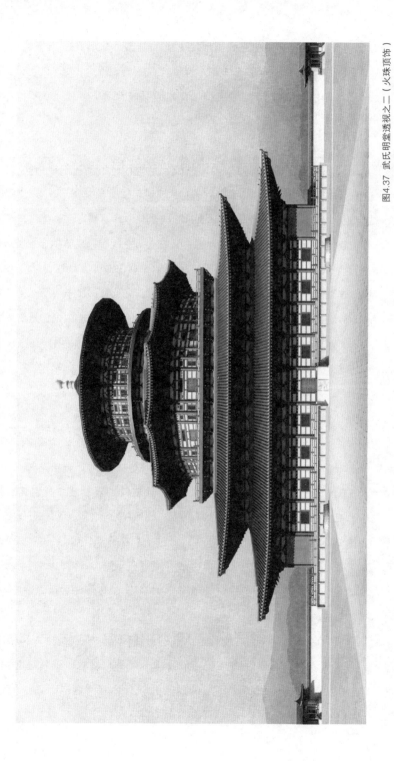

图4.37 武氏明堂透视之二（火珠顶饰）

（695年）正月，就意外地遭到了一场大火的焚毁。接着，在当年的三月，"又令依旧规制，重造明堂，凡高二百九十四尺，东西南北广三百尺，上施宝凤，俄以火珠代之。明堂之下，圜绕施铁渠，以为辟雍之象。至天册万岁二年三月二日，重造明堂成，号通天宫"①。所谓天册万岁二年，应当就是696年。也就是说，在遭到大火焚毁后仅仅一年的时间，同样一座高大的明堂建筑又被再一次建造了起来。从这一点似也可以看出，唐代大型木构建筑的建造能力之强。

这座重建的明堂建筑沿用了20余年的时间，到了唐玄宗开元五年（717年），有人对这座古怪的建筑提出了异议，认为这座明堂"有乖典制"，主张将其拆毁，"依旧造乾元殿"。争论的结果是："乃下诏改明堂为乾元殿，每临御宜依正殿礼。"②后来终于挡不住群臣的议论，到了开元二十六年（738年），终于"诏将作大匠康詧素，往东都毁明堂，詧素以毁拆劳人，遂奏请且拆去上层，卑于旧制九十五尺。又去柱心木，平座上置八角楼，楼上有八龙腾身捧火珠。珠又小于旧制，周围五尺，覆以贞瓦，取其永远。依旧为乾元殿"③。（图4.38～图4.39）史书中详细记载了这件事情，从记载看，安史之乱时，由明堂改建的乾元殿与九鼎尚存于洛阳宫中：

垂拱四年，则天于东都造明堂，为宗祀之所，高三百尺。又于明堂之北造天堂，以侔佛像。大风摧倒，重营之。火灾延及明堂并尽，无何，又敕于其所复造明堂，侔于旧制。所铸九州鼎，置于明堂之下。当中豫州鼎，高一丈八尺，受一千八百石。其余各依方面，并高一丈四尺，受一千二百石，都用铜五十六万七百一十二斤。开元中，改明堂为听政殿，颇毁彻，而宏规不改。顶上金火珠，迥出空外，望之赫然。省司试举人作《明堂火珠》诗。进士崔曙诗最清新，其诗云："正位开重屋，凌空大火空。夜来双月满，曙后一星孤。天净光微灭，烟生望若无。还知圣明代，国宝在神都。"史贼入洛阳，登明堂，仰窥栋宇，谓其徒曰："大好舍屋。"又指诸鼎曰："煮物料处亦太近。"洎残孽奔走，明堂与慈阁俱见焚烧。④

洛阳城中这一段大起大落的建造大戏的最终闭幕，并不是令人愉快的锣鼓与欢畅，而是后人对既有建筑的大规模损毁。不仅费时费力地将高达近300尺的明堂拆除，而且还不惜花费一个多月的时间，派兵卒将武则天所铸造的铜制纪功柱——天枢，彻底销毁：

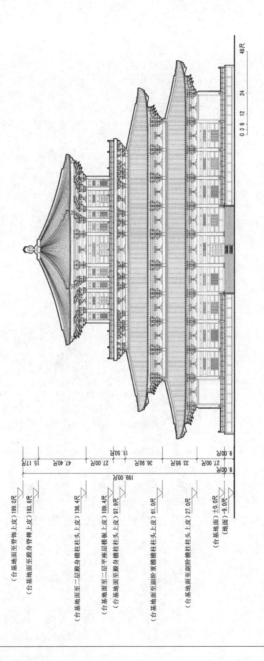

图4.38 玄宗乾元殿推想方案之二（立面）

〈台基地面至脊饰的上皮〉199.0尺

〈台基地面至殿身脊槽上皮〉183.8尺

〈台基地面至二层殿身脊槽上皮〉136.4尺

〈台基地面至二层平座层楼板上皮〉109.4尺

〈台基地面至殿身槽柱头上皮〉97.9尺

〈台基地面至副阶重槽槽柱头上皮〉61.0尺

〈台基地面至副阶槽槽柱头上皮〉27.0尺

〈台基地面〉±0.0尺

〈地面〉-9.0尺

① [宋]王溥. 唐会要. 卷十一. 明堂制度.
② [宋]王溥. 唐会要. 卷十一. 明堂制度.
③ [宋]王溥. 唐会要. 卷十一. 明堂制度.
④ [唐]封演. 封氏闻见记. 卷四. 明堂.

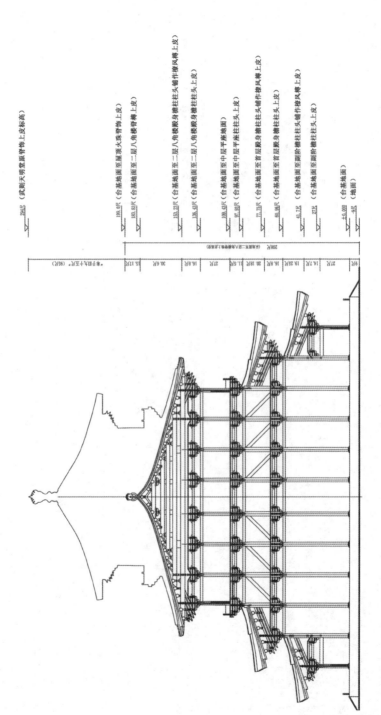

图4.39 玄宗乾元殿推想方案之二（剖面）

开元中，诏毁天枢，发卒熔铄，弥月不尽。洛阳尉李休烈赋诗以咏之曰："天门街里倒天枢，火急先须卸火珠。既合一条丝线挽，何劳两县索人夫。"先有讹言云："一条线，挽天枢。"言其不经久也。故休烈诗及之。①

至此，在隋唐洛阳宫城正殿位置上，在短短的一百多年中，经历的这场巨型木构建筑的历史话剧，就算告了一个段落。在一个基址上，在从隋代到盛唐的一百余年时间中，先后建造了中国历史上最为宏伟、也最为奇特的几座国家级的大型殿堂或殿阁建筑，造就了中国建筑史上一段大起大落的悲壮建造史。在同样一个建筑基址上，在不长的时间内，先后反复建造起这么多亘古未有的大型木构建筑的实例，在历史上就再也没有发生过了。

---

① [明]蒋一葵. 尧山堂外纪. 卷二十三. 唐.

奉先寺南壁力士

第伍章

梵宫佛寺龙门窟

塔影挂青汉，钟声和白云。

——[唐]綦母潜

西来东去洛阳城，千尺浮图了送迎。

——[金]宋可《过洛阳》

洛阳是中国佛教最早的发源地，而且在相当长一段时间里，曾经是中国佛教的中心地区。史书上所说，汉明帝夜梦金人，顶有光明，而遣使天竺，问佛道法，遂于中国画形象。楚王英始信其术，后来的汉桓帝好神，数祀浮图、老子。传说，几年后从天竺返回的中土使者，用白马驮经而来，因而始于洛阳建白马寺。北魏时，洛阳成为佛教中心，城内外寺塔林立，有佛寺1367所。而在这一时期建造的洛阳永宁寺塔，成为古代曾经建造过的最为高大的木构建筑实例。

自东汉明帝时（58—75年），随着佛教传入中国，并在洛阳建立了中国历史上第一座佛教寺院——白马寺起，中国佛教的历史，也就从洛阳开始了。近代学者胡适有过一段关于中国文化发展历史的分期说，他认为：

为方便见，我们可以把中国思想史分为三大阶段。第一个阶段可以称之为中国文化时代，于公元4世纪因佛教的优势而结束。第二个阶段是佛教时代，从公元300年至1000年，长达8个世纪。第三个阶段可以称之为中国文艺复兴时代，开始于11世纪的新儒家思想的兴起，一直延续到我们的时代。①

这显然是一个概要性的分期。但将东汉末年的3世纪到唐代末年的10世纪初这一大约800年时间，确定为中国佛教的鼎盛时期，那么，这一整个历史时期的中心地带，恰恰就是在洛阳周围展开的。从三国时期最早建造中国式佛塔，到中国历史上曾经存在过的最高木构佛塔北魏洛阳永宁寺塔（图5.1～图5.2），从南北朝时期敦煌最早开凿石窟，到洛阳龙门的北魏石窟（图5.3），直至洛阳唐代大石窟，以及自东汉至唐末五代的佛寺建造，虽然其声势遍及天下，但洛阳、长安与建康却一直处在这一佛教建筑史上波澜壮阔大潮流的中心地带，而又以洛阳造成的影响为大，延续的时间也为久。

① 胡适. 中国历史上的宗教与哲学. 载：陈衡哲 主编. 中国文化论集（第二章）. 福州：福建教育出版社，2009：19.

图5.1 永宁寺塔遗址考古现场

图5.3 龙门石窟之东山石窟全景

一部中国古代建筑史，相当的笔墨可以放在洛阳的建造史上。从城市到里坊、从街道到市肆、从宫殿到苑囿、从住宅到园池、从佛教寺塔到石窟寺，洛阳历史上的大营造可谓起伏跌宕，若以见于历史记载的资料来看，许多彪炳史册的重要建筑物，诸如：最早的佛寺（东汉白马寺）、最高的佛塔（北魏永宁寺塔）、帝王宫殿城门五凤楼制度的最早雏形（隋代洛阳宫殿应天门）、规模最大的宫殿单体建筑物（隋代洛阳宫殿乾阳殿）、最为高大的木构明堂（唐洛阳宫武则天明堂）、单窟规模最宏伟、组团最完整的大型佛教石窟寺（洛阳龙门奉先寺）（图5.4）等，无一不是建造在洛阳的。

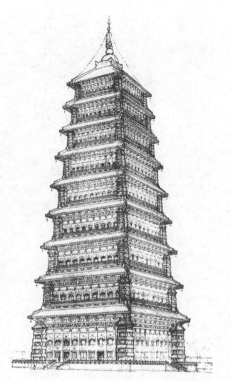

图5.2 永宁寺塔复原

图5.4 龙门石窟奉先寺

一、高僧荟萃洛阳城

如果说一部洛阳的兴衰史，几乎就是一部中国佛教兴衰史，这一推测虽然并不十分准确，但若细想起来，却也八九不离十。中国佛教史上有三个最为重要的历史阶段，一是佛教东传中国，始于东汉；二是佛教开始在中国大规模传播，始于南北朝时期，而南北朝时期的北魏洛阳，几乎成为当时中国的佛教中心；三是中国佛教发展史上最为鼎盛时期，是唐代的高宗、武后、玄宗时期，而这一时期，也正是洛阳城市发展的顶峰时期。如果我们对曾经驻锡洛阳的历代佛教高僧做一个简单的梳理，就可以从一个侧面印证我们的这一推测。

■ 第一个阶段：东汉与曹魏时期

佛教史上称这一时期为"佛教东传时期"，相传东汉永平三年（60年），汉明帝夜梦金人，身长丈六，顶有白光，飞行殿庭，乃询群臣，傅毅始以天竺之佛对，据《后汉书》：

世传明帝梦见金人，长大，顶有光明，以问群臣。或曰："西方有神，名曰佛，其形长丈六尺而黄金色。"帝于是遣使天竺，问佛道法，遂于中国图画形象焉。楚王英始信其术，中国因此颇有奉其道者。后桓帝好神，数祀浮图、老子，百姓稍有奉者，后遂转盛。[①]

据史中称，明帝曾遣中郎将蔡愔，博士秦景、王遵等18人出使大竺，写浮屠遗范。然后，携沙门迦叶摩腾（又称摄摩腾）、竺法兰，东还洛阳。这史上第一次出使天竺的求佛之旅，是以白马驮经返回洛阳结束的。接着，就在洛阳城雍关西立白马寺（图5.5），以居二僧。这应当是中国佛教建筑之肇始。

因此，可能最早在中国传播佛教的两位天竺僧人摄摩腾与竺法兰，都是在洛

图5.5 白马寺入口山门

① [南朝宋]范晔. 后汉书. 卷八十八. 西域传第七十八.

图5.6 白马寺竺法兰墓

阳开始他们的译经与传法活动的（图5.6）。而中国第一座佛寺——白马寺，也是在洛阳建造的。据《汉法本内传》中的描述，这两位天竺高僧到达洛阳之后，曾经面对了中国传统宗教道教徒们的挑战，双方角力斗法，其结果是天竺僧人大获全胜，于是，观摩斗法诸人及内宫妇女230人，纷纷要求出家，朝廷遂敕所司建造了10座寺院，其中7座为僧寺，建于洛阳城外；3座为尼寺，建于洛阳城内。这两位天竺高僧来到中国所译经典中，最为著名且仍流传于世的，就是著名的《四十二章经》。这本《四十二章经》也是汉译佛经之始。

明帝之后，又过了80余年，至汉桓帝（147—167年）时，又有西域僧人安世高、支娄迦谶来到中国。安世高为安息国人，支娄迦谶为月支人。但是这两个人来华之时，已经进入东汉末期，天下将乱，安世高虽然于汉桓帝之初始到华夏，应该也是活动于洛阳，但后来他曾适广州，达会稽，主要的活动范围是在中国南方。支娄迦谶在汉灵帝（168—189年）时曾游于洛阳，在光和（178—184年）、中平（185—189年）间，译有数经。同时代在洛阳活动的西域僧人还有安息僧人优婆塞安玄。优婆塞与中国沙门严佛调合作译经，以优婆塞口译，严佛调笔受，两人所译之经"理得音正，尽经微旨，郢匠之美，见述后代"①。同时活跃于洛阳佛经译坛的沙门还有月支人支曜、康居人康巨与康孟详等，他们"并以汉灵、献之间，有慧学之誉，驰于京雒"②。

此后，又有天竺僧人昙柯迦罗来到洛阳。这位僧人：

> 常贵游化，不乐专守，以魏嘉平（249—254年）中，来至洛阳。于时魏境虽有佛法，而道风讹替，亦有众僧未禀归戒，正以剪落殊俗耳。设复斋忏，事法祠祀。迦罗既至，大行佛法。时有诸僧共请迦罗译出戒律，迦罗以律部曲制，文言繁广，佛教未昌，必不承用。乃译出《僧祇戒心》，止备朝夕。③

与昙柯迦罗大约同时，又有沙门康僧铠于魏嘉平（249—254年）来至洛阳；安息国沙门昙帝，亦善律学，于魏正元（254—256年）中，来游洛阳，译出《昙无德羯磨》；还有沙门帛延，于魏甘露（256—260年）中，译出《无量清净平等觉经》等六部经。从东汉末到曹魏时代，是洛阳作为中国佛教中心的第一个阶段，也是中国佛经翻译与佛教传播的第一个高潮时期。

然而，佛教初传时期的寺院建造是十分缓慢的，据北魏杨衒之《洛阳伽蓝记》的记载，作为后汉、曹魏与西晋的都城洛阳，至西晋永嘉年间（307—313年）时，有寺院42所（"至晋永嘉，唯有寺四十二所。"④）。如果说建于西汉初的白马寺，是洛阳城中所建的第一座寺院，在经历了东汉、三国与西晋近300年的时间中，洛阳城中才有寺院42所。

然而，到了十六国时期，佛教出现了一次大的弘传，唐代僧人道世《法苑珠林》中特别提到了"西晋二京，合寺一百八十所，译经一十三人，七十三部，僧尼三千七百人。"⑤ 这里的"西晋二京"，指的就是洛阳与长安，因为长安在西

① [南朝梁]慧皎. 高僧传. 卷一. 译经（上）. 支娄迦谶四.
② [南朝梁]慧皎. 高僧传. 卷一. 译经（上）. 支娄迦谶四.
③ [南朝梁]慧皎. 高僧传. 卷一. 译经（上）. 昙柯迦罗五.
④ [北魏]杨衒之. 洛阳伽蓝记. 序.
⑤ [唐]道世. 法苑珠林. 卷一百二十. 传记篇第一百之余. 兴福部.

晋末年曾一度成为了西晋王朝的都城。但是，永嘉（307—313年）之乱，距离西晋灭亡（316年）没有几年时间，所以，这里所说的180座寺院，应该是包括那42座寺院在内的西晋末年与"五胡乱华"的十六国动荡时期（317—420年），在洛阳与长安两座都城中所建造寺院的总数。显然，这时洛阳城的佛寺比永嘉之乱前已经有了明显的增加。

■ 第二个阶段：十六国与北魏时期

中国佛经翻译与佛教传播的第二个高潮时期是十六国与南北朝时期。这一时期最为活跃的著名高僧是西域龟兹人鸠摩罗什、西域僧人佛图澄、中天竺僧人佛陀跋陀罗（觉贤）和中天竺僧人昙无谶，他们都是在中国佛教史上占有重要地位的高僧。然而，鸠摩罗什翻译了《般若诸经》，及与般若有关的《大智度论》等经，以及在中国佛教史上具有最重要影响的《法华经》（《妙法莲华经》）；昙无谶翻译了《大般涅槃经》；佛陀跋陀罗（觉贤）翻译了《华严经》。这就是佛教史上具有最为深远影响的"四大翻译"①。

但是，这几位高僧活动的时期，恰值中国历史上最为动荡纷乱的五胡十六国时期。这一时期的洛阳，已经遭到了战火的反复蹂躏。所以，这几位高僧的活动范围，都不在洛阳。鸠摩罗什是被十六国时期的前秦苻坚征讨西域的时候携至长安的，后因秦乱而随吕光留在了后凉，弘始三年（401年），再至后秦姚兴所居的长安。所以，他的活动范围主要在长安。

佛图澄先被后赵与前秦所掳，他的翻译不多，但因其德望而高徒辈出，为佛经作注的第一人道安是他的弟子，中国佛教净土宗的创始人之一慧远是他的再传弟子。由于战乱，他的弟子多避乱南方，从而对中国佛教，特别是南方的佛教传播起了巨大的作用。据《高僧传》记载，佛图澄曾希望在洛阳立寺，但因战乱，其志不果。② 故其活动范围最终与洛阳无缘。此外，佛陀跋陀罗（觉贤）曾在后秦人处开始其佛经翻译，而昙无谶则在北凉人处开始其佛经翻译的。

这四位战乱年代的高僧，都生活在动荡与漂泊的阴影之下，虽然，他们的佛经翻译，特别是这一时期翻译的《般若经》、《法华经》、《华严经》等经典，奠定了中国佛教的基础，但是遗憾的是，他们的苦难与洛阳的苦难相伴随。导致这些大德高僧颠沛流离的十六国时期的战乱纷争，也正是导致洛阳走向衰败与凋零的主要原因。

但是，时代进入了南北朝时期，随着南朝与北朝的局部统一，也带来了一个佛教文化的繁荣与昌盛的时代，北魏洛阳与南梁建康一度成为了佛教文化的中心。关于北魏洛阳佛教的盛况，见之于北魏人杨衒之的《洛阳伽蓝记》。从《洛阳伽蓝记》所描述的"逮皇魏受图，光宅嵩洛，笃信弥繁，法教俞盛。王侯贵臣，弃象马如脱履；庶士豪家，舍资财若遗迹，于是昭提栉比，宝塔骈罗，争写天上之姿，竞摹山中之影。金刹与灵台比高，洪殿共阿房等壮，岂直木衣绨绣，土被朱紫而已哉！"③ 中可以看出，北魏时的洛阳佛教曾经达到了如何繁华鼎盛的地步。

北魏洛阳也是名僧大德汇聚之所。如"名僧德众，负锡为群；信徒法侣，持花成薮。车骑填咽，繁衍相倾。时有西域胡沙门见此，唱言佛国"④。据《洛阳伽蓝记》中的记载，洛阳僧人中有比丘昙谟，最善禅学，讲《涅槃》、《华严》，僧徒有千人之众。连来自天竺国的沙门菩提流支也见而礼之。流支每读昙谟大乘义章，"每弹指赞叹，唱言微妙。即为胡书写之，传之于西域，西域沙门常东向遥礼之，号昙谟最为东方圣人"⑤。这也可以称得上是中外交流史上的一段佳话。这里提到的天竺人菩提流支也是历史上重要的佛经翻译家，与他同时从事翻译的还有天竺沙门勒那摩提。两人最初曾在一起进行译经，据《续高僧传》："当翻经日，于洛阳殿内，流支传本，余僧参助。"⑥ 大唐《内典录》中也记载了这件事："中天竺三藏法师勒那摩提，正始五年（508年），在洛阳殿内译，菩提流支助译。"⑦

如果说十六国时期是自东汉佛教传入中国后佛经翻译的又一个高潮时期，那么，北魏洛阳与南梁建康则是中国佛教史上又一个高潮时期的北、南两座代表性

① 蒋维乔. 中国佛教史. 第三章. 四大翻译. 北京：团结出版社，2009：23.
② [南朝梁]慧皎. 高僧传. 卷九. 神异（上）. 竺佛图澄一.
③ [北魏]杨衒之. 洛阳伽蓝记. 序.
④ [北魏]杨衒之. 洛阳伽蓝记. 卷三. 城南.
⑤ [北魏]杨衒之. 洛阳伽蓝记. 卷四. 城西.
⑥ 转引自：蒋维乔. 中国佛教史. 北京：团结出版社，2009：175.
⑦ 转引自：蒋维乔. 中国佛教史. 北京：团结出版社，2009：175.

城市。这一整个时期的高僧荟萃与佛经翻译，为后来隋唐时代中国佛教文化走向极盛奠定了坚实的基础。

■ 第三个阶段：初唐与盛唐时期

中国佛教的鼎盛时期是隋唐时代，特别是唐代，促成了这一佛教鼎盛期的主要空间容器是隋唐两京城——长安与洛阳。而在中国佛教史上的这一鼎盛期与洛阳城关联最为密切的时段则主要是初唐的高宗与武则天时期。这一时期的唐高宗与武则天也曾比较长时间地驻跸洛阳，从而对洛阳的城市建设产生了较大影响。而这一时期的洛阳，既是盛极一时的佛教文化中心，也是中外高僧一时荟萃之所。

唐高宗显庆二年（657年），著名佛经翻译家陈玄奘曾随高宗幸东都洛阳，玄奘请改葬父母，洛阳周围僧俗赴而观瞻者达到了万余人之多（图5.7）。至显庆五年（660年），高宗诏迎陕西岐州法门寺佛骨舍利至东都洛阳，入内供养，武则天为此而舍绢一千匹，为舍利造金棺银椁，雕镂穷奇。至龙朔二年（662年）才将舍利送回法门寺。高宗咸亨三年（672年），敕于洛阳洛阳龙门山镌造卢舍那大佛像，武则天为此而助钱两万贯，成为龙门石窟雕凿史上的一件盛事。至永隆元年（680年），沙门智运禅师在洛阳龙门山雕镌了15000余尊佛，故其所凿窟被称为"智运洞"[①]。

麟德二年（665年）时，武则天要求去泰山封禅，跟随封禅的队伍包括了文武士兵与仪仗法物等浩浩荡荡有数百里之长，而其中有来自突厥、于阗、波斯、天竺、罽宾、乌苌、昆仑、日本及新罗、百济、高丽的使臣，其穹庐毡帐及牛羊驼马填塞道路。[②] 由此也可以看出这时的东、西两京中，有多少国家派驻的使臣。因而，可以想见，这时的长安、洛阳也同样是各国高僧云集的地方。如垂拱三年（687年），南天竺沙门菩提流支（与北魏高僧菩提流支同名）到达洛阳，在洛阳的福先寺中译经。也是在这一年，中天竺沙门日照在洛阳圆寂，葬于龙门，参加会葬者有数万人之众。[③]

武则天永昌元年（689年），于阗沙门提云般若（天智）来到洛阳谒见武则天，并被安置在洛阳魏国寺翻译佛经。提云般若先后译出了《造像功德经》等，有6部之多。同时参加佛经翻译的还有吐火罗国沙门弥陀山（寂友），他译出了

图5.7 玄奘像

① 参见：范文澜．唐代佛教．附张遵骝．隋唐五代佛教大事年表．
② 参见：范文澜．唐代佛教．附张遵骝．隋唐五代佛教大事年表．
③ 参见：范文澜．唐代佛教．附张遵骝．隋唐五代佛教大事年表．

《无垢净光陀罗尼经》一卷，在完成译经返回本土的时候，武则天还曾赠以厚礼为其饯行。①

在这一时期，活跃于洛阳从事译经活动的外国僧人，还有被武则天安置在洛阳天宫寺译经的北天竺沙门阿俪真那（宝思惟）和在洛阳授记寺翻译《观世音颂》的天竺沙门慧智。武则天长寿三年（694年），波斯国人拂多诞，携带了摩尼教经典《二宗经》来朝见武则天。此外，这一时期新罗僧人道照、金仁问也可能曾在洛阳活动。至证圣元年（695年），往天竺求法的沙门义净，经过了25年，辗转30余国之后，回到了洛阳，武则天还亲自到洛阳的上东门外迎接这位风尘仆仆的高僧。回到中国的义净，曾与西域僧人实义难陀（学喜）及菩提流支共同在洛阳大内中的大遍空寺翻译《华严经》，中土高僧法藏笔受，武则天身临译场为这些译经高僧施供馔，并亲自为这本80卷的新译《华严经》撰制序文。译经结束后，武则天又敕令华严宗高僧法藏在洛阳的佛授记寺中讲解新译的《华严经》，并与法藏在宫中的长生殿讨论华严经义。法藏还致书新罗僧人义湘，并将其撰写的《授玄疏》副本托人送赠义湘。而这时来自北天竺的婆罗门李元谄还曾为新罗僧人明晓翻译了《不空羂索陀罗尼经》一卷，颇反映了这一时期两京城中高僧荟萃的盛况。②

这一时期的武则天对禅宗高僧也格外礼重，曾延请禅宗北宗初祖神秀禅师到洛阳，并请嵩岳慧安禅师入禁中问道，诏请洛阳福先寺仁俭禅师进殿。神秀禅师曾建议武则天诏请禅宗六祖——禅宗南宗初祖慧能来洛阳，但慧能固辞不肯，武则天则赐水精钵及衣茶等物，还诏令韶州守臣安抚慧能所在的寺院。③

到了盛唐玄宗时期，与天竺、波斯、西域及日本、新罗僧人的交往就更为频繁，其中最为重要的是来自天竺的密教高僧善无畏（图5.8）与金刚智两位大师以及他们的弟子，同时还有来自天竺的不空大师。不空为中国密宗创始人之一，与善无畏、金刚智并称为开元三大士。虽然，这三位高僧在中国的活动主要是在西京长安，如不空在西京大兴善寺中，翻译密部佛经达77部之多。但有资料证明，金刚智、善无畏都曾经到过洛阳。金刚智于开元二十年（732年）圆寂后，封谥号"灌顶国师"，葬于洛阳龙门南，并建塔旌表。善无畏还曾在洛阳译经。他曾为高僧一行译出《大毗卢遮那经》、《大日经》、《苏悉地揭罗经》等密宗重要经典。由此或也可以推证，中国高僧一行大师也曾经到过洛阳。而不空曾奉其师金刚智之遗

图5.8 善无畏像

① 参见：范文澜．唐代佛教．附张遵骝．隋唐五代佛教大事年表．
② 参见：范文澜．唐代佛教．附张遵骝．隋唐五代佛教大事年表．
③ 参见：范文澜．唐代佛教．附张遵骝．隋唐五代佛教大事年表．

命，于开元二十九年（741年）附昆仑舶经南海去天竺与师子国（今斯里兰卡），并于天宝五年（746年）返回大唐西京，其间无疑是反复经过了东都洛阳的。

还有一条能够证明洛阳是高僧荟萃之所的史料是，开元二十四年（736年），日本副使中臣明代要返回日本时，除了同行的中国使臣袁晋卿、皇甫东朝外，还有洛阳大佛先寺的沙门道璿、婆罗门僧正菩提仙那、林邑僧佛彻以及波斯人李密医等[①]。

安史之乱后，地处要冲的洛阳因为遭到了叛军的反复蹂躏而元气大伤，自肃宗以后的唐代帝王，鲜有长时间驻跸洛阳的了。洛阳往日高僧荟萃梵音缭绕的浓郁佛教文化氛围也渐渐随风散去，成为往日的过眼云烟了。然而，中国佛教的繁荣与昌盛，肇始于1世纪，兴盛于4世纪，而极盛于8世纪，至10世纪之后就渐渐地走向衰落了。在中国佛教兴起中最为重要的三个时期，几乎都以洛阳为中心展开的，由此也可以对洛阳在中国佛教史上的地位略窥一斑。

二、白马寺

如前所述，按照《魏书·释老志》的说法，汉明帝夜梦金人，项有日光，飞行殿庭，因遣使入天竺，几年后汉使与天竺僧摄摩腾、竺法兰东还洛阳，以白马负经而至，故称白马寺。当然，对于这座中国第一寺的传说，还有另外一种说法，据《高僧传》，此寺原名招提寺，"相传云：外国国王尝毁破诸寺，唯招提寺未及毁坏，夜有一白马绕塔悲鸣，即以启王，王即停坏诸寺。因改'招提'以为'白马'。故诸寺立名多取则焉"[②]。无论如何，洛阳白马寺曾是天竺僧人摄摩腾翻译传入中国的第一部佛经《四十二章经》时在洛阳居住的地方，故也可以将其看做是中国佛教的起源之地，其位置在北魏洛阳内城西雍门外，即今洛阳老城以东12公里处，始建于东汉永平十一年（68年）。

白马寺最初建造时的平面格局，现在已经完全不清楚了。从史料上看，在白马寺之后的三国时期建造的笮融所建的浮图祠，是一座以佛塔为中心的寺院。而据《魏书·释老志》："（汉孝明）帝遣郎中蔡愔、博士弟子秦景等使于天竺，……愔之还也，以白马负经而至，汉因立白马寺于洛城雍关西。"[③] 另据南朝梁人所撰《弘明集》引汉代牟融《牟子理惑论》："时于洛阳城西雍门外起佛寺，于其壁，画千骑万乘，绕塔三匝。"④ 这座同是位于洛阳城西雍门外、被绘有绕塔三匝的千骑万乘壁画的寺院，应该即是白马寺。这说明汉时初建的白马寺很可能也是以塔为中心的格局。

因为是一代名寺，其香火也特别旺盛，历史上曾有过多次大规模重修，如宋代淳化间（990—994年）、元代至顺间（1330—1333年）、明代洪武二十三年（1390年）都有重修。1961年这座历史名寺被国务院公布为第一批全国重点文物保护单位。（图5.9）

也许因为名寺的香火太盛，代有修建，现有白马寺的主要建筑似乎与它那悠久的历史不相匹配。除了一些雕刻、石碑之外，寺中的主要建筑物都是清代的遗物。（图5.10～图5.11）但或也因为它名气太大，尽管经过了多次修缮，仍然保留了大寺院的气派。寺院的基址规模有200余亩。寺院内的主要建筑物，进入山门之后，依序是天王殿、大佛殿、大雄殿、接引殿、毗卢阁五层殿堂。

图5.9 洛阳白马寺卫星图片

① 参见：范文澜. 唐代佛教. 附张遵骝. 隋唐五代佛教大事年表.
② [南朝梁]慧皎. 高僧传. 卷一. 译经（上）. 摄摩腾二.
③ [北齐]魏收. 魏书. 卷一百一十四. 志第二十. 释老十.
④ [南朝梁]僧祐. 弘明集. 牟子理惑论.

图5.10 白马寺天王殿

图5.11 白马寺大佛殿

其天王殿与一般的汉地佛寺已经没有什么两样，供奉的是大肚弥勒与四大天王及护法神韦驮菩萨。殿面阔五间，进深三间，单檐歇山式屋顶，这座天王殿曾是白马寺的山门，其内四大天王像和韦驮、弥勒像是元代时所塑。寺中的大佛殿面阔五间，进深四间，也是单檐歇山顶，坐落在一个约1米高的台基之上。殿中供奉"释迦三圣"，也就是佛祖释迦牟尼与他的两个弟子，其左站立着迦叶，其右站立着阿难，这是典型的一佛二弟子的格局。主佛左右两侧还有两尊坐像，分别代表了"智慧"与"德行"的文殊与普贤两位菩萨。周围还有散花天女的雕像。这座大殿中的主要塑像为明代泥塑。

大雄殿是白马寺中最大的殿堂（图5.12），殿前有月台。大雄殿中供奉的横三世佛与十八罗汉雕像。横三世佛，分别是中央娑婆世界的释迦牟尼佛；左边东方净琉璃世界的药师佛；右边西方极乐世界的阿弥陀佛。这一布局与大多数明清寺院中的大雄宝殿已经十分接近。而这座大殿建筑，是元代时所重建，虽然经过了明、清两代的反复修缮，仍不失其重要的价值。大雄殿之后为接引殿，这是一

图5.12 白马寺大雄殿

座清代光绪年间重修的小殿，其中供奉着佛教净土宗的主尊佛阿弥陀佛，及其两侧的胁持菩萨，大势至菩萨与观世音菩萨，从而构成了一般净土宗寺院中常见的一佛二菩萨的"西方三圣"的塑像格局。

　　白马寺中轴线后部设置有毗卢阁（图5.13），这里是一组庭院，据说是天竺僧人摄摩腾、竺法兰翻译佛经的地方。整组庭院坐落于一个长43米、宽33米、高5米的台子上，称"清凉台"。院中主殿毗卢殿为楼阁式重檐歇山顶建筑。阁初设于唐代，此后的元、明、清三个朝代都有重建。殿内正中砖筑佛上座设有木制佛龛，其内供奉清代所塑的佛家法身佛毗卢遮那佛像，主尊两侧分别是文殊与普贤的立像，其格局形成了佛教所谓"华严三圣"的造像布局。庭院中主殿前分别设置有东西两座配殿，东为摄摩腾殿，西为竺法兰殿，分别供奉着这两位东汉时期来华的印度高僧的塑像。中轴线两侧则对称地布置有钟楼、鼓楼，及门堂、云水堂、客堂、斋堂、祖堂、禅堂、方丈院等一些附属建筑。

　　白马寺寺门外东约300米处还有一座佛塔，俗称"齐云塔"（图5.14），又称"释迦舍利塔"。据说这座塔始创于东汉时期。根据《释源大白马寺齐云塔灵异记》的描述，汉明帝曾驾临白马寺，见到了摄摩腾、竺法兰二位高僧。摄摩腾问起白马寺东南是什么地方？明帝说，很久以前，那里曾涌起一高有丈余的土阜，平而复出，其上时放光明。百姓以为神奇，称其为"圣冢"。摄摩腾则引证了佛经中阿育王分佛舍利于天下8400处的典故，并说东土中国有19处，则这里的所谓"圣冢"，应该就是这19处中的一处。故而，明帝下诏于"圣冢"之上，按照天竺浮图式样，建造了9层500余尺高的佛舍利塔，因其高而号之"齐云"。这一说法，似乎推翻了习惯上所说的三国时的笮融创建了汉地最早佛塔的假设。当然，对于这一说法的真实性，有待进一步考证。

　　这座塔原为一座木构塔，既谓"齐云"，可以想象是十分高大的。但是，现存之塔，已是金大定十五年（1175年）重建之物。这是一座砖塔，高35米，共13层，平面为方形，故又称作"金方塔"。齐云塔有一座塔院，占地面积四十余亩。院内设置有禅堂、讲堂、僧房等30余间及山门、碑廊，并设置为一座与白马寺相毗邻的比丘尼修行道场。

图5.13 白马寺清凉台

图5.14 齐云塔

三、北魏洛阳寺塔

北魏时期的洛阳，梵宇栉比，寺塔林立，是古代中国的一座重要佛教城市。据北魏人杨衒之《洛阳伽蓝记》的记载，北魏盛期，洛阳城内外"凡有一千余寺"，实际的数量为1367所，其中不乏名寺，如北魏胡太后所建的永宁寺。寺内"僧房楼观，一千余间"，其规模都是后世佛寺所不可同日而语的（图5.15）。我们可以依据《洛阳伽蓝记》对北魏洛阳寺塔做一个概览：

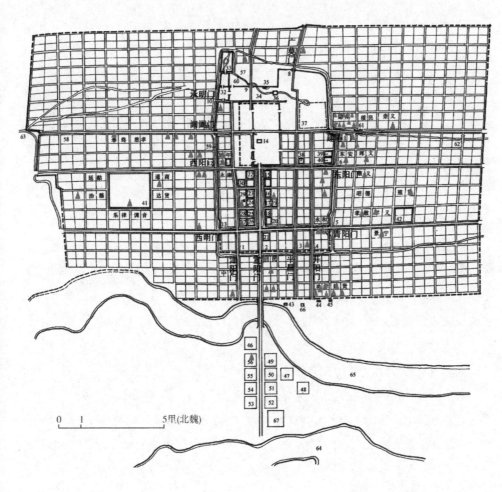

图5.15 《洛阳伽蓝记》所载伽蓝示意简图

1．永宁寺： 熙平元年（516年），由北魏灵太后胡氏所建，位于北魏洛阳宫殿前阊阖门南一里御道的西侧。其寺院呈一南北略长的方形，每面各开一门。其中南门为正门，有三重檐的门楼一座，下设三个可以进入寺内的阁道，门楼的高度有20丈，形制很像帝王宫城前部的端门。门前设有四力士、四狮子等雕刻。东西两门也是三个通道，但其上门楼为两重檐。唯有北门比较简单，门仅设一通道，上无门楼，仅用了乌头门的形式加以界定。而在四门之外道路两侧，都种植了青槐，沿着道路还有一道水渠。

永宁寺内偏北是一座佛殿，其规模也模仿了北魏皇宫中的正殿——太极殿。殿内有金像、锈珠像、金织成像、玉像等佛像多躯。殿外则有上千间佛殿僧房及松柏树木。最为重要的是寺内中心位置上，是一座高大的木结构佛塔。塔为9层，平面四方，每面都设有三个门、六个窗，并用朱漆覆盖。据杨衒之的描述，塔高90丈，其上塔刹复高10丈，合去地1000尺，在洛阳之外100里处已经遥可见了。

当然，杨衒之的描述带有一点文学的夸张，而据同时代人郦道元《水经注》的记载："水西有永宁寺，熙平中始创也。作九层浮图。浮图下基，方十四丈，自金露盘下至地四十九丈，取法代都七级，而又高广之，虽二京之盛，五都之富，利刹灵图，未有若斯之构。"① 也就是说，其塔身的高度为49丈，以一北魏尺为今0.255米计，约今尺高度为124.94米，如果加上塔刹（按塔身的1/10计）高度，约为137.45米高。这应该是中外古今历史上曾经建造过的最高的木结构建筑物。

2．建中寺： 普泰元年尚书令尔朱世隆所建。这里曾经是太监司空刘腾的住宅，其规模占有了长方各300步的一个里坊之地，所谓"屋宇奢侈，梁栋逾制。一里之间，廊庑充溢。堂比宣光殿，门匹乾明门，博敞宏丽，诸王莫及也"② 。正因为僭越过甚，故被改做佛寺。但即使是佛寺，若以其占地一个里坊，寺内建筑可以与皇家宫殿相匹敌，其规模也是相当宏伟的。

3．瑶光寺： 北魏世宗宣武帝元恪所建，位于阊阖门御道之北。寺内有一座5层高的佛塔，杨衒之记之为高50丈，大约相当于永宁寺塔一半的高度，即应该是今尺之60余米的高度。寺内有讲殿、尼房500余间，其建筑的数量规模也相当于永宁寺的一半。瑶光寺是一座尼寺，也是所知历史上规模最为宏伟的尼寺。

4．景林寺： 在开阳门内御道东。这座寺院中"讲殿叠起，房庑连属。丹楹炫日，锈楠迎风，实为胜地。"③ 而寺院之西还有附属于寺院的园林，园中亦有禅房一所，称"祇洹精舍"，"形制虽小，巧构难比。加以禅阁虚静，隐室凝邃，嘉树夹牖，芳杜匝阶，虽云朝市，想同岩谷"④。这显然是一座园林式的僧伽精舍，是佛教园林的早期例证之一。

5. 景明寺：位于宣阳门外一里御道东。这座寺院的规模为东西南北各方500步，这显然是一座比占有一坊之地（每面300步）的寺院还要大许多的寺院。与永宁寺一样，这座寺院内也有1000余间寺舍殿堂，所谓"山悬堂光观盛，一千余间。复殿重房，交疏对霤。青台紫阁，浮道相通"⑤。而且，寺内也有一座高大的佛塔，塔为7层，号称"去地百仞"，说明其高度也相当可观。寺内仅佛像雕塑就有1000余躯之多。

6. 冲觉寺：清河王元怿所建，位于西明门外一里御道北。寺中"为文献追福，建五层浮图一所，工作与瑶光寺相似也"⑥。那么这座佛塔的高度似也应该在今日之60米左右。

7. 融觉寺：亦清河王元怿所立，位于阊阖门外御道南。其规模也十分宏大，"佛殿僧房，充溢三里"⑦。寺内亦有5层佛塔一座，其高度与冲觉寺中的佛塔亦相同。

8. 永明寺：魏宣武帝立。这座寺院中"房庑连亘，一千余间。庭列修竹，檐拂高松，奇花异草，骈阗阶砌。百国沙门，三千余人"⑧。其规模应该不亚于500步见方的景明寺。

9. 建阳里十寺：除了那些大型寺庙与高达5级的佛塔之外，还有一些较小的寺院与佛塔。如城东建阳里："里内有璎珞、慈善、晖和、通觉、晖玄、宗圣、魏昌、熙平、崇真、因果等十寺。里内士庶二千余户，信崇三宝。众僧利养，百

---

① [北魏]郦道元. 水经注. 卷十六. 谷水.
② [北魏]杨衒之. 洛阳伽蓝记. 卷一. 城内.
③ [北魏]杨衒之. 洛阳伽蓝记. 卷一. 城内.
④ [北魏]杨衒之. 洛阳伽蓝记. 卷一. 城内.
⑤ [北魏]杨衒之. 洛阳伽蓝记. 卷三. 城南.
⑥ [北魏]杨衒之. 洛阳伽蓝记. 卷四. 城西.
⑦ [北魏]杨衒之. 洛阳伽蓝记. 卷四. 城西.
⑧ [北魏]杨衒之. 洛阳伽蓝记. 卷四. 城西.

姓所供也。"① 一个仅300步见方的里坊中，不仅容纳了10座寺院，还容纳了2000余户百姓。其寺院的规模应该是很小的。

还有一点需要特别指出的是，佛教传入之初，是禁止汉人出家为僧的。南北朝时期，其禁日驰，汉人出家者渐渐多了起来。佛教讲轮回与来世，更讲灵验，大起佛寺或虔心信仰者，可以获得来世的果报。处在社会底层的妇女，希望来世不再是女儿身，而阉宦之臣，则希望来世能有一个完身，这导致这一时期的寺院中有相当一部分是阉宦所立，而其中出家者又以尼僧为多。关于这一点，杨衒之的《洛阳伽蓝记》中也透露出了一点消息："宣忠寺东王典御寺，阉官王桃汤所立也，时阉官伽蓝皆为尼寺，唯桃汤独造僧寺，世人称之英雄。门有三层浮图一所，工逾昭仪……"② 这座僧寺规模虽然不是很大，其中亦有一座三层高的佛塔。

北魏洛阳城不仅在洛阳历史上创造了灿烂夺目的一页，也在中国古代佛教史上创造了最为辉煌的一页。

四、唐宋洛阳寺塔

隋唐时代两京城的佛教寺院建设多集中于西京长安。故长安城中多巨寺高塔，这一点在史书中多有提及，现存的大雁塔与小雁塔只是其中的两座。隋末洛阳曾遭一炬，而唐初又曾颁布了道先而佛后的宗教政策，这些历史原因，都在一定程度上影响了洛阳城在隋、唐两代的佛教寺院建设。

然而，由于武则天的大力提倡，唐武则天时期，创造了中国历史上又一个佛教建筑发展的高潮。武则天甚至将佛寺建造到了宫殿之中，如她在洛阳宫的正衙位置上废高宗所建的乾元殿而建造明堂，又在明堂之后建佛堂，并号称"天堂"。"时则天又于明堂后造天堂，以安佛像，高百余尺。"但是，在证圣元年（695年）正月，这座"佛堂灾，延烧明堂，至曙，二堂并尽"③。这大概是中国历史上在皇家宫殿建筑群的中心位置建造佛教殿阁的唯一例证。

武则天所宠幸的僧人薛怀义，曾于洛阳建春门内的敬爱寺"别造殿宇，改名佛授记寺"④。这座敬爱寺可能就是薛怀义所住之寺。此外，从《河南志》中可以看到，如宜人坊西南隅的荷泽寺、修行坊内的奉国寺、旌善坊中的崇化寺、恭安坊的太子寘寺、择善坊的率更寺、陶化坊的修行寺、延福坊的福先寺、履道坊的长寿寺、宁民（仁）坊的龙兴寺、淳风坊的圆行寺、宣风坊的安国寺和崇因尼寺（后改为卫国寺，再改为安国寺。这座佛寺在元代时设有八思巴帝师殿，清代时迁至洛阳东城的成福门内）。此外，在观德坊中有景福寺和宝华院，在教义坊中有太原寺（后来迁于积德坊），清化坊内有昭成坊、道光坊内有昭成寺（隋为元寿寺）。（图5.16）

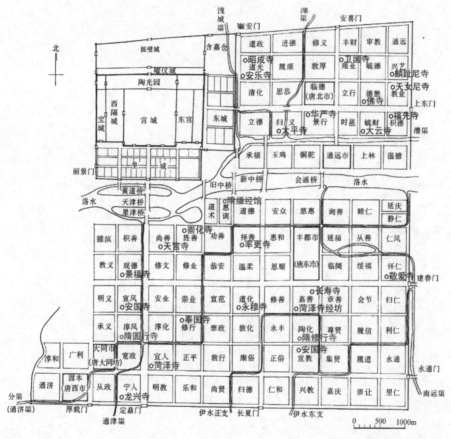

图5.16 隋唐洛阳城佛寺分布简图

① [北魏]杨衒之. 洛阳伽蓝记. 卷二. 城东.
② [北魏]杨衒之. 洛阳伽蓝记. 卷四. 城西.
③ [后晋]刘昫 等. 旧唐书. 卷二十二. 志第二. 礼仪二.
④ [清]徐松. 唐两京城坊考. 卷五. 东京.

除了一般佛寺之外，洛阳城内还建有许多禅院，其中尤以五代时所建的为多，如道义坊的长兴应圣禅院、归仁坊的香林禅院、立德坊的立德禅院、寿安禅院和净众禅院、道政坊的长兴保寿禅院、归义坊的福胜禅院、太平禅院和慧云尼院、立行坊的广顺洪寿禅院、履顺坊的天胜禅院与安化禅院、进德坊的天福宝地禅院（院内有慈氏阁）、景行坊的应天禅院、进德坊的长兴应福禅院和天福宝地禅院、邻德坊的天福延庆禅院、资圣禅院与普安禅院、殖业坊的广顺洪寿禅院等。

以归义坊中的福胜禅院为例，这座禅院是后唐清泰间（934—936年）曹太后所建。院内有大殿，殿东有藏经楼，是一座"板廊周匝"的建筑，内藏经书都是用太后宫中的衣服裁制书写的。殿西则有罗汉殿。

从明人的笔记中，还可以发现一些不见于正史及《河南志》等文献中所记载的寺院，如唐时洛阳有慧林寺："沙门圆泽寓洛阳慧林寺，以李源善一日相率游峨眉。"① 另有法乾寺，如"（贾）岛为僧时，居法乾寺，洛阳令不许僧午后出寺。岛有诗云：'不如牛与羊，犹得日暮归。'一日宣宗微行至寺，闻钟楼上有吟声，遂登楼，于岛案上取诗览之，岛攘臂睨之曰：'郎君何会此耶？'遂夺取诗卷。帝惭下楼去"②。

这里说的故事，在时间上有一点冲突，贾岛是中晚唐时的诗人，属于韩愈的门下，其生活的时代大约是在唐宪宗至唐武宗之间，据《新唐书》，贾岛在65岁时陨于唐会昌初年，而他在寺院为僧时，当是早些年前，即应该是文宗，或更早的时代。因此这里所说的宣宗微行至寺与之相遇的故事，显然是不确的。但在一座城市中，下令不让僧人在午后外出，也从一个侧面说明，中晚唐时洛阳的僧人应该是很多的，自然寺院也不在少数。

据唐人笔记《独异志》："唐天后朝，处士孙思邈居于嵩山修道，时大旱，有敕选洛阳德行僧徒数千百人，于天宫寺讲《仁王经》，以祈雨泽。"③ 能够选出数千百人来听讲，其僧众数不少，其寺院数亦可以由此窥一斑。

从《高僧传》、《大宋高僧传》等史料中，可以知道，洛阳城中还有许多西域僧人驻留的寺院，较早的例子中，除了白马寺等知名寺院之外，还有不知来自哪里的晋代僧人安慧则驻锡的大市寺，而唐代洛阳寺院中则有，如来自南印度摩赖耶国的唐代僧人释跋日罗菩提（汉名金刚智）驻锡的广福寺、来自中印度的唐代僧人释善无畏驻锡的圣善寺、来自葱岭北于遁地区的释叉难陀（汉名学喜）驻锡的大遍空寺、来自于阗国的释提云般若（汉名天智）驻锡的魏国东寺（后改大周东寺），以及佛受记寺、天竺寺、天宫寺等一些寺院。其中的天竺寺，是由来自北印度迦湿蜜罗国的释阿你真那（汉名宝思惟）所建的，他原住天宫寺，"后于龙门山请置一寺，制度皆依西域，因名天竺焉"④。说明，唐代时的洛阳有完全仿造天竺式样建造的佛寺。

这些来自西域的僧人与中国僧人，聚集在西京长安与东都洛阳的一些寺院中，翻译了大量的佛教经典，为中国佛教的推广与流行，为中国与西域、印度文化的交流，作出了不可磨灭的贡献。宋时人就曾惊呼，这些由中外佛教僧人所译的佛教经典，"学侣传行，遍于京洛，美哉！亦遗法之盛事也⑤"。

特别值得一提的是，在这些曾经活跃于洛阳寺院中的西域僧人中，不乏在佛教历史上具有极其重要地位的高僧，如中国佛教密宗的创始人金刚智、善无畏等。他们的影响力，在佛教密宗领域，包括东密佛教与藏密佛教，至今都是不可取代的。

五、龙门石窟

古都洛阳最为吸引人的历史遗迹，就是中国著名的三大石刻艺术宝库之一，位于洛阳南郊12公里处的伊河两岸的龙门石窟了。龙门石窟所在的位置是香山和龙门山两山对峙之处，伊河之水从中穿过，从洛阳城向这里远望，就像是一座矗立在洛阳城前的天然门阙，所以自古这里就有"伊阙"之称（图5.17）。其山水景色，更是被历代文人雅士所讴歌，唐代大诗人白居易就曾说过"洛都四郊，山

---

① [明]蒋一葵. 尧山堂外纪. 卷二十七. 唐.
② [明]蒋一葵. 尧山堂外纪. 卷三十一. 唐.
③ [唐]李亢. 独异志. 卷（上）.
④ [宋]赞宁. 大宋高僧传. 卷三. 译经篇第一之三. 唐洛京天竺寺宝思惟传.
⑤ [宋]赞宁. 大宋高僧传. 卷一. 译经篇第一之一. 唐京兆大荐福寺义净传.

图5.17 龙门由北望南

水之胜，龙门首焉"的话。石窟始凿于北魏孝文帝迁都洛阳（494年）之时，此后
历东魏、西魏、北齐、北周、隋、唐和北宋等朝，断断续续开凿了400余年之久，
其中北魏和唐代的大规模开凿大约就有140余年，构成了龙门石窟的主要部分。
整座龙门石窟现存石刻佛像十万余尊，窟龛2300多个。其中北魏开凿的洞窟约占
30%，唐代石窟约占60%，而其他朝代开凿的部分仅占10%左右。1961年被国务院公
布为国家重点文物保护单位。（图5.18～图5.19）

　　龙门石窟开凿的第一个时期是北朝时期，这一时期的石窟都在龙门山，龙门
石窟中最早开凿的是古阳洞，由北魏宗室人物丘慧成所凿，时间恰是孝文帝迁都
的第二年（495年）。这座洞窟直至东魏时期还在开凿，前后经历了50余年。此
外，在500—523年，魏宣武帝和魏孝明帝又连续开凿了宾阳洞的北、中、南三个
大石窟（图5.20），后来又开凿了药方洞，以及东魏时期的莲花洞等洞窟。

　　古阳洞位于龙门山南段，其中除了开凿最早、内容丰富的是窟造像外，还是
精美的书法艺术宝库。古代书法艺术珍品中的龙门20品中，古阳洞中的遗迹就占
了19品。但是，清末光绪年间，道教徒将洞中的主尊佛像释迦牟尼涂抹了道教
太上老君的形象，并讹传说太上老君曾在这儿炼丹，所以一般老百姓又将古阳洞
称作老君洞。洞由一个天然的石灰岩溶洞开凿而成。窟内主尊佛像为释迦牟尼，
侍立在主佛左侧的是手持宝瓶的观音菩萨，右侧则是手握摩尼宝珠的大势至菩
萨。其造像的阵容很像是阿弥陀佛净土世界的西方三圣。窟中还有大小佛龛数百
个，并在龛楣上凿有佛传故事，如：古阳洞南壁释迦多宝龛上，有树下诞生、步
步生莲、九龙灌顶等佛传故事。（图5.21～图5.22）

图5.18 龙门石窟宾阳北洞

图5.19 龙门石窟唐代老龙洞

图5.20 龙门石窟宾阳三洞

图5.21 龙门石窟古阳洞内壁

图5.22 古阳洞屋形龛

宾阳中洞也是北魏时期开凿的洞窟，其名"宾阳"的意思，当为迎接初升的太阳，故其方向应当是坐西而朝东。这里有三个洞窟，是北魏宣武帝为他父亲孝文帝做功德而凿的。开凿于北魏景明元年（500年），历时24年，后因变故仅完成了宾阳中洞（图5.23）。宾阳三洞中的南洞和北洞都是初唐时才完成佛像的雕

图5.23 宾阳中洞

凿的。宾阳中洞为马蹄形平面，窟顶隆起如穹隆状。洞内为过去、现在、未来三世佛。其外侍立有二佛弟子和二菩萨。左右壁各有立于覆莲座上的一佛二菩萨造像。洞中前壁南北两侧，有四层浮雕。分别是以《维摩诘经》故事题材为浮雕"维摩经变图"，佛本生故事，和帝后礼佛图，第四层则为"十神王"浮雕造像。其中第三层的帝后礼佛图，应是对当时宫廷佛事活动的真实反映，具有极其重要的艺术与历史价值。但是，可悲的是，这部分精美的浮雕艺术品，在20世纪的30至40年代的动乱时代被盗，现陈列在美国纽约大都会博物馆和美国堪萨斯州纳尔逊艺术博物馆中。

　　宾阳南洞也是北魏时期开凿的洞窟，但是，洞中主要佛像完成于初唐时期。这一洞窟中的主尊佛像为阿弥陀佛，反映了唐代净土信仰的日益兴盛。这座洞窟是太宗李世民四子魏王李泰在北魏废弃的旧有洞窟基础上续凿而成的，其开凿目的是为其生母长孙皇后做功德。（图5.24）

图5.24 宾阳南洞

药方洞，顾名思义，其中当是有关古代中医药方方面的遗迹，其窟门上确实雕刻有诸多唐代的药方。这座洞窟始凿于北魏晚期，雕刻时间先后经历了东魏、北齐，直至唐初。这座洞窟的洞门两侧雕刻有150多帧古代药方，方中包括植物、动物和矿物，所治疗的病痛包括内科、外科、小儿科、五官科等诸方面，甚至还有可以治疗疑难杂症的药方。窟中则有5尊石刻佛像。（图5.25）

唐代开凿的奉先寺石窟是整个龙门石窟中最为宏大的一个石窟，这是一个相对开敞的洞窟，窟的长宽各为30余米。在这座石窟造像的背后原有很多小洞，当是在宋、金时代，人们为了保护大佛而修建的木构窟檐式建筑，现已不存，现在窟内的佛像及天王、力士都暴露在露天之中。奉先寺雕刻的主尊是卢舍那大佛（图5.26），主尊佛两侧二菩萨高70唐尺（图5.27），其外还有迦叶、阿难，及

图5.25 药方洞

图5.26 奉先寺主尊

图5.27 主尊南侧菩萨像

金刚、神王各高50唐尺（图5.28）。据碑文记载，这座洞窟开凿于唐高宗李治和武则天在位时期，凿成于高宗上元二年（675年），先后用了4年时间。石窟正中主佛为佛教法身佛卢舍那佛坐像，为龙门石窟最大佛像，身高17.14米，头高4米，仅耳朵的长度就有1.9米。按照佛经中的说法，卢舍那意即光明遍照之意。这与武则天将自己比喻作"日月当空（武曌）"的领阎浮提世界女主之意相吻合，或也说明了她开凿这尊佛像的意图所在。卢舍那佛像两边是二位佛弟子迦叶和阿难，其形态温良恭顺，另外还有二位和善开朗的菩萨雕像。其外则是手托宝塔的天王像，与遒劲刚勇的力士像。

早在唐代时，龙门石窟就已经成为一处可以供帝王与官民游赏的胜地了，明人的笔记中记载了武则天与群臣游龙门石窟，并与臣子们即兴赋诗的故事：

武后游龙门，命群臣赋诗，先成者赐锦袍。东方虬诗成，拜赐，坐未安。宋之问诗成，文理兼美，左右莫不称善，乃就夺虬锦袍衣之。其词曰：

图5.28 奉先寺南壁力士

宿雨霏氛埃，流云度城阙。河堤柳新翠，苑树花初发。洛阳花柳此时浓，山水楼台映几重。群公拂雾朝翔凤，天子乘春幸凿龙。龙门近出王城外，羽从淋漓拥轩盖。云跸才临御水桥，天衣已入香山会。山壁崭岩断复连，清流澄澈俯伊川。塔影遥遥绿波上，皇龛奕奕翠微边。层峦旧长千寻木，春鳌初飞百丈泉。彩仗霓旌绕香阁，下辇登高望河洛。东城宫阙拟昭回，南陌沟塍殊绮错。林下天香七宝台，山中春酒万年杯。微风一起祥花落，仙乐初鸣瑞鸟来。鸟来花落纷无已，称觞献寿烟霞里。歌舞淹留景欲斜，石间犹驻五云车……①

　　从这里略可以看出当时皇帝出游龙门时的盛况："羽从淋漓拥轩盖"，"彩仗霓旌绕香阁"，其气势不可谓不大。彩仗霓旌所环绕的一定是武则天所停留之处，而武则天也无疑会停留在龙门石窟的中心部位——奉先寺。故这里的"香阁"很可能是指龙门石窟中最大的雕刻群奉先寺外面所罩的窟檐建筑。因为，当时的奉先寺外是有依山而建的木结构殿阁的，这一点从现在奉先寺石窟岩壁上尚存的可以用来安插梁栿的洞口就可以看得很清楚。（图5.29）

　　当然，龙门石窟的实际内容与范围远比我们在这里提到的要丰富得多，这是一个佛教艺术宝库，也是一个书法艺术的宝库，还是历史研究、佛教史研究、佛教艺术史研究的资料宝库。龙门石窟与敦煌石窟、云冈石窟并称为中国古代的三大石窟，不仅是中国佛教石窟艺术，也是世界佛教石窟艺术中最为珍贵的遗存。因而，它丝毫无愧于其作为世界文化遗产的称号。

图5.29 主尊南侧梁栿插孔

① [明]蒋一葵. 尧山堂外纪. 卷二十三. 唐.

第陆章

周公庙定鼎堂

风火胸心铁石肠，正豪强里便回光。

洛阳春暖神游处，犹有龟蛇镇北方。

——［金］李广《长真谭真人赞》

击物三江响，敲空四海鸣。

问云何是道，笑指洛阳城。

——［金］侯善渊《颐真释伪二十首》

洛阳去去春如锦，昼日神仙看地行。

——［金］雷渊《送李执刚致仕归洛》

　　除了西来的佛教之外，在古代中国人的信仰体系中，还有与佛教鼎足而立的道教与儒教。如果说道教已经建立起了与佛教几乎相同的宗教仪轨与信众组织，则儒教虽然没有真正发展成为一种宗教，但其信仰的力量，却一直渗透到普通中国人的内心深处。而中国各地建造的孔庙、文庙建筑，和与之相匹配的府学、州学、县学建筑，则以另外一种方式，构成儒教文化特有的影响力。（图6.1）

　　然而，古代中国人的信仰体系又是一个十分庞杂而繁复的体系。一方面，中国人信仰上天的唯一神，即儒家所谓的"天"，或道家所谓的"道"，亦即老百姓所时时依

图6.1 东汉灵台遗址现状

赖的"老天爷"。另一方面，普通中国人有着无数不得不信仰与依赖的莫名其妙的神灵。诸如，求子者、祈福者、求取功名者，各有其所诉求的神灵。而从一般性意义上来观察，中国人的这一庞杂的信仰体系，仍然可以大致归于儒家信仰祖先崇拜与自然崇拜的范畴之中。

例如，古代中国人信仰天地山川、风雨雷电，从而建造了天地坛、山川坛、风雨雷电坛；中国人相信有神灵保护自己的国家与土地，因而，建造了社稷坛，祈求社稷之神保佑国泰民安；中国人对自己所居住的一方城池与土地情有独钟，希冀地方神灵的护佑，因而建立了城隍庙、土地庙；以农业为主要生产方式的古代中国人对于能够确保丰收的农业神格外崇敬，因而建立了先农坛；中国人对于不幸死去，而没有亲人祭祀的孤魂野鬼，既同情又恐惧，为了安抚它们，因而建立了厉鬼坛；中国人对于日常的不平往往既愤愤不平，又无能为力，只好借助于鬼神的力量，因而到处为专司冥界裁决断案的东岳大帝建造东岳庙；中国人恐惧于自然与意外的灾变，因而建造火神庙，求火神安居于内食用血祭，而不要随意走动；建造了刘猛将军庙，专司镇压蝗灾的义务；建造了龙王庙，成为官民百姓祈雨或求晴的神殿；更为重要的是，中国人对曾经为一方百姓做过好事，建立过功勋的前辈英灵，念念不忘，希冀他们善良的灵魂会继续护佑一方的平安，因而建立了名宦祠与先贤祠；而为了教化一方百姓，希望大家都一心向善，人们还建立了忠孝祠和节义祠，为名响一方的忠男孝女们设立旌节之表，以期成为一方百姓的表率。

这样一种游离于佛教、道教等正统的宗教信仰之外的庞杂的信仰体系，从周、秦、汉、魏以来，就已经初步形成，并逐渐扩展其内涵与外延，直至明代出现的一次大规模的制度重建过程，又进一步加以确认与完善，其基本的体系，一直延续到清代末年，其余绪至今仍然在起作用。那么，作为"九朝故都"的洛阳，也不可能超然于这样一种信仰体系之外。在明清之际，作为地方城市之一的洛阳，也建造了一批与其他府州城市一样的儒道庙观与一般神灵祠祀建筑，从而构成了与明清时代一般城市相同的地方宗教建筑体系。

一、庙学建筑

儒家文化在古代中国具有特殊重要的地位，自宋代以来，在各地府州城市中建造祭祀儒家先哲的孔庙或文庙，并在紧邻孔庙或文庙的地方，建立官办的儒学学校的做法，一直延续到明清时代。自宋景祐年间（1034—1038年）知府王曾将洛阳城池大规模缩小，形成后来的约周回八里余的洛阳老城规模以来，洛阳城基本上沦为了一座与明清一般府州城市没有多少差别的地方城市。

宋代时，在府治之南的洛水南岸，曾建有儒学。金代正隆年间（1156—1161年），知府孔彦舟将这座儒学建筑迁移到了洛河之北。元代沿用了这座建筑，直至元末遭兵燹所毁。明初洪武三年（1370年），又在原来的旧址上重修了这座儒学建筑。明清两代，又有过多次的维修与增建。这就是河南府文庙，其位置在今洛阳老城东南隅的文明街之东，其地现为文明小学的校舍。据庙中的碑记，宋真宗景德四年（1007年）曾在这里建国子监。金代时，这里成为金昌府文庙的所在地。

而据《洛阳县志》，明嘉靖六年（1527年）时，河南守备刘氏，曾饬修文庙。说明自明初重建以来，其文庙是一直修葺沿用下来的。文庙建筑呈南北向布置，因地势原因而呈台阶状布置。除影壁、棂星门牌楼之外，还有面广三间、进深两间的前殿和面广五间、进深四间的大殿等建筑。大殿前有宽敞的月台。从性质上看，这两座建筑可能分别是戟门与大成殿（图6.2～图6.3）。棂星门内东西配列的是明代文庙中必须建造的名宦祠与乡贤祠。两祠均为三开间的硬山式建筑。而洛阳文庙现存的建筑大约仅有20余间了。原文庙必设的泮池、石桥、琉璃影壁等，随着历史的烟云，早已毁坏不存了。仅留下一些碑碣，供人们在凭吊往事时可以略发思古之幽情。

图6.2 明清河南府文庙戟门

图6.3 明清河南府文庙正殿

除了府学之外，因洛阳县署附郭于洛阳城内，洛阳城内还建有县一级儒学学校。这是一座由明初的知县在一座道观——玉清观的旧址上建造的学校，并在明清两代多次维修。此外，洛阳城内还建有孔庙，又称文庙，或称为崇圣祠。同时，在儒学的范围内建造名宦祠与乡贤祠，以及忠义祠与节孝祠等带有地方教化性的祠祀建筑。

二、道教建筑

洛阳既是中国佛教的发祥之地，同时也是中国道教的重要起源地之一。据唐人杜光庭的说法，洛阳似乎在东汉初年的汉光武帝时代就已经开始建造道教宫观了，其说见于《历代崇道记》："世祖光武皇帝既平王莽，天下大定，乃为本朝十一帝追荐。及南阳春陵、名山大川、长安、洛阳，计造观一百二十所，度道士一千八百人。"① 这一说法显然不确，因为道教的真正兴起是在东汉末年。但由此也可以说明，在古代文人的心目中，道教正是起源于洛阳的。

道教兴起之后不久的魏晋时期，洛阳在道教的发展中已经起到了举足轻重的作用，如："魏明帝为武帝及先太后造观于五都，计一十三所，度道士一百九人，仍诏道书同御史装饰。……晋武帝于洛阳造通天、洞天、灵仙、灵宝四观，及诸州共二百所。"② 这说明西晋时代，已经开始了大规模道教建筑的建造活动，而洛阳又处于首当其冲的位置。

中国道教起源于东汉末年的五斗米道，而北魏时的寇谦之对道教的改革促使北魏统治者开始信奉道教。寇谦之是自以为深通中国文化的人，他成年之后，"屏绝人事，专意经史、天文、算历、图纬之书，多所该涉，日诵数千言，好文章，留意《老》、《易》"③。为了取得北魏统治者的信任，他宣称在北魏明元帝神瑞二年（415年）十月乙卯，太上老君曾降临嵩山，传于他天师之位，并赐于他20卷本的《云中音诵新科之诫》，要求他"宣吾《新科》，清整道教，除去三张

---

① [唐]杜光庭. 历代崇道记.
② [唐]杜光庭. 历代崇道记.
③ [北齐]魏收. 魏书. 卷七十七. 列传第六十五.

（指张陵、张衡、张鲁）伪法，租米钱税，及男女合气之术。大道清虚，岂有斯事。专以礼度为收，而加之以服食闭练"①。之后的泰常八年（423年），又称老君玄孙李谱文也降临了嵩山，传授于他《录图真经》，并且命令他统领"人鬼之政"。他的这些对于道教改革的主张与做法，得到了北魏宰相崔浩的支持，并进而获得北魏太武帝的赏识。

崇信天师教的北魏太武帝，开始在其京师平城等地建立道坛，并改元太平真君。并于太平真君三年（442年），亲自登上寇谦之的道坛受箓，自此之后，历代北魏帝王在登基之时，都要登道坛受箓。寇谦之也因此被尊为国师。唐人杜光庭的《历代崇道记》中记录了这件事情："后魏道武帝于云中太原及河朔造观计五十所，度道士六百余人。太武敕令天下造太平观，共二百七十五所，度道士一千三百人。帝受箓，改太平真君元年。"② 然而，寇谦之死于太平真君九年（448年），其道坛也于东魏武定六年（548年）遭废弃，但他所开启的北天师道汲取了父义、母慈、兄友、弟恭、子孝等儒家理念，并吸收了佛教的一些礼仪仪轨和戒律，从而建立起了一套比较完备的道教教理教义与斋戒仪轨，在中国道教的发展史上起到了十分重要的作用。

寇谦之借用嵩岳的力量，奠定了道教改革的基础，他虽然没有能够将其对道教的推崇带到后来北魏的都城洛阳，但是，其影响却是深远的，无疑也会影响到北魏洛阳的道教建筑的建设。北魏自孝文帝迁都洛阳后在崇信佛教的同时，也继续了太武帝对道教的尊崇。魏高祖元宏于太和十五年（491年）曾下诏曰：

夫至道无形，虚寂为主。自有汉以后，置立坛祠，先朝以其至顺可归，用立寺宇。昔京城之内，居舍尚希。今者里宅栉比，人神猥凑，非所以祗崇至法，清敬神道。可移于都南桑乾之阴，岳山之阳，永置其所。给户五十，以供斋祀之用，仍名为崇虚寺。可召诸州隐士，员满九十人。迁洛移邺，踵如故事。③

这说明迁洛以后，甚至迁邺以后的后魏统治者，对道教都采取了积极扶持的态度。孝文帝因为当时洛阳城中人口繁多，空间拥挤，将道坛迁移到了城外，并名之为崇虚寺。

北魏之后，与洛阳道教有关的重要人物就是隋炀帝了。北魏之后的北周武帝，也是崇信道教的皇帝，他曾在长安城建造"通玄观"，专门用来供养道士。隋代初立时，隋文帝于大兴城内建造了36所道观，名曰"玄坛"，并度道士2000人之多。文帝陨后，"炀帝迁都洛阳，复于城内及畿句造观二十四所，度道士一千八百人"[④]。

据《河南志》，唐代时的洛阳，道观建筑已经散见于洛阳城内的许多里坊之中（图6.4），如定鼎门街以东自南第　坊明教坊中曾建有龙兴观，自南第五坊修文坊中曾建有弘道观（后来甚至将坊名也改为弘道）；定鼎门大街以东第二街，自南第二坊正平坊中曾建有安国公主观。这座道观在唐明皇时称安国观，观门为玉真公主所建，门楼高90尺（合今尺约26.5米高），观中主殿之南有一座精思院，院中供奉有用玉石雕琢的太上老君像，墙壁上绘有叶法善、罗公远、张果老等神仙图像，院南有一片引自御沟的池水，水中叠石像蓬莱、方丈、瀛洲三山。　这显然是一座以"一池三山"[⑤]为主题的寺观园林。

自南第四坊崇业坊中曾建有福唐观，而第五坊修业坊中有景云女道士观；此外，洛阳道术坊中有啬贞观，敦化坊中有麟趾女道士观。而在道德坊中，有一座景龙女道士观，"南北局半坊之地，金仙公主处焉"[⑥]。此外，正俗坊中有玄元观，宣教坊中有全真观，绥福坊中有道冲女道士观。而从善坊中有两座五代时期建造的道观，一座是宁福观，后晋高祖石敬瑭天福二年（937年）所建，另外一座是靖安观（俗称"土星观"）。清化坊中有唐代所建的弘道观，其中有老君像，并将唐明皇与唐肃宗两位皇帝的像侍立于老君左右，宋代改名为太微宫。立行坊中还曾有唐时的大圣真观。

除了洛阳城中之外，唐代统治者还在洛阳附近，或借助政令在全国各地建造了一些重要的道教建筑，如"高宗龙朔二年（662年），诏洛州长史谯国公许力

① [北齐]魏收. 魏书. 卷一百一十四. 志第二十. 释老十.
② [唐]杜光庭. 历代崇道记.
③ [北齐]魏收. 魏书. 卷一百一十四. 志第二十. 释老十.
④ [唐]杜光庭. 历代崇道记.
⑤ [清]钦定四库全书. 子部. 小说家类. 杂事之属. [宋]王谠. 唐语林. 卷七.
⑥ [清]徐松. 河南志. 京城门坊街隅古迹.

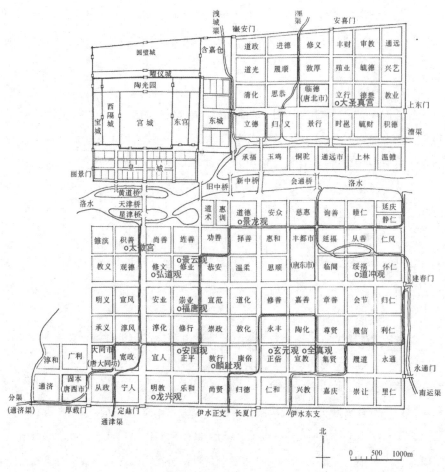

图6.4 隋唐洛阳城道观分布示意图

士，于邙山上建上清宫（图6.5）以镇鬼"①。而武则天曾将中岳奉天宫改名为嵩阳观，用以追荐唐高宗。此外，唐中宗"景龙元年（707年），敕天下州郡并令置景龙观；二年，改为'中兴观'，三年改为'龙兴观'"，而其后的"睿宗舍东京宅为'景云观'，又舍太原宅为'唐隆观'，为资荐天皇天后也"。

睿宗之后，大唐王朝渐渐进入它的全盛期，这时道教宫观的建设也变得更加频繁，"明皇开元中，敕诸道并令置'开元观'……又敕五岳置真君庙，又敕上都置太清宫，东都置太微宫，以太原神尧旧宅为紫微宫，潞州潜龙故宅为启圣宫，并给衮冕绛纱帷帐交龙门戟，一如宫阙之制"②。

东宫

昭仪城

圆壁城

上清宫

图6.5 唐代上清宫复原示意

　　唐宋时期是中国道教史上的鼎盛时期，唐宋两代帝王都倾国家之力建造道教宫观。而唐代时是将道教建筑等同于国家建筑而建造的，国家专设了太清宫使的职务，负责相关的事宜。而"自天宝以后，凡欲郊祀，必先朝太清宫，次日飨太庙，又次日祀南郊。相循至今，并不卜日"③。由此也可以看出道教在唐代政治与文化中的地位。

①　[唐]杜光庭. 历代崇道记.
②　[唐]杜光庭. 历代崇道记.
③　[后晋]刘昫 等. 旧唐书. 卷二十一. 志第一. 礼仪一.

唐代以后的洛阳城，随着城市的衰落，道教建筑的兴建也渐渐趋于萎缩，曾经建造的道教宫观中，如洛阳老城道尊街（今洛阳制盒厂）金代所建的玉虚观、洛阳老城人民会堂处元代所建的玉清宫、洛阳老城西关（今坛角小学）明代所建的三清庙、洛阳老城人民会堂之北明代所建的灵官庙、洛阳东关上窑明代所建的三官庙等。而在清代洛阳的新建庙观中，则以民间祠祀性建筑为多，如关帝庙、三皇庙、火神庙、文昌阁等，则属于下一节要讨论的话题。

现存洛阳道教建筑，如唐时所建位于洛阳北邙山翠云峰上的上清宫仍然有香火（图6.6）。这里最早的建筑，在金元时代已遭毁坏，后来陆续重建的一些殿阁廊庑，在抗日战争期间又遭日军的炮火洗劫。观中现存主殿为老君殿，是一座三开间的歇山式大殿，并有翠云洞及其平台等景观与之相配。在上清宫之南及邙山山麓，还有玉清宫与下清宫两组道教建筑群（图6.7）。但其规模都不很大，很难与唐时洛阳道教宫观同日而语了。

图6.6 洛阳上清宫现状

图6.7 洛阳下清宫现状

三、祠祀建筑

明清时代的洛阳，与其他府州城市一样，建立了一套极其完整与繁复的祠祀建筑体系。首先是有一套祭祀社稷、山川等自然神的坛壝建筑，这些建筑分别是：

（1）社稷坛：位于洛阳府城西关。

（2）风云雷雨山川坛：位于府城南关。

（3）先农坛：位于府城南关。

（4）厉坛：位于府城北关。

这样，就在洛阳城的西、南、北三面分别建有祭祀性坛壝建筑。

除了坛壝、孔庙，以及与儒教庙学相匹配的名宦祠、乡贤祠、忠义祠、节孝祠之外，洛阳城内还有一些专门为地方官民提供护佑的一般性祠祀建筑，分别是：

1. 城隍庙："隍"的本意为城池，如《说文》："隍，城池也。有水曰池，无水曰隍。"《周易》泰卦："上六，城复于隍。"说的都是这个意思。在唐宋之际，在一些地方城市中已经出现城隍之祀，元代甚至将城隍庙设在京城之中，然而，将城隍祭祀纳入正规国家祭祀，明确其爵秩等级，并在从京城到地方各个不同等级的城市中设立城隍庙的做法，应该是始于明代。明太祖洪武三年（1370年），诏令各府州县都要建城隍庙加以祭祀。清人笔记中谈道了这一点："洪武初年始封天下城隍庙神，在帝都者封为帝，在藩邸者封为王，府州县者封为公侯伯。"[①]

今洛阳老城西大街西段之北曾建有河南府的城隍庙（图6.8），从明武宗正德五年（1510年）的河南府重修城隍庙碑可知，在明代以前的洛阳城中已经有了城隍庙的建造。现存庙宇是明清以来的遗物了。这座城隍庙坐北朝南，曾经的占地规模大约为120亩，建筑物沿中轴线布置，由南向北依次设置有辕门（三间）、山门（三间）、戏楼（三间），其后是一座石造的六角亭，亭东西两侧各有厢房12间。接着是三间卷棚屋顶式建筑。庙中的殿为威灵殿，殿开间为五间，进深四间，单檐歇山式屋顶。殿后复有后殿五间。（图6.9）

古
都
洛
阳

图6.8 城隍庙之西大街入口

图6.9 城隍庙大殿现状

城隍庙的功能是保佑一方土地与城市的安宁。洛阳城内分别设有府城隍庙与县城隍庙。洛阳府城隍庙位于洛阳府城西门内。洛阳县城隍庙则在洛阳县西关。

2. 关帝庙：由史料可见，在宋至明初，仅有关王庙或武安王庙的设置，关帝庙之称当始自明代中叶。至迟自明代始，关帝的祠祀已经变成地方政府的一件重要事务。如明世宗嘉靖皇帝曾有御制《关帝庙后殿祠祀三代碑》文："自古圣贤名臣，各以功德食于其土。其载在祀典，由京师达于天下，郡邑有司岁时以礼致祭者，社稷山川而外，惟先师孔子及关圣大帝为然。"[2]

关帝信仰在山西、陕西与河南尤其发达。洛阳城的关帝庙位于洛阳城内西北隅处。洛阳县庙与府庙共用一座建筑。

---

① [清]阮葵生．茶余客话．卷四．城隍．
② [清]朱彝尊、于敏中．日下旧闻考．卷四十四．城市．内城中城二．

此外，洛阳南郊约7公里处，还坐落着一座香火鼎盛的关帝祭祀建筑，称为"关林"（图6.10）。这里相传是曾经埋葬有三国蜀汉名将关羽首级的地方。关林建筑群占地有百亩之多，内有殿堂廊庑约150余间，古柏800余株，是一座郁郁森森的具有宗教意味的祭祀与纪念性建筑群。（图6.11）

　　据有关资料记载，明万历二十年（1592年）时，在前代关庙的旧址上，经过重建与扩建，建造了这片关林建筑群，其最初规模有200余亩。建筑群前后有四进院落，有舞楼（又称"千秋鉴楼"）、大门、仪门、拜殿、大殿、二殿、三殿、奉敕碑亭、关冢等，其中矗立于清康熙时的奉敕碑亭，是一座八角形碑亭。关林中还有大量的狮子等雕刻艺术品，成为今日洛阳最为重要的一处历史文化遗迹与旅游景观。（图6.12）

图6.10 洛阳关林正门

图6.11 关林正殿

图6.12 关林墓冢

3.旗纛庙：旗纛之祀是与军战有关的一种祭祀礼仪。春秋时，这一礼仪称之为"衅鼓"①，即在开始征战之时，要以敌军俘虏的血来浇洒战鼓。《春秋左传》中有"君以军行，被社衅鼓，祝奉以从"的说法，就是说在举行军事行动之前，要在社稷坛举行被礼，并做"衅鼓"之仪，以利征战。专门祭祀旗纛之神的祠庙始建于明洪武九年（1376年）。之后又有了地方旗纛庙的设置，特别是在卫所之地，更重视旗纛庙的祭祀礼仪，只是其规制都低于京都的旗纛庙。

显然，旗纛庙是为了出师作战能够顺利告捷而建造的军事性祠祀建筑。明代以来的各府州城市中均建有旗纛庙。清代洛阳府旗纛庙位于洛阳府城内西北隅的老城合盛栈处。洛阳县旗纛庙与府庙共用了一座建筑。

4.龙神庙：相当于龙王庙，其功能是祈雨或祈晴。清代雍正五年（1727年），雍正帝下旨，要求在京师装塑神像，并命各省遣官来迎请。洛阳就是在这时建立了龙神庙，其位置在城内十字街以东。

5.火神庙：元代时有将火神祝融的祭祀放在三皇庙中作为从祀之配神的，明代曾一度承袭元代的传统而在三皇庙中配祀祝融等神，但这并非说明元代时没有专门的火神庙设置。到了明清两代，火神庙无论在京师，还是在地方城市中，都是比较常见的祠庙，如明代北京城中就有多处火神庙。据明人的记载："后宰门火神庙，栋宇殊巍焕……哈哒门火神庙庙祝，见火神飒飒行动，势将下殿，忙拈香跪告曰：火神老爷，外边天旱，且不可走动……张家湾亦有火神庙，积年扃固不开……"② 这里的"后宰门"，应该是指"厚载门"。火神庙的功能是防止火灾的发生。其做法是通过适当的祭祀，使火神安住于祠庙之中，而不要随意走动。明代以来随着城市人口的繁衍与城市建筑的增加，火灾日益频繁，各地城市都建有火神庙。明清时代洛阳火神庙建于城内十字街东侧，即今日东都商厦南半部的位置上。

6. 八蜡庙：蜡祭是古代年终时大祭万物的一种礼仪，其礼仪古已有之，如《周礼》中有："国祭蜡，则歔齿颂，击土鼓，以息老物。"③ 明代一些地方蜡祭礼仪，如蜀地益都，还将八蜡的范围进行了明确定义："八蜡祠，在城东南隅，有司春秋致祭祀。八蜡神者，先穑、先农、司穑、邮表辍、猫、虎、坊、水庸也。"④ 如明人笔记中还有另外与八蜡祭祀有关的定义："天子大蜡八：一先啬（神农），二司啬（后稷），三农（田畯），四邮表畷（田畔屋），五猫（食田鼠）虎（食田豕），六堵（蓄水，亦以障水），七水庸（沟受水，亦以泄水），八昆虫（螟螽之类）。"⑤ 这说明明清时人们对蜡祭的内容已经有了歧义，但明代地方城市中均建有八蜡庙，洛阳也不例外。洛阳城内的八蜡庙在洛阳府城西关。

7. 东岳庙：至迟到了西汉时代，就已经认为泰山为五岳之长："泰山，岱岳，五岳之长，王者易姓告代之处也。"⑥ 汉代以来，祠祀五岳、四渎已经成为常例。三国时已经开始的都城的郊区祭祀五岳，西晋时已经有了专门用于祠祀的"五岳祠"建筑。

---

① [春秋]左传正义. 卷十七. 孔颖达疏曰："杀人以血涂鼓，谓之衅鼓。"
② [明]无名氏. 天变邸抄.
③ 周礼. 春官宗伯第三.
④ [明]何宇度. 益都谈资. 卷中.
⑤ [明]张岱. 夜航船. 卷九. 礼乐部.
⑥ [东汉]班固. 汉书. 卷二十七中之下. 五行志第七中之下.

从明清的文人笔记中知道，明清时代的东岳神，已经是深涉世俗事务的判官，而且常常为冥界判案。清人笔记《履园丛话》中记录了一些东岳神为生人与死人判案的故事。在这些故事中，东岳神已经俨然是一位主持正义的包青天或阎罗王角色。而且，东岳神还有专治扰人之妖孽的法力。这或许是明清时代东岳神信仰及东岳庙建设日渐增多的原因所在。洛阳城内的东岳庙位于府城东关处。

8. 文昌祠：文昌信仰来源于古代中国的星象学。早在汉代的《史记》中已经描述了星象中的"文昌宫"："斗魁戴匡六星曰文昌宫：一曰上将，二曰次将，三曰贵相，四曰司命，五曰司中，六曰司禄。在斗魁中，贵人之牢。"① 后来的天象学家进一步重复了这一说法，如《晋书》中谈到："文昌六星，在北斗魁前，天之六府也，主集计天道。一曰上将，大将军建威功。二曰次将，尚书正左右。三曰贵相，太常理文绪。四曰司禄、司中，司隶赏功进。五曰司命、司怪，太史主灭咎。六曰司寇，大理佐理宝。"②

后世文昌祠祀并非简单地祭祀天界的文昌星，而是另有其人。据《明史》，梓潼帝君者，记云："神姓张，名亚子，居蜀七曲山。仕晋战没，人为立庙。唐、宋屡封至英显王。道家谓帝命梓潼掌文昌府事及人间禄籍，故元加号为帝君，而天下学校亦有祠祀者。"③ 这就是所谓文昌帝君，或梓潼帝君的由来。明清时代的文昌祠（宫）中主要祭祀的就是梓潼帝君。这里成为举子们进京赶考之前必须要去礼拜的场所。清代时洛阳的文昌祠位于府城东关。

9. 三官庙：三官之神可能来源于道教。据《太平御览》："上清禹余天有三官真人，主治过刑煞伐、阴贼不轨、嫉害贤哲、心怀进退、秽慢真人之罪者。"④ 另有："又敕太一天神使者，下与三官司察天下善恶列言也。"⑤ 说明三官是察邪恶，司正义之神。

明代人也有考证："尝考之汉熹平间，汉中有张修为太平道，张角、张鲁为五斗米道，而鲁尤盛……有疾者，令其自书氏名及服罪之意，作三道，期一上之天，著山上；其一埋之地；其一沈之水。谓之天地水三官。三官之名，实始于此。"⑥

三官信仰自唐代已经见于城市之中，明代时各地多建有三官庙，甚至帝王亦出内帑建造三官庙，如明人笔记中记载："朝廷近建三官庙，规制宏丽，像肖庄严，其费皆出内帑，不烦有司。工成日，内府各内官及文武诸司大臣俱往瞻礼。"⑦ 清代北京城中有不止一座三官庙。明清时代洛阳三官庙建于府署治所的东北隅。

除了这些一般城市中都会建造的祠庙之外，洛阳城中还有一些以地方贤圣为祭祀对象的祠庙，如二郎神庙，在府城之内，祭祀曾经为民治水患的隋代灌城刺史杨煜；汤王庙，祭祀殷商帝王商汤，其祠在府城南；宋太祖庙，祭祀宋太祖赵匡胤，其庙在府城外夹马营，后来又将这座庙改为三圣祠，其中供奉周成王、汉武帝与宋太祖三位帝王；周公祠，祭祀最早建立成周城的周公旦，其祠在府城内（图6.13～图6.14）。此外，还有邵康节祠、范文正公祠、二程祠、四贤堂等祠庙。

图6.13 周公庙入口

---

① [汉]司马迁. 史记. 卷二十七. 天官书第五.
② [唐]房玄龄 等. 晋书. 卷十一. 志第一. 天文上. 中宫.
③ [清]张廷玉. 明史. 卷五十. 志第二十六. 礼四（吉礼四）. 诸神祠.
④ [宋]李昉 等. 太平御览. 卷六百六十. 道部二. 真人上.
⑤ [宋]李昉 等. 太平御览. 卷六百六十. 道部二. 真人上.
⑥ [明]陆容. 菽园杂记. 卷九.
⑦ [明]陆容. 菽园杂记. 卷九.

图6.14 周公庙定鼎堂

　　值得一提的是，洛阳城内还有两座专门祭祀女性神灵的祠庙，如宓妃庙，祠祭河洛女神宓妃。洛阳府城中的宓妃庙建于元代至正六年（1346年）。另外一座俗称少姨庙，是祭祀嵩高少室之神，据宋人笔记《西溪丛语》引杨炯撰《少姨庙碑》："《汉·地理志》云：嵩高少室庙，其神为妇人像者，故老相传云，启母涂山氏之妹也。"① 涂山氏是大禹的妻子，夏启的母亲。而其妹是嵩高少室之神，故有其祀。洛阳府城内有一座少姨庙，位于府城东南。

　　如果将明清时期洛阳地区曾经建造过的各种祠祀建筑加以统计，其总数已接近上百余座，除了前面提到的一些常见的祠庙之外，还有诸如三皇庙、玉皇庙、灵官庙、奶奶庙、祖师庙（图6.15）、鲁班庙、龙王庙、财神庙、马王庙、天爷庙、神州庙、三义庙、炎帝庙、九龙圣母庙等，不一而足。此外还有白衣阁、春秋阁、魁星阁、文昌阁等具有民间信仰性质的祭祀性楼阁建筑，可谓名目繁多，

图6.15 北大街祖师庙正殿

五花八门，由此或也可以看出明清时代民间祠祀建筑渐渐超越了正统的儒、释、道建筑而处于极其鼎盛的地位，而洛阳祠祀建筑，应当是明清时代中国各地城市祠祀建筑的一个缩影。

① [宋]姚宽. 西溪丛语. 卷下.

今上阳宫花园

第 柒 章

晋隋苑囿唐宋园

　　宿雨霁氛埃，流云度城阙。

　　河堤柳新翠，苑树花初开。

　　洛阳花柳此时浓，山水楼台映几重。

　　　　　　　　　　——[唐]宋之问

　　宋人李格非所撰《洛阳名园记》中曾有一段很重要的
话：“如论天下之治乱，候于洛阳之盛衰；洛阳之盛衰，
候于园圃之废兴，其知言哉。”①　洛阳之园圃营造，最早
可以追溯至汉代，魏晋时，洛阳皇家园林华林园就已经名
满天下。北魏时的洛阳城里坊内多住宅园林与寺庙园林；
而隋唐时代，无论是皇家苑囿，还是私家园池，都达到了
洛阳造园史上的顶峰。唐末五代，洛阳渐趋衰落，但据李
格非《洛阳名园记》，宋时洛阳的私家园池还相当繁盛。
明清以降，洛阳园池也随着洛阳的衰落而渐渐式微了，明
清园林中，皇家园林集中于北京，而私家园林又以江南园
林尤为经典，则洛阳园池也就渐渐淡出了人们的视野。

　　地处河洛之间，背依邙山，前对伊阙，左有涧水，右
有瀍水，中贯洛水，南绕伊水的洛阳，自古就是一个适宜

造园的天然佳境。在洛阳建都的历代帝王也都倾心于园林苑圃，如东汉灵帝光和三年（180年），曾经建有周回1005步的东苑，与周回3300步的西苑，此外还有灵琨苑、平乐苑、上林苑等。到了曹魏时期，魏文帝曾在洛阳城内筑西游园，园中有凌云台，台上有八角井，台下有碧海曲池。台东有宣慈观，观东有灵芝钓台，累木为之，出于海中，去地二十丈。风生户牖，云起梁栋，丹楹刻桷，图写列仙，刻石为鲸鱼，既如从地踊出，又似空中飞下，其景观也可谓宏大而奇异了。北魏时洛阳的华林园，也是一处极好的景观，园中有大海，即汉天渊池。魏孝文帝曾经在池中造清凉殿，魏世宗则在海内作蓬莱山，山上设仙人馆，台上有钓台殿，并作虹霓阁，乘虚往来。每至春秋佳日，北魏皇帝会驾龙舟在湖中游赏。在北魏华林园中，还专门设置了豢养猛兽的区域，其中圈养了虎、豹、熊、狮等猛兽。这正凸显了早期帝王苑圃与晚期皇家园林截然不同的集锦猎奇的品格。

---

① ［清］钦定四库全书. 史部. 地理类. 古迹之属. ［宋］李格非. 洛阳名园记.

▍第一节

汉晋、北魏洛阳园池

　　洛阳园池的历史，可以追溯到汉代，据《洛阳伽蓝记》，北魏时洛阳城西的崇虚寺，曾是汉代的濯龙园旧址。东汉延熹九年（166年），"桓帝祠老子于濯龙园，设华盖之坐，用郊天之乐，此其地也"①。东汉质帝时（146年），曾下诏"（减）庐第园池之作，拒绝州郡贡献，内以明己，外以解人之厄"②。说明当时洛阳的贵胄第宅中，已经多有园池之作了。而在魏晋间，洛阳城市第宅园池，已经颇有一些园林意境了。魏文帝黄初三年（222年）与黄初七年（226年）时，有鸳鸟曾经两次集于洛阳的芳林园池，说明这时洛阳城中已有专供游赏用的芳林园。而在黄初三年冬十月，魏文帝在洛阳首阳山为自己营造寿陵时提出："寿陵因山为体，无为封树，无立寝殿，造园邑，通神道。"③这里表达了一种将陵寝按照园林模式加以建造的思想。曹魏齐王正始八年（247年），魏王与群臣御幸式乾殿并游豫后园，从容戏宴，习骑乘马。这是有关曹魏宫殿后园的不多记录之一。

　　曹魏时的洛阳城中还有华林园，景元元年（260年），元帝曹奂曾临幸华林园。此外，还有后园、北园、西园等园池。魏明帝时，曾"凿太行之石英，采谷城之文石，起景阳山于芳林之园，建昭阳殿于太极之北，铸作黄龙凤皇奇伟之兽，饰金庸、陵云台、陵霄阙。百役繁兴，作者万数"④。北魏人郦道元《水经注》中也提到了这件事：

　　景初元年（237年），明帝愈崇宫殿，雕构观阁，取白石英及紫石英及五色大石于太行谷城之山，起景阳山于芳林园，树松竹草木，捕禽兽以充其中……山之东，旧有九江。陆机《洛阳记》曰："九江直作圆水，水中作圆坛三破之，夹水得相逐通。"《东京赋》曰："濯龙芳林，九谷八溪，芙蓉覆水，秋兰被涯。"今也，山则块阜独立，江无复仿佛矣，谷水又东，枝分南入华林园，历疏圃南。⑤

这里也大致描绘出了芳林园内的山水格局，及其与华林园的关系。能够在一座园林中起山，且有九谷八溪的山水之势，其中还游弋着捕捉而来的禽兽，则这座芳林园的规模一定是不小的。《晋书》中多次提到西晋帝后游赏华林园、芳林园，说明两座园林是魏晋时期洛阳城内的主要园圃。西晋时以奢侈而著称的石崇，在"河南金谷涧中有别庐，冠绝时辈，引致宾客，日以赋诗"⑥。而这个金谷涧就是一座园池，据明人笔记中提到，石崇曾在金谷园中的楼上宴客，其园中还有专为石崇爱妾绿珠建造的绿珠楼："洛阳石崇宅有绿珠楼。金谷，水名，流经崇居，崇构别馆，因名。"⑦石崇的金谷园在唐代时尚有遗迹："洛阳金谷，去城二十五里，晋石崇依金谷为园苑，高台飞阁，余址隐嶙，独有一皂荚树甚大，至今郁茂。"⑧

北魏时的园林营造之风已经浸润到一般大臣的日常生活之中了。如北魏孝庄帝建义元年（528年）北魏青州刺史元湛的墓志铭里提到，这位家住洛阳宽仁里的将军，"爱山水，玩园池，奇花异果，莫不集之。嘉辰节庆，光风炯月，必延王孙，命公子，曲醮竹林，赋诗畅志"⑨。

北魏人杨衒之《洛阳伽蓝记》中对北魏盛期的洛阳园池也多有披露，如：

千秋门内道北有西游园，园中有凌云台，即是魏文帝所筑者，台上有八角井，高祖于井北造凉风观，登之远望，目极洛川。台下有碧海曲池。台东有宣慈观，去地十丈。观东有灵芝钓台，累木为之，出于海中，去地二十丈。风生户牖，云起梁栋，丹楹刻桷，图写列仙。刻石为鲸鱼，背负钓台，既如从地踊出，

① [北魏]杨衒之. 洛阳伽蓝记. 卷三. 城南.
② [东晋]袁宏. 后汉纪. 孝质皇帝纪. 卷二十.
③ [晋]陈寿. 三国志. 卷二. 魏书二.
④ [晋]陈寿. 三国志. 卷二十五. 魏书二十五.
⑤ [北魏]郦道元. 水经注. 卷十六.
⑥ [唐]房玄龄 等. 晋书. 卷六十二. 列传第三十二. 刘琨传.
⑦ [明]蒋一葵. 尧山堂外纪. 卷十. 六朝[晋].
⑧ [唐]佚名. 大唐传载.
⑨ 汉魏南北朝墓志选. [北魏]. 魏使节持节征东将军仪同三司都督青州诸军事青州刺史元使君墓志.

又似空中飞下。钓台南有宣光殿，北有嘉福殿，西有九龙殿，殿前九龙吐水成一海。凡四殿，皆有飞阁向灵芝往来。三伏之月，皇帝在灵芝台以避暑。①

　　这里所描绘的显然是一大片皇家园林建筑景观，有园、有池、有台、有殿，既可以极目远眺，又可以夏日避暑。据杨衒之的记载，洛阳城建春门内旧西晋太仓的附近还有一处水面称"翟泉"。这处泉水"周回三里"，"水犹澄清，洞底明净。鳞甲潜藏，辨其鱼鳖"②。而在泉西即是著名的华林园：

　　华林园中有大海，即汉天渊池。池中犹有（魏）文帝九华台。高祖于台上造清凉殿，世宗在海内作蓬莱山，山上有仙人馆。（台）上有钓台殿，并作虹霓阁，乘虚来往。至于三月禊日，季秋巳辰，皇帝驾龙舟鹢首，游于其上。海西有藏冰室，六月出冰，以给百官。海西南有景山殿。山东有羲和岭，岭上有温风室。山西有姮娥峰，峰上有露寒馆，并飞阁相通，凌山跨谷。山北有玄武池。山南有清暑殿。殿东有临涧亭，殿西有临危台。③

　　这里是洛阳城中又一处大规模的皇家园林，毗邻翟泉而建的这座华林园，也是一处极富游赏价值的大型园林。而据《洛阳伽蓝记》，北魏时的华林园中，还豢养有波斯国王所献的狮子，以及巩县、山阳所献的虎、豹及熊等凶猛动物。在芳林园景阳山之南，还有百果园，每一种果木各自形成一个园子，每一个园子中又各建有其自身的殿堂。其中有一片奈林，"奈林西有都堂，有流觞池。堂东有扶桑海。凡此诸海，皆有石窦流于地下，西通谷水，东连阳渠，亦与翟泉相连"④。

　　而寺塔林立的北魏洛阳城中，有许多寺庙园林，如位于城内的景林寺："寺西有园，多饶奇果。春鸟秋蝉，鸣声相续。中有禅房一所，内置祇洹精舍，形制虽小，巧构难比。加以禅阁虚静，隐室凝邃，嘉树夹牖，芳杜匝阶，虽云朝市，想同岩谷。"⑤这是一处既有精巧的建筑环境，又有隐奥的树木花草的幽静典雅的园林景观。

　　劝学里中有文觉、三宝、宁远三寺，寺院"周回有园，珍果出焉"⑥。这是一种果园。而北魏洛阳在寺院中设果园，亦成为一种时尚，如在劝学里东的延贤里中有正觉寺、龙华寺、追圣寺，这三寺就以其果园而著名，"京师寺皆种杂果，而此三寺园林茂盛，莫之与争"⑦。

西阳门外御道北的宝光寺中亦有一园:"园中有一海,号咸池。葭菼被岸,菱荷覆水,青松翠竹,罗生其旁。京邑士子,至于良辰美日,休沐告归,征友命朋,来游此寺。雷车接轸,羽盖成阴。或置酒林泉,题诗花圃,折藕浮瓜,以为兴适。"⑧ 一座寺庙园林,就能够吸引这么多的士子游赏,可以看出这座园林不仅景观诱人,而且规模也颇为宏巨。

北魏洛阳里坊中有一些规模侈大的官宦住宅,宅中多有园池,如昭德里中有司农张伦等5位官吏的住宅,其中尤以张伦的住宅奢侈,其宅中:"园林山池之美,诸王莫及。伦造景阳山,有若自然。其中重岩复岭,欹蠜相属;深溪洞壑,逦迤连接。高林巨树,足使日月蔽亏;悬葛垂萝,能令风烟出入。崎岖石路,似壅而通;峥嵘涧道,盘纡复直。是以山情野兴之士,游以忘归。"⑨ 一座住宅园池,都有这样森郁的景观,说明北魏时人对于园林景观的创造已经十分在意了。

① [北魏]杨衒之. 洛阳伽蓝记. 卷一. 城内.
② [北魏]杨衒之. 洛阳伽蓝记. 卷一. 城内.
③ [北魏]杨衒之. 洛阳伽蓝记. 卷一. 城内.
④ [北魏]杨衒之. 洛阳伽蓝记. 卷一. 城内.
⑤ [北魏]杨衒之. 洛阳伽蓝记. 卷一. 城内.
⑥ [北魏]杨衒之. 洛阳伽蓝记. 卷三. 城南.
⑦ [北魏]杨衒之. 洛阳伽蓝记. 卷三. 城南.
⑧ [北魏]杨衒之. 洛阳伽蓝记. 卷四. 城西.
⑨ [北魏]杨衒之. 洛阳伽蓝记. 卷二. 城东.

隋唐洛阳苑囿与园池

隋唐时期是洛阳城市发展的鼎盛时期，也是洛阳园林营造的高峰时期。隋唐初营洛阳，就兴建了大规模的皇家苑囿——西苑。而不同于前代皇家苑囿以围猎与离宫别馆为主的做法，西苑中开始大量出现建筑，并且进一步发展了汉武帝时代开始的"一池三山式"神仙园林手法。而且由于洛阳所处的特殊的地理特征，隋唐洛阳城市里坊中，特别是东南一隅，私家园林十分滋茂。因此，在中国造园史上，这一时期的洛阳，无论是在皇家园林建设，还是在私家园林营造上，都曾起到过不可替代的历史作用。

一、隋唐洛阳皇家苑囿

隋初在汉魏洛阳之西重建洛阳城，同时在城西建造了洛阳西苑，据《大业杂记》："（大业）元年夏五月，筑西苑，周二百里。"① 这是一座以建筑景观为特点的大型园林，园中有一条蜿蜒曲折的水渠，称"龙鳞渠"，在曲渠的每一个弯折之间，布置有一座可供居住的院落：

其内造十六院，屈曲绕龙鳞渠。其第一延光院，第二明彩院，第三合香院，第四承华院，第五凝晖院，第六丽景院，第七飞英院，第八流芳院，第九耀仪院，第十结绮院，第十一百福院，第十二万善院，第十三长春院，第十四永乐院，第十五清暑院，第十六明德院。置四品夫人十六人，各主一院。庭植名花，秋冬则剪彩为之……每院开东西南三门，门并临龙鳞渠。渠面阔二十步，上跨飞桥。过桥百步，即种杨柳、修竹，四面郁茂，名花美草，隐映轩陛。②

显然，这是一座以建筑为主要造景元素的大型园林，其建筑物本身既是园林中的重要景观，也是可供起居生活的空间，很像后世具有离宫性质的清代皇家园林。而每一组院落与建筑又都是经过刻意处理的细微的园林景观。

此外，中国皇家园林史上，自从汉武帝于长安营造太液池时就曾出现的带有象征海上三神山的神仙思想式的一池三山式园林，在这里又得以延续并有所发展：

苑内造山为海，周十余里，水深数丈，其中有方丈、蓬莱、瀛洲诸山，相去各三百步。山高出水百余尺，上有道真观、集灵台、总仙宫，分在诸山。风亭月观，皆以机成。或其或灭，若有神变。海北有龙鳞池，屈曲周绕十六院入海。海东有曲水池，其间有曲水殿。③

在园苑中造海，这一做法在魏晋及北魏洛阳城的芳林园、华林园中就已经开始，这也得益于洛阳这个地方在历史上水源十分充沛的先天条件。同时，也开启了后世大型山水园的基本特征。据后人的描述，隋洛阳西苑中甚至有不止一片大型水面："帝筑西苑，苑中凿五湖，每湖方四十里，东曰翠光湖，南曰迎阳湖，西曰金光湖，北曰洁水湖，中曰光明湖。湖中积土石为山，构亭殿，屈曲环绕澄澈，皆穷极人间华丽。"④ 这一说法的依据何在，尚不清楚。但隋洛阳西苑是一座以水景为主的大型皇家园林，却是毫无疑问的。（图7.1）

这座庞大的皇家禁苑，最初采用的名称是会通苑，后又因其位于洛阳之西而改称西苑（图7.2）。苑周围用墙垣环绕，《大业杂记》记述苑址周回200里，而《河南志》明确记载为"周二百二十九里一百三十八步"，其周围设置了14座门。东有二门，北为嘉豫，南为望春；南有三门，东为清夏，中为兴安，西为昭仁；北有四门，西为朝阳，次西为灵圃，东为膺福，次东为御冬；西有五门，分别为迎秋、游义、笼烟、灵溪、风和。而其周回二百多里的规模，比起周回不足70里的洛阳城，要大了许多倍，这显然是沿袭了秦汉以

---

① [唐]杜宝. 大业杂记.
② [唐]杜宝. 大业杂记.
③ [唐]杜宝. 大业杂记.
④ [明]蒋一葵. 尧山堂外纪. 卷二十一. 六朝[隋].

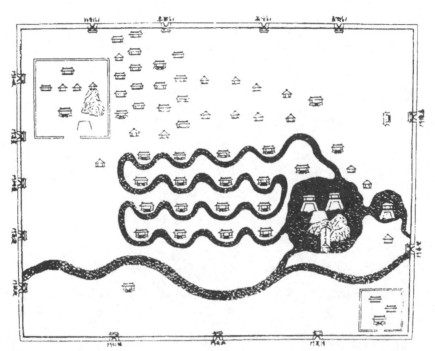

图7.1 隋上林西苑图

图7.2 今西苑公园

来在京城周围建造大园囿的传统。但是，在隋代洛阳西内苑中，还有一些创新之处，其一是直接采用了汉武帝凿长安郊区的太液池时采用的一池三山式格局，在西内苑中开凿了周围10余里的水面，以象征大海，并在海中建造了"方丈"、"蓬莱"、"瀛洲"海上三仙山；其二是运用建筑元素与人造水体结合的方式，通过迂回曲折的龙鳞渠三面环绕的十六院，创造了山、水、建筑及庭院交叉映衬的园林景观环境。（图7.3）

唐代武德、贞观以后，对隋西苑多有移毁，到了唐高宗与武则天时，才又重加营造，将隋代西苑的规模略加缩小，起初改名为"芳华苑"，武则天时又改称"神都苑"，或称"东都苑"。据文献记载，唐神都苑的周回为126里，其东面17

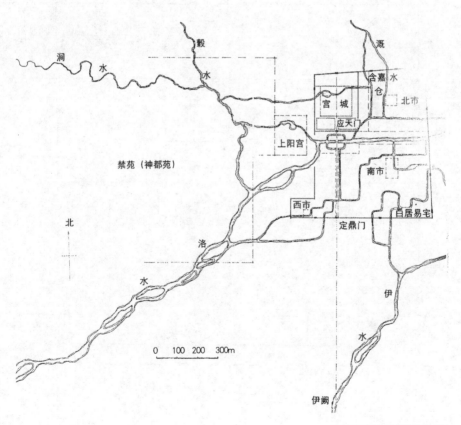

图7.3 隋唐时期洛阳宫苑图

里，南面39里，西面50里，北面24里，是一个不规则的四边形。苑墙的高度为1.9丈。其东面开有四门，分别为嘉豫、上阳、新开、望春；南面三门，分别是兴善、兴安、灵光；西面五门，分别是迎秋、游义、笼烟、灵溪、风和；北面也是五门，分别是朝阳、灵圃、元圃、御冬、膺福。其中一些门应该是沿用了隋代的苑门及其名称。唐东都苑中有离宫别馆14所，其中有合璧宫、冷泉宫、龙鳞宫、积翠宫、宿羽宫、明德宫、望春宫、青城宫、黄女宫、凌波宫等宫殿建筑。（图7.4）

据明人的描述，初唐时，太宗曾在洛阳的一座园林——积翠池中大宴群臣：

古都洛阳

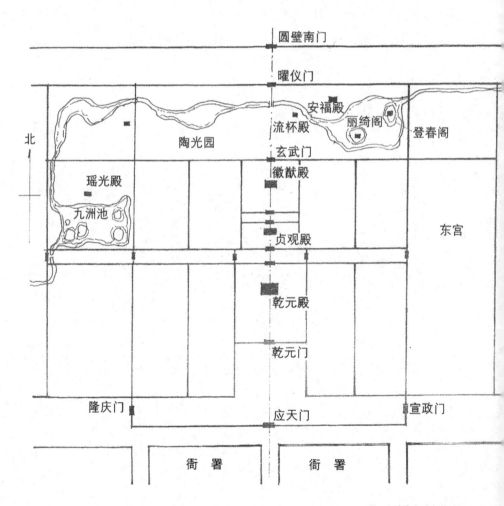

图7.4 隋唐宫城宫苑图

"太宗在洛阳，幸积翠池，宴五品以上。"① 唐人所撰《大唐新语》也提到了这件事情："太宗在洛阳，宴群臣于积翠池。"② 说明此事不虚。据《唐两京城坊考》，隋代时洛阳有翠微宫，"按隋炀帝集四方散乐于东京，阅之于芳华园积翠池，则宫以池得名。《通鉴》：贞观十一年，上宴洛阳宫西苑，泛积翠池"③。说明这片积翠池水面也在西苑之中。

唐东都苑中的主要水体是凝碧池，池东西五里，南北三里（图7.5）。其规模与隋代洛阳西苑中"周十余里"海子水体的面积大约差不多，因而唐人很可能沿

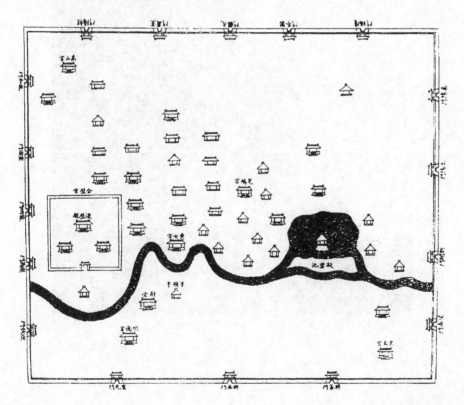

图7.5 唐东都苑图

① [明]蒋一葵. 尧山堂外纪. 卷二十二. 唐.
② [唐]刘肃. 大唐新语. 卷八. 文章第十八.
③ [清]徐松. 唐两京城坊考. 卷五. 东京.

图7.6 今上阳宫花园

用了隋代洛阳西苑的既有水体。此外，在东都苑之东还有一座唐代宫苑，是唐高宗时建造的，称"上阳宫"（图7.6）。高宗临幸洛阳时，到了洛水北岸的高爽之地，看到这里有临眺之美，即诏韦机于其地营上阳宫。这里是唐高宗与武则天比较喜欢驻跸的一座宫苑建筑群。武则天最终薨于上阳宫中，而唐代宗李豫也是出生于这座宫苑之中：

上阳宫在宫城之西南隅，南临洛水，西拒谷水，东即宫城，北连禁苑。宫内正门、正殿皆东向。正门曰提象，正殿曰观风。其内别殿亭观九所。上阳之西，隔谷水有西上阳宫，虹桥跨谷，行幸往来，皆高宗龙朔后置。①

这座宫殿位于洛阳皇城的西南，大致在皇城右掖门之南的位置，南临洛水，西拒谷水，是一组园林式的宫殿建筑群。这组建筑群的东面有三门，宫正门为提象门，其北为星躔门。提象门内有一门为观风门，观风门内是一组殿阁建筑群，门内南北对峙，各有一座楼阁，北为七宝阁，南为浴日楼。观风门内即是正殿——观风殿。观风殿之西，又有一座院落，为本枝院，本枝院西为丽春殿。殿前东西分别为含莲亭、芙蓉亭。殿之西为宜男亭，亭之北为芬芳亭，过亭则为芬芳殿。又西为通仙门，其内为甘汤院。宫之南为仙洛门。宫之北偏东为玉京门，门内有两门，北为金阙门，南为太初门。上阳宫西为含露门。玉京门西北有仙桃门，又西有寿昌门，寿昌门北曰玄武门，玄武门内东偏是皇家马厩的所在飞龙厩。② 显然，上阳宫是一组沿东西轴线布置、空间繁复、既有宫殿的严整感又有苑囿的活泼多变效果的宫苑建筑。

此外，上阳宫北还有化成院，西南有甘露殿，殿东有双曜亭。上阳宫与洛水相邻处，还沿洛河建造了一条一里多长的长廊。为了防止洛水冲击河岸而影响到宫苑的安全，早在隋代初营洛阳时，营造了东西两京的规划师宇文恺就对洛河北堤做了特别的处理：

洛水自苑内上阳宫南弥漫东注，当宇文恺版筑之时，因筑斜堤，今东北流水，衡作堰九所，形如偃月，谓之月陂。③

这说明唐代营造上阳宫，正是在宇文恺所营洛河北岸的九堰月陂之北处，那么九堰月陂处，也应该是上阳宫南端临洛水之长廊的位置所在。这也解释了为什么上阳宫不采用南北向轴线，而采用东西向轴线的原因。这样的处理，使得上阳宫既安全，又拥有濒临弥漫洛水的景观优势，在规整中透出一种贴近自然的自由活泼之风。唐人有不少描绘上阳宫的诗句，如王建《上阳宫》：

---

① [后晋]刘昫 等. 旧唐书. 卷三十八. 志第十八. 地理一.
② [清]钦定四库全书. 子部. 类书类. [宋]王应麟. 玉海. 卷一百五十七. 宫室.
③ [清]钦定四库全书. 子部. 类书类. [宋]李昉. 太平御览. 卷七十二. 地部三十七.

上阳花木不曾秋，洛水穿宫处处流。画阁红楼宫女笑，凤箫金管路人愁。慢城入涧橙花发，玉辇登山桂叶稠。曾读列仙王母传，九天未胜此中游。①

上阳宫的空间处理还反映了唐代人对城市空间的适当把握。洛阳城的主要城市轴线位于城市西部，与宫城及皇城中轴线相对应的城市中心干道定鼎门大街以西，仅布置有两排里坊，而大部分里坊都位于定鼎门大街以东，这样就造成了洛阳城市在空间构图上向西的偏移。而东西向布置的上阳宫，形成一条与宫城与皇城中轴线，进而与城市中轴线呈垂直正交的空间轴线，恰可以使整座城市在空间形态上取得某种平衡。这应该是古人在城市设计方面巧妙思考的结果。

上阳宫之西，还有西上阳宫，两宫之间相夹的是谷水，为了便于两宫之间的往来交通，唐人还在谷水上架设了虹桥。② 从这一点来看，上阳宫应该是在南面与西面两侧临水的。除了沿东西中轴线布置的建筑外，上阳宫中还有麟趾殿、露菊亭、宜春院、冰井院、甘汤院、芙蓉亭、丽青台、上清观、曜掌亭、九州亭、含象亭等建筑。值得一提的是这座宫苑建筑群位于洛阳宫高大的宫墙之外，又处于洛河以北的高爽之地，其"列榭修廊，在于烟堞之外，万方朝谒，无不睹之"③。

唐中宗即位后，曾将武则天移居上阳宫，唐玄宗天宝年后，皇帝去往东都洛阳的次数大大减少。有史料记载，某一年的正月元宵节，唐玄宗正是在上阳宫度过的，"唐玄宗于正月望月上阳宫大陈影灯，设庭燎，自禁门望殿门，皆设蜡烛，连属不绝，洞照宫室，荧煌如画"④。而在这次上阳宫中的元宵节庆中，还曾有以为巧匠搭造了一个宏大的灯楼："时有方都匠毛顺，巧思结创缯彩为灯楼，二十间，高一百五十尺，悬珠玉金银，微风一至，锵然成韵。"⑤这样的园林夜景，这样巧妙的园林景观设施，在一千二百多年以前，可谓是盛况空前。然而，这也恐怕是上阳宫最后的辉煌了，此后玄宗不大再去东都洛阳了，这里则成为了幽闭宫人的地方。随之而来的"安史之乱"，又将洛阳，乃至整个国家拖入了灾难的深渊，洛阳的园池也成为那些逆匪恣欲放纵的地方，令时困洛阳的诗人王维也痛心不已：

安禄山陷京师，王维等为贼所执，维吞药伴喑。禄山爱其才，逼至洛阳供旧

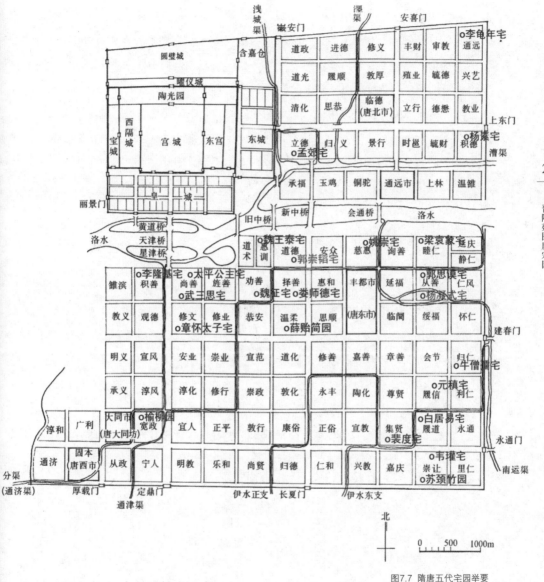

图7.7 隋唐五代宅园举要

① [清]钦定四库全书．史部．地理类．都会郡县之属．河南通志．卷七十四．艺文三．诗（七言律）．
② [清]钦定四库全书．子部．类书类．[宋]李昉．太平御览．卷一百七十三．居处部一．
③ [清]钦定四库全书．子部．类书类．[宋]王钦若等．册府元龟．卷六百二十五．卿监部．
④ [清]钦定四库全书．史部．地理类．都会郡县之属．甘肃通志．卷五十．杂记．
⑤ [清]钦定四库全书．子部．杂家类．杂纂之属．[元]陶宗仪．说郛．卷六十九（下）．

职。一日，逆党大会凝碧池，以梨园弟子奏乐，乐工雷海清掷乐器，西向大恸，贼支解于试马殿。维时拘于菩提寺，裴迪来相看，说其事，维痛悼赋诗曰："万户伤心生野烟，百官何日更朝天？秋槐落叶深宫里，凝碧池头奏管弦。"诗后闻于行在。贼平，凡污贼者以五等定罪，维以此诗免。①

"安史之乱"后，大唐帝国也渐渐开始走向衰微，而曾遭逆匪蹂躏的洛阳，也变得破败不堪，中晚唐的皇帝们轻易也就不大去洛阳驻跸了，随着洛阳城的衰败，曾经盛极一时的洛阳皇家园苑也就风光不再了。因此，可以说"安史之乱"是洛阳城由盛而衰的转折点。

二、隋唐洛阳私家园池

除了皇家园林之外，洛阳还是中国古代私家园林的重要发祥地之一。唐代时洛阳东南隅的里坊中的住宅中就以园林滋茂而闻名。据清徐松《唐两京城坊考》，在谈到唐洛阳东南的仁和坊时，曾转引唐韦术《两京新记》云："此坊北侧数坊，去朝市远，居止稀少，惟园林滋茂耳。"②

隋唐洛阳城里坊中汇聚了许多文人士夫的住宅（图7.7），而在唐代洛阳诸多的私家园宅中，最著名的当属诗人白居易的住宅及园池：

初，居易罢杭州，归洛阳，于履道里得散骑常侍杨凭宅，竹木池馆，有林泉之致……因为《池上篇》曰：东都风土水木之胜在东南偏；东南之胜在履道里，里之胜在西北隅，西闬北垣第一第，即白氏叟乐天退老之地。地方十七亩，屋室三之一，水五之一，竹九之一，而岛树桥道间之。③

白居易又进一步加以点缀，如在池东建粟廪，在池被建书库，在池西琴亭中加石樽，并营西平桥，开环池园路，池中有三岛，做中高桥通三岛，并将其从杭州、苏州带回来的天竺石、华亭鹤、太湖石点缀其中。后来又赋其诗《池上篇》曰："十亩之宅，五亩之园，有水一池，有竹千竿。勿谓土狭，勿谓地偏，足以容膝，足以息肩。有堂有亭，有桥有船，有书有酒，有歌有弦，有叟在中，白须飒然，识分知足，外无求焉。"④俨然一幅诗人的园居图，好不悠闲自在。履道寺中还有长寿寺果园，是一处以果木为主的园子。

而在隋唐时代的洛阳城中这样优雅的园林式住宅是比较多的，如"太子太保致仕杨凝式宅，宅才三十余间。其地南北长，园林称是，而景趣潇洒，人号'锦缠撑'"⑤。

此外，在敦行坊中周思茂宅有司竹园。而劝善坊内东北隅曾有魏征的住宅，宅中有山池院，院中曾有进士郑光乂所绘的山水画。而这种山池院则是唐代两京城内里坊住宅中常见的园林形式。

洛阳里坊中有一些坊，将整座坊地划归一座王宅，其中也有大面积的园池，如濒临洛水的惠训坊，曾是太宗时魏王泰的住宅，"东西尽一坊，潴沼三百亩"⑥，号为"魏王池"。这是很大的一片水面，当是王宅中可供游赏的园池。

归德坊中的卢言宅之东有东果园，应是一片以果木为主的园子。温柔坊有薛贻简园，号称"薛氏奉亲园"，园中有流杯石，据说是从李德裕的平泉庄中迁移过来的。说明唐代时，在自家的园池中点缀一处流杯池已经成为一种雅好。

此外，崇让坊中有礼部尚书苏颋的竹园。韦瓘宅亦在此坊中，韦瓘曾自题曰："余洛川敝庐在崇让里，有竹千竿，有池一亩，罢郡之日，携猿一双，越鸟一双，叠石数片，将归洛中，方于猿鸟为伍。"⑦ 这个园子的水面不比白乐天履道里园子中的水面大，但竹子的数量却与之相当。

从善坊中有郭思谟宅，据《唐两京城坊考》引《郭思谟墓志》，其中有"无几何，忆新笋，后园丛篁，忽苞而出。所居从善里，其竹树存焉"⑧。说明这所住宅中有后园，园中多竹树。而在同一坊中的刘太白宅，从元稹《送刘太白诗》"洛阳大抵居人少，从善坊西最寂寥。想得刘君独骑马，古堤秋树隔中桥"⑨ 句可知，他的住宅中也有一座不小的园池。从善坊之北的睦仁坊有梁袁象的先园，据说，园中有松岛，则岛无疑应是在水池之中的了。

① [明]蒋一葵. 尧山堂外纪. 卷二十六. 唐.
② [清]徐松. 唐两京城坊考. 卷五. 东京. 外郭城.
③ [后晋]刘昫 等. 旧唐书. 卷一百六十六. 列传第一百十六. 白居易传.
④ [后晋]刘昫 等. 旧唐书. 卷一百六十六. 列传第一百十六. 白居易传.
⑤ [清]徐松. 河南志. "京城门坊街隅古迹".
⑥ [清]徐松. 唐两京城坊考. 卷五. 东京. 外郭城.
⑦ [清]徐松. 唐两京城坊考. 卷五. 东京. 外郭城.
⑧ [清]徐松. 唐两京城坊考. 卷五. 东京. 外郭城.
⑨ [清]徐松. 唐两京城坊考. 卷五. 东京. 外郭城.

洛阳定鼎门街西的一些里坊中也有园池，如宽政坊中的榆柳园，"俗传隋炀帝置，垣墙内外多植柳树，亦曰西御园，与师子园隔街相对"①。而在其北的宣风坊安国寺，其院中的牡丹在当时的洛阳颇有名气。同是在这一座坊中的北街之西，有中书令苏味道的住宅，宅中"有三十六亭子，时称巧绝"②。这亭子当是住宅园池中的建筑，而一座亭子有36根柱子，其造型之复杂是可以想见的。

而在洛阳道德坊中，后来还曾有唐末五代时后唐枢密使郭崇韬的宅园，"园有十二逗角子，制作甚精"③。这里的"逗角子"应该是从古代建筑"钩心斗（逗）角"之结构譬喻中而来的概念，则"十二斗角子"，很可能是有12个转角的园林亭阁建筑。这种十二角的建筑，在古代木构中也是不多见的。从三十六柱亭和十二逗角子可以知道，唐宋时代园林中，已经开始通过建筑物的奇特造型来作为园林的重要景观要素了。

除了洛阳城内之外，唐代洛阳郊外还有一处私家园池，即唐武宗时（841—846年）宰相李德裕所建的平泉庄。据宋人所撰《唐语林》："平泉庄在洛城三十里，卉木台榭甚佳。有虚槛，引泉水，萦回穿凿，像巴峡十二峰九派，迄于海门……平泉庄周围十余里，台榭百余所，四方奇花异草于松石，靡不置其后，石上皆刻'支遁'二字，后为人取去……怪石名品甚多，名为洛阳城族有力者取去。有礼星石、狮子石，好事者传玩之。"④

后人的诸多记载，多本于唐宋时人的笔记，如元人《说郛》所记："李德裕东都平泉庄去洛城三十里里，卉木台榭若造仙府，有虚槛对引，泉水萦回，疏凿像巫峡、洞庭、十二峰、九派，迄于海门江山景物之状以间。行径有平石，以手磨之，皆隐隐见云霞、龙凤、草树之形。初德裕营平泉，远方之人多以异物奉之。"⑤

这座别墅式园林的位置在今洛阳市南郊约15公里处的伊川县梁村沟，其原初的规模有周回10余里之大，大约为近3里见方的范围，与清代皇家园林的规模也不相上下了，而其景观又颇具集锦猎奇式园林的风格，可以说是开后来宋徽宗建艮岳、集天下奇石于一园之做法的先河。现在这座唐代名园早已成废墟，仅存遗址供人们遐想与凭吊了。

宋代洛阳私家园池

宋代时洛阳城已经没有汉晋隋唐时皇家大园林的气派了，但因应洛阳优越的山水自然条件，洛阳私家园林仍然十分滋茂。宋代洛阳园池，主要见于李格非《洛阳名园记》中的记载，其中又多因应唐代里坊园林之旧。这里可以将这些园林简单地记述如下：

富郑公园：这是郑国公富弼还政归隐之所，游览这座园林的人：

自其第东出探春亭，登四景堂，则一园之景胜，可览而得。南渡通津桥，上方流亭，望紫筠堂而还。右旋花木中有百余步，走荫樾亭、赏幽台，抵重波轩而止。直北走土筠洞，自此入大竹中。凡谓之洞者，皆斩竹丈许，引流穿之而径其上，横为洞一，曰土筠；纵为洞三，曰水筠、曰石筠、曰榭筠。历四洞之北，有亭五，错列竹中，曰丛玉、曰披风、曰漪岚、曰夹竹、曰兼山。稍南有梅台，又南有天光台。台出竹木之杪遵。洞之南而东，还有卧云堂。堂于四景堂并，南北左右二山，背压通流，凡坐此，则一园之胜，可拥而有也。⑥

这是一座颇具游赏趣味的山景园林，以堂榭亭台及山林竹木为主要造景元素。园内似没有大面积的水面，只有穿竹而过的细流。

董氏二园：董氏是宋代时洛阳的富豪之家，北宋元丰时（1078—1085年），

---

① [清]徐松. 唐两京城坊考. 卷五. 东京. 外郭城.
② [清]徐松. 唐两京城坊考. 卷五. 东京. 外郭城.
③ [清]徐松. 唐两京城坊考. 卷五. 东京. 外郭城.
④ [宋]王谠. 唐语林. 卷七. 补遗三.
⑤ [清]钦定四库全书. 子部. 杂家类. 杂纂之属. [元]陶宗仪. 说郛. 卷六十八（下）. 平泉草木记跋.
⑥ [清]钦定四库全书. 史部. 地理类. 古迹之属. [宋]李格非. 洛阳名园记. 富郑公园.

因欠官府的钱粮而遭籍没。这位富豪家中有两座园池，规模都不小，只是籍没之后，园林芜坏不治，只能略见其规模。

董氏西园：

自南门入，有台相望者三。稍西一堂，在大地间，逾小桥有高台一，又西一堂，竹环之中，有石芙蓉，水自其花间涌出，开轩窗四面，甚敞。盛夏燠暑不见畏日，清风忽来，留而不去……于此小路抵池，池南有堂，面高亭。堂虽不宏大而屈曲深邃，游者至此往往相失。①

董氏东园：

东园北向，入门有栝，可十围，实小如松实，而甘香。过之有堂，可居……南有败屋遗址，独流杯、寸碧二亭尚完。西有大池，中为堂，榜之曰：含碧，水四向喷泻池中，而阴出之，故朝夕如飞瀑，而池不溢。②

董氏二园以水景取胜，而其大芙蓉石雕、含碧堂喷泉，都以精美的雕刻与动态的水景，一改国人所习惯认为的雕刻与喷泉是西洋园林独有之物的浅见。而其流杯亭的设置，说明中国文人士大夫暮春修葺曲水流觞的雅趣，也已经融入了寻常商贾百姓之家。

环溪园：园中有一座华亭，其南临池，亭之左右翼向北接凉榭，再汇为一大池，形成回环的景观效果。榭之南有多景楼，楼高可供登临望远；榭北有风月台；榭西有锦厅、秀野台。园中松桧花木有上千株之多，池中有岛坞，可供花开季节搭棚张幄，团聚玩赏。

归仁园：这里曾有唐代宰相牛僧儒之园，园中的七里桧宋代时尚存。其园因唐洛阳西南隅"归仁坊"之名而建，园占地有一坊之大，园每面的边长为一里。主要以植物取胜，如牡丹、芍药，并有竹林百亩，桃李树林也弥望无际，是宋代洛阳最大的园林。

苗帅园：这是一座贵胄之家的宅园，曾为宋初宰相王溥之园，后为北宋元丰年间（1078—1085年）节度使苗授的宅园。园中有两棵七叶树，二树对峙，有百尺之高，春夏之际，枝叶茂盛时，望之如山。二树之北有堂。园内有上万棵竹子，都有二三围粗细。园子的南部有引自伊河的水，水上有亭，水中可以浮舟。还有7棵大松树，环绕松树为水池，池边有水轩、桥亭等建筑。显然，这是一处景物森郁古老的园林。

独乐园：为宋代文人司马光在洛阳的宅园。这是一座小巧的园林，其中有读书堂、浇花亭、种竹轩、见山台、钓鱼庵、采药圃等景观。园中建筑与景观的尺度都很小，如见山台仅有寻丈之高，其亭榭水轩益小巧宜人，但在宋人眼中，其幽雅之趣却并未减少。

湖园：按照李格非的描述，宋代时的洛阳人，对于园林已经有了一些有趣的评价尺度，即："洛人云，园圃之胜不能相兼者六：务宏大者，少幽邃；人力胜者，少苍古；多水泉者，艰眺望。"③ 这里实际上是列出了宋代人关于园林景观艺术的三组相互关联与对应的范畴：宏大与幽邃、人工化与苍古感、多水泉与利眺望。由此，我们也可以感受出，宋代人对于中国园林已经有了十分深入的艺术见解。而在李格非看来，这座湖园之优势，就在于能够将这些相互对立的景观要素统一在一起：

园中有湖，湖中有堂，曰百花洲，名盖旧堂，盖新也。湖北之大堂，曰四并堂，名盖不足胜，盖有余也。其四达而当东西之蹊者，桂堂也；截然出于湖之右者，迎晖亭也；过横地，披林莽，曲径而后得者，梅台知止庵也；自竹迳望之，超然登之潇然者，环翠亭也；眇眇重邃，犹擅花卉之盛而前据池亭之胜者，翠樾轩也。其大略如此，若夫百花酣而白昼眩，青蘋动而林阴合，水静而跳鱼鸣，木落而群峰出，虽四时不同，而景物皆好，则又其不可殚记者也。④

这里虽是对一座园林的评价与描述，其实也是宋代人园林景观思想的一个披露。且不论这座湖园的景致如何，仅就李格非那充满诗情画意的描绘中，我们已经可以观察到宋代人对于园林艺术已经有了多么深邃的真知灼见。而中国古代园林史，正是在这种思想与创作的互动中发展而来的，明清时代那些宏大的北方皇家园林或幽邃的江南私家园林，其中有多少曾受益于李格非所描绘的这些宋代的洛阳园池，不正是值得我们深思的问题吗？

---

① [清]钦定四库全书. 史部. 地理类. 古迹之属. [宋]李格非. 洛阳名园记. 董氏西园.
② [清]钦定四库全书. 史部. 地理类. 古迹之属. [宋]李格非. 洛阳名园记. 董氏东园.
③ [清]钦定四库全书. 史部. 地理类. 古迹之属. [宋]李格非. 洛阳名园记. 湖园.
④ [清]钦定四库全书. 史部. 地理类. 古迹之属. [宋]李格非. 洛阳名园记. 湖园.

李格非《洛阳名园记》中还记载了刘氏园、丛春园、天王院花园子、赵韩王园、李氏仁丰园、松岛、东园、紫金台张氏园、水北胡氏园、大字寺园、吕文穆园等十余座园林。由此也可以看出，宋代洛阳因唐代园苑之盛，在私家园林建设上也达到了很高的成就。

宋代历史上的洛阳并非李格非在《洛阳名园记》所记录的这近20座园林。李格非是宋代女诗人李清照的父亲，其生活的时代已近北宋晚期，他的书中所记录的洛阳园池，也是北宋晚期的大致写照。较之时代要早、生活于北宋中期的梅尧臣也颇着意于洛阳的园池，他曾通过诗歌记录了洛阳的一座园林，称"王祁公北园"，就是李格非《洛阳名园记》中所不曾提到的：

园林多高樛，园卉多芳柔，红紫经几春，青枯经几秋。我至每杯浮觞之卿翁，但见浮觞之水汩汩流。水流日夜曾未休，高门世世生贤侯，不比平泉碑缺《花木记》，又非家鸱啸凤皇楼。洛阳城中亦有园与宅，常同欧阳翰林携酒游，竹间池馆遗翠羽，户外杨柳系紫骝……①

这里我们看到的不仅是一座园林，也是北宋文人在古都洛阳城中的园居生活。他们感花木之森郁芬芳，叹岁月之似水凋零，沉浸于曲水浮觞，骑紫骝于户外，携诗酒于竹间，每日流连于洛阳园宅，清雅中带有几分苦涩，欢娱中带有几分悲凉。而这正是北宋文人园居生活的一个很好的写照。

梅尧臣还有一些咏洛阳园居生活的诗，我们在这里再录两首，借诗人对洛阳园林景物的惆怅与感怀，聊以寄托我们对于这座优美典雅的古代园林城市的一点缅怀与幽思：

昔在洛阳时，共游铜驼陌。寻花不见人，前代公侯宅。

深堂锁尘埃，空壁斗蜥蜴。楸阴布苔绿，野蔓缠石碧。

池鱼有偷钓，林鸟有巧射。园隶见我来，朱门暂开辟。

园妇见我还，便扫车马迹。何以扫马迹，实亦畏他客。

我辈唯适情，一叶未尝摘。他人或所至，生果不得惜。②

李白爱山如洛阳，三杯为歌愁日长。废基台殿不可识，玉燕旧栖王谢堂。

公来碧瓦起栋宇，罗列图画牙作床。池头古月城下江，照见万里冰雪光。

江流不尽月不死，寒浪素影东西翔。愿公乐此殊未央，慎勿区区思故乡。③

古都洛阳

金元以降，洛阳城渐渐萎缩成为一座一般性的地方性城市，早已不见了古昔的辉煌与壮丽，历史上曾经存在过的名园大宅也渐渐归于寂寞，并随着时间的逝去，而渐渐抹平了它曾经留下的痕迹。明清时期，洛阳偶有几处私家园池，如明末清初人士王铎（字觉斯，1592—1652年）的宅园，称"拟山园"。该园在洛阳市孟津县双槐里，其宅尚有遗存，原有住宅建筑达五进之多，宅后曾有占地约80亩的园林。他曾留下书法著作《拟山园帖》，似可作为对这一园林的一点追忆。此外，还有清末翰林院太史林东郊的家园等，林氏的住宅位于洛阳老城东门内大街上，人称"翰林府第"。这座第宅园林的规模似不大，加之岁月的磨砺，也没有留下太多的历史遗存了。

① [清]钦定四库全书．集部．别集类．北宋建隆至靖康．[宋]梅尧臣．宛陵集．卷五十．王祁公北园．
② [清]钦定四库全书．集部．别集类．北宋建隆至靖康．[宋]梅尧臣．宛陵集．卷五十七．永叔内翰见索谢公游嵩书．
③ [清]钦定四库全书．集部．别集类．北宋建隆至靖康．[宋]梅尧臣．宛陵集．卷五十八．金陵有美堂．

南铁锅巷庄家大院内院

第　捌　章

里坊市肆士夫宅

家在洛阳城里住，卧吹铜笛过伊川。

——[宋]朱敦儒

第一节

北魏洛阳的里坊、市肆与园宅

在洛阳城的历史上，有过两次大规模规划建设的高潮时期，这两次规划建设又都是以整齐布置的里坊为特征的，从而在中国的城市发展史上，具有里程碑式的意义，对后世以及当时东亚地区的城市规划与建设都有深远的影响。这两次大规模的规划建设，一次是北魏洛阳城的规划与建设，另外一次是隋代洛阳城的规划与建设。

北魏洛阳城的规划建设是在北魏太和十七年（493年），魏高祖孝文帝迁都洛阳，诏命司空公穆亮在洛阳营造宫室而开始的，其规划沿用了周、秦、汉、晋以来的洛阳旧城，将旧城中心的宫城充分利用了起来。同时，又在洛阳旧城周围按照新的规划布置了整齐的里坊与市，形成了五世纪世界上最为宏伟的经规划建设而成的大都市。（图8.1）

按照《洛阳伽蓝记》的记载，北魏洛阳城东西20里，南北15里。方300步为一里，即北魏时一里的长度。每里开四门，如果按照这样一种长度的切割分划，则应该在东西方向布置20个里坊，而在南北方向布置15个里坊。这样在这个东西20里，南北15里的范围内，就可以布置300个里坊。而《洛阳伽蓝记》中记载，洛阳城中"合有二百二十里"，但据《魏书·世宗纪》："九月丁酉，发畿内夫五万人筑京师三百二十三坊，四旬而罢。"[①] 而《魏书·太武五王列传》："嘉表请于京四面，筑坊三百二十，各周一千二百步。"[②] 可知，《洛阳伽蓝记》中的"合有二百二十里"应该是"合有三百三十里"之误。

---

① [北齐]魏收. 魏书. 卷八. 帝纪第八. 世宗纪.
② [北齐]魏收. 魏书. 卷十八. 列传第六. 太武五王.

图8.1 北魏洛阳城里坊示意图

　　结合考古发掘及历史文献的推测，北魏洛阳城是一个东西稍长，南北略狭的长方形城市，在这个东西20里，南北15里的范围内，恰可以布置300个里坊（包括宫城也纳入了这一网格化的城市格局之内）。而据《洛阳伽蓝记》，环绕宫城的洛阳内城，其南端正门为宣阳门："宣阳门外四里，至洛水上，作浮桥，所谓永桥也……永桥以南，圜丘以北，伊洛之间，夹御道，东有四夷馆：一曰金陵，二曰燕然，三曰扶桑，四曰崦嵫。道西有四夷里：一曰归正，二曰归德，三曰慕化，四曰慕义。"① 也就是说，在基本的长方形城市轮廓之外，在洛河永桥之南，至少还有四道里坊的布置。而如果推测在永桥之南御道两侧各有两个里坊，布置5列，则恰好是20个里坊，与前面所说东西20里，南北15里范围内总300个里坊合在一起计算，恰为320个里坊。也就是说，沿城市中轴线两侧4坊，在南北方向很可能也延伸至20里的长度范围内，并布置了与东西里坊数量相同的20个里坊，从而使整座城市的平面形成一个向南突出的倒"凸"字的形状。

在这320个里坊的范围之内，其实还布置有宫城、内城与一些专门用于交易的"市"。如在洛阳内城之西有洛阳大市，据记载，这座洛阳大市周回八里。也就是说，占有了4个普通里坊的用地。而在洛阳内城之东，则有洛阳小市，其规模大约是2个里坊的大小。而在洛水之南，在四夷馆、四夷里之间，还专门设置了四通市。这样就将洛阳的交易市所布置在了洛阳城内里坊比较集中的东、西、南三个主要方位上。

北魏洛阳的里坊与市肆也形成了一种相互依存的格局。如与洛阳大市相邻的里坊，其东有通商、达货二里，里内之人尽皆工巧屠贩为生，资财巨万。而在市北，则是慈孝、奉终二里，里内之人，多卖送死人之具及棺椁为业。市南则有调音、乐律两里，里内之人，丝竹讴歌，天下妙伎出焉。市西则有延酤、治觞二里，里内之人多以酿酒为业。显然，围绕洛阳大市的里坊中，居住的也多是经商、卖艺之人。另外还有阜财、金肆二里，则主要是以靠经商致富之人的居住之所。总之，在洛阳大市周围，"凡此十里，多诸工商货殖之民。千金比屋，层楼对出，重门启扇，阁道交通，迭相临望。金银锦绣，奴婢缇衣；五味八珍，仆隶毕口"②。仅从这一点就可以看出，北魏时的洛阳，已经是一个商业十分发达，生活已趋奢侈的古代大都市。

将居住里坊与相应的市肆或官署结合在一起布置，是北魏洛阳城规划中的一个特点。除了在市肆周围居住经商卖艺之人外，如在洛阳内城的东阳门内，有太仓、导官二署，在这两个官署的东南，就布置了治粟里，令仓司官属居住在其内。

在洛阳的一些里坊中，还居住着豪富之家，如洛阳建中寺，原为阉官刘腾的住宅，其宅"屋宇奢侈，梁栋逾制。一里之间，廊庑充溢。堂比宣光殿，门匹乾

---

① [北魏]杨衒之. 洛阳伽蓝记. 卷三. 城南.
② [北魏]杨衒之. 洛阳伽蓝记. 卷四. 城西.

明门，博敞宏丽，诸王莫及也"①。说明这位宦官的住宅，其规模有一个里坊之大，其内建筑的规制逾制，规模宏巨。在刘腾死后，才改为寺庙。还有一个里坊，即洛阳内城中的永和里，居住了包括太傅录尚书、尚书右仆射、吏部尚书、廷尉、卫尉、凉州刺史6位权贵之家。这座里坊中"皆高门华屋，斋馆敞丽。楸槐荫途，桐杨夹植。当时名为贵里"②。

此外，在北魏洛阳城的规划中，还特别为皇室宗族设立了专门的里坊，其位置在洛阳城的西侧："其间东西二里，南北十五里，并名为寿丘里，皇宗所居也。民间号为王子坊"③。也就是说，规划者将洛阳西侧两排15个里坊，共30个里坊，统统划归为皇家宗室的居所，并且将这30个里坊冠以一个坊名——寿丘里。这也从一个侧面，反映了北魏洛阳规划中，表现了一定的功能与区域分划的概念。

除了那些充满了阔绰、宏丽豪宅的里坊之外，还有许多十分拥挤的里坊。洛阳内城之东建春门外御道之北的建阳里，在一座里坊之内布置了10座寺院，而在这10座寺院之外，还有2000余户信崇三宝的士庶人家，"众僧利养，百姓所供也"④。在300步见方的一个里坊之中，在10座寺院之间，居住了2000户人家，每户人家的居住面积还是相当拥挤的。而这与前面的据有一坊之地的当时权贵刘腾之宅，或一座里坊中居住6户人家的"贵里"，都形成了天壤之别。

第二节

隋唐洛阳的里坊、市肆与园宅

在太和十七年（493年）北魏洛阳城创建之后仅仅相隔了111年的隋文帝仁寿四年（604年），又一座中国城市史与建筑史的大规模都城——隋代洛阳城在距离残破的汉魏洛阳以西的地方，奇迹般地建造了起来。

隋代洛阳城是在炀帝大业元年（605年）筑造成功的，唐玄宗天宝二年（743年）又重新砌筑了洛阳城的外城。据唐代人韦述《两京新记》的记载，其东面长15里210步，西面长12里120步，南面长15里70步，西面长12里120步，北面长7里20步（其西面与北面之尺度，应是不含宫城与皇城之西墙与北墙的长度）。据唐代人所撰《大业杂记》：

东都大城，周回七十三里一百五十步，西拒王城，东越瀍涧，南跨洛川，北逾谷水……出端门百步，有黄道渠，渠阔二十步，上有黄道桥三道。过渠二百步至洛水，有天津浮桥跨水，长一百三十步，桥南北有重楼四所，各高百余尺。过洛二百步，又疏洛水为重津渠，阔四十步，上有浮桥。津时有开合，以通楼船入苑。重津南百余步有大堤，堤南有民坊……⑤

在帝王的宫殿与百姓的里坊之间，通过自然的水系，与人工的处理，形成了三道阻隔，通过桥梁来联系。桥梁以北是高耸森郁的宫殿楼阁，桥南则是大片的里坊民宅。隋代洛阳城内有103个里坊和3个市（图2.24、图8.2）。而唐代时的记录为120个里坊。每个里坊仍然采用了标准的东、西、南、北各300步的尺度，坊

---

① [北魏]杨衒之. 洛阳伽蓝记. 卷一. 城内.
② [北魏]杨衒之. 洛阳伽蓝记. 卷一. 城内.
③ [北魏]杨衒之. 洛阳伽蓝记. 卷四. 城西.
④ [北魏]杨衒之. 洛阳伽蓝记. 卷二. 城东.
⑤ [唐]杜宝. 大业杂记.

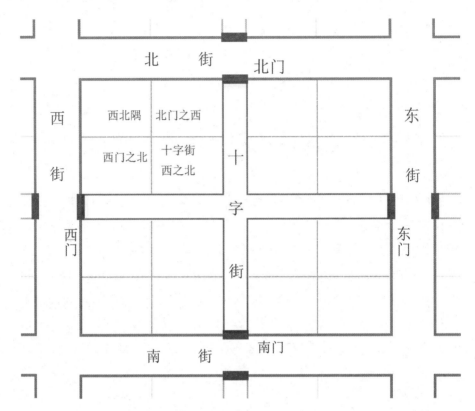

图8.2 里坊制图示

内开十字街，四出趋门。不同于隋唐长安城的是，洛阳里坊基本为边长300步的方形，实测的尺度是东西520米，南北510～560米。① 里坊周围有坊墙。

坊各周四里，开四门，临大街，门并为重楼，饰以丹粉。洛南有九十六坊，洛北有三十坊，大街小陌，纵横相对。自重津南行，尽六坊有建国门，即罗城南正门也。②

每面坊墙各开一门，使坊内呈十字街布置。在一般里坊中，十字街外再分十字巷曲，形成16个小的街坊分区的形式，日本奈良时代城市里坊中参照中国唐代城市里坊形成的"十六町"分割方式，很可能也是洛阳里坊内格局的一个反映。（图8.3）

自这座建国门，即唐之定鼎门，而宫殿前的端门，即唐之团应天门。端门上有重楼称"太微观"。端门向南20里正对龙门。而端门至建国门的距离为9里，"四望成行，人由其下。中为御道，通泉流渠，映带其间"③。可见这条城市主干道十分规整。而主干道两侧及洛河两岸的整齐布置的里坊，将这条街道衬托得更为严整而肃穆。

图8.3 里坊复原示意模型

　　由于隋唐时的洛阳是漕运的一个重要中转站，其交通比起长安来说，更为便利，其商业也更为发达，因此，洛阳的市肆也很繁荣。除了百余座供居住的里坊外，隋唐洛阳城内设置了三座专供市易交换的市，分别为西市、南市和北市。其西市和北市大约相当于一坊的大小，而其南市，由于周围环绕的里坊数量比较多，其居民的数量也比较大，因而占有两坊之地。隋代时西市称"利人"，东市称"丰都"，南市称"大同"，北市称"通远"。

　　唐时所称洛阳南市，即隋代的丰都市，其东西南北居二坊之地，"其内一百二十行，三千余肆……市四壁有四百余店……珍奇山积"[④]。其洛阳西南原有

---

① 刘敦桢. 中国古代建筑史. 北京: 中国建筑工业出版社, 1984: 123.
② [唐]杜宝. 大业杂记.
③ [唐]杜宝. 大业杂记.
④ [唐]杜宝. 大业杂记.

隋南市，称大同市，占一坊之地，"凡周四里，市开四门，邸一百四十一区，资货六十六行"①。后来，大同市因乱而废，唐显庆中改为大同坊，其位置在洛阳西市东北。在大同坊西南，另有西市作为交易之所。此外，在洛水之北的北市，但也是随着世事沧桑，忽而设立，忽而废止。

隋代的洛阳城已经成为一座国际性的大都市，其市肆也是外国人云集的地方，据宋人所撰《资治通鉴》：

帝以诸蕃酋长毕集洛阳，丁丑，与端门街盛陈百戏，戏场周围五千步，执丝竹者万八千人，声闻数十里，自昏达旦，灯火光烛天地；终月而罢，所费巨万。自是岁以为常。诸蕃请入丰都市交易，帝许之。先命整饰店肆，檐宇如一，盛设帷帐，珍货充积，人物毕盛，卖菜者亦藉以龙须席。胡客或过酒食店，悉令邀廷就坐，醉饱而散，不取其直，绐之曰："中国丰饶，酒食例不取直。"胡客皆惊叹。其黠者颇觉之，见以缯帛缠树，曰："中国亦有贫者，衣不盖形，何如以此物与之，缠树何为？"市人惭不能答。②

这里为我们记录了一个十分有趣的里俗故事。好大喜功的隋炀帝，要求里肆商户对于外国人的酒食概不取费，甚至为了标榜自己国家的富庶，将缯帛缠于树上，以作装点，反而招致了外国客人的讥笑。但从这里描述的"整饰店肆，檐宇如一，盛设帷帐，珍货充积"来看，洛阳市肆曾经十分整齐，交易的货物也十分丰富、多样。此外，在洛阳的一些里坊，如修善坊中，唐代时有波斯胡寺，这也说明这座城市在当时的国际化程度。

与北魏洛阳城中的情况一样，如果说一般士宦或还有十余亩大小的园宅作为起居之所，那么，隋唐时期的那些朝廷权臣、王侯贵胄们在洛阳城的住宅，则要令人刮目相看了。如在隋代洛阳城初建之时，就在宜人坊中划出了半坊之地，作为齐王的住宅，其住宅的占地面积应该在200多亩。

唐代时的修文坊，在唐高宗显庆二年（657年），曾并一坊之地为雍王宅。那么这座雍王宅就应该有500余亩了。道德坊的一坊之地曾为长宁公主宅及鞠场，其面积也有500余亩了。前面提到的道术坊，在唐太宗贞观年间（627—649年）就将一坊之地赐予了魏王泰，"泰为池，弥广数顷，号'魏王池'"③。一坊之地为宅，数顷之地为池，应该是一座十分宏大的包括园林在内的豪宅了。这说明，唐代洛阳住宅中，王与公主的住宅，可以有一坊之地的大小。

魏王死后，曾将道术坊分给居人，到了唐中宗神龙年间（705—706年），又将这一坊之地并到了相邻的道德坊中，一并成为太平公主的住宅。可以想象，一座有两个坊的面积大小的住宅，其规模又是多么宏巨了。不仅如此，在洛阳洛河之北的积德坊中还另有一座太平公主园，由此也可以想见唐代统治者在居住空间上的宏敞与巨大。

除了公主王孙的豪宅大院外，洛阳城内还有很多官宦士夫的住宅。其住宅的占地规模，与其官阶的品级高低无疑是联系在一起的。由于缺乏详细的资料，我们无法还原唐代里坊中住宅等级的详细标准。只能从一些鸿泥雪爪中捕捉一些信息。如洛阳尊贤坊中有节度使田弘正的住宅，据《酉阳杂俎》："东都尊贤坊田令宅，中门内有紫牡丹成树，发花千朵。"④ 这里的中门，是相当于外门而言的，唐代寺院往往有外门、中门、三门之分，则一座住宅特别设了中门，其当有外门与三门（内门），则住宅的规模应该也是比较大的。节度使在唐代的地位很高，官阶应该为二品或三品，其住宅之大是可以想象的。

另外从《酉阳杂俎》中描写的一些长安住宅中，或也可以推想唐时洛阳住宅的大小。如长安安邑坊中有一位名叫张频的人的住宅，曾经在宅中供养一位僧人，后来因门人诬告该僧与侍婢不轨，被张氏所杀，僧人死后，宅内常闻念经声，张氏始觉僧人蒙冤，故舍其宅为寺，这座由民居改造而成的寺院，有"东廊南观音院"、"西北角院"、"曼殊院东廊"、"西廊"等空间⑤，可以知道这是一座院落重叠的建筑群，其原来的住宅规模也可以推想而知。这位张频是何许人，不太清楚，以其住宅规模之大，有可能是富商之家，亦未可知。

另外，长安平康坊有一座菩提寺，寺中"会觉上人以施利起宅十余亩。工毕，酿酒百石，列瓶瓮于两庑下"⑥。在既有的里坊中起一宅，就有十余亩之

第捌章
里坊市肆士夫宅

---

① [唐]杜宝. 大业杂记.
② [宋]司马光. 资治通鉴. 卷一百八十一. 隋纪五. 炀皇帝上之下. 大业六年.
③ [清]徐松. 河南志. 京城门坊街隅古迹.
④ [唐]段成式. 酉阳杂俎. 续集卷二. 支诺皋（中）.
⑤ [唐]段成式. 酉阳杂俎. 续集卷五. 寺塔记（上）.
⑥ [唐]段成式. 酉阳杂俎. 续集卷五. 寺塔记（上）.

大，则说明唐代两京里坊中，规模为十余亩的住宅，应该是一种比较常见的住宅形式。值得注意的是，前面提到的白居易在洛阳东南履道里的住宅，就是大约十六七亩的占地规模。

但是，唐代时的朝廷贵胄，在城市里坊中的住宅，就不会是十余亩大小了。如果说前面谈到的公主王侯可以占有一坊或半坊之地为住宅（以洛阳里坊计，一坊地之宅约为500余亩，半坊地之宅约为200余亩），那么，高级品官的住宅规模如何呢？在洛阳我们没有找到相应的例子，但是，唐代名将郭子仪在长安里坊中的住宅，据《太平广记·郭子仪》记载，郭子仪"其宅在亲仁里，居其地四分之一，通永巷，家人三千，相出入者，不知其居"①。郭子仪在"安史之乱"中，收复两京，其功劳不可谓不大，后来又任朔方节度使，甚至做到了司空，兼副元帅，身阶当在一品之列。可以说明，以1/4坊地，作为一位最高级官吏的住宅，是比据有半个或整个里坊的王或公主仅低一个层级的等级。

白居易在洛阳履道里的住宅，约为17亩，相当于在里坊十字街所划分的四个方块的基础之上，再做十字形划分，所形成的地块，大约为坊地的1/16。而白居易在唐代时大约是一位中级官吏。做到了中枢舍人、杭州刺史、刑部侍郎、河南尹等职，其官阶大约在五品或四品，相当于现在的司局长。如果，一品大员有1/4坊地为宅（以洛阳里坊计，约近100亩），四品官吏有1/16坊地为宅（以洛阳里坊计，约17亩），那么，是否可以推测，二、三品官，可能会以1/8坊为宅呢（以洛阳里坊计，约40余亩左右）？而六、七品官，即今日的县处级领导，是否可能会以1/32坊为宅呢（以洛阳里坊计，7~8亩）？而普通官吏，如八、九品的小吏，是否可能会以1/64坊为宅呢（以洛阳里坊计，3~4亩）？当然，这只是一个猜想，聊作我们理解洛阳城内里坊住宅等级差别的一个参考。

除了文人士夫官宦之家外，洛阳城中还有一些伎艺之人的住宅。如唐开元年间的乐工李龟年，就曾在洛阳的通远坊大起第宅，僭侈逾于公侯，其中堂建筑，甲于都下。而这座冠绝一时的中堂建筑，后来被权相裴度购去，移建到了他在洛阳城西南定鼎门的别墅建筑，并冠以新名为"绿野堂"。这也说明了当时的木构堂殿，是可以整体拆卸迁移的。

洛阳城内还有一座道术坊，聚集了五行、占候、卜筮、医生与伎乐的人士。最初是隋炀帝为了将这些人士集中在一起，便于管控而设置的，唐代时也就变成了伎乐艺巧之人的聚集之地，故称之为"道术坊"。

关于隋唐洛阳的城市与住宅，还有一点应该提到，至少在唐代时，两京城市洛阳与长安之间的道路交通是十分繁忙的，除了往来于两京的皇宫内廷的人员与官吏之外，也拥满了熙来攘往的商旅之人，这一点在一首唐人的诗中，描绘得十分形象：

> 长安城东洛阳道，车轮不息尘浩浩。
>
> 争利贪前竞着鞭，相逢尽是尘中小。[2]

此外，还有发生在洛阳里坊寺院中的一件逸事，也值得在这里一提：

洛阳有僧，房中磬子夜则自鸣，僧以为怪，惧而成疾。求术士百方禁之，终不能已。（太乐令）曹绍夔素与僧善，适来问疾，僧具以告。俄顷，轻击斋钟，磬复作声，绍夔笑曰："明日盛设馔，余当为除之。"僧虽不信其言，冀其或效，乃力置馔以待。绍夔食讫，出怀中错，锧磬数处而去，其声遂绝。僧苦问其所以，绍夔曰："此磬与钟律合，故击彼应此。"僧大喜，其疾便愈。[3]

这里讲的应该是一个科学与迷信的故事。僧人从其磬不敲自鸣中感到了某种恐惧，求那些术士们给予解脱之方而不得。而当时负责皇家音乐的太乐令却明白这是共鸣的一种物理现象，而且只对其磬稍加疏凿，就解决了问题。想象一下，这样一件需要近代科学知识才能够理解与解决的现象，却是发生在1200年以前的中国洛阳，而这一时期的欧洲还停留在黑暗的中世纪宗教迷茫之中。仅这一点，还不足以令我们对古代中国人在科学理念上的启蒙之早而刮目相看吗？而这样一个故事发生在唐代的洛阳，也正可以说明当时洛阳人文荟萃达到怎样一种盛况了！（图8.4）

---

① [宋]李昉. 太平广记. 卷一百七十六. 器量一 "郭子仪条". 引自《谭宾录》. 另见：长安志. 卷八：101："次南亲仁坊……尚父汾阳郡王郭子仪宅.（谭宾录曰：宅居其地四分之一，通永巷，家人三千，相出入者不知其居。）"

② [唐]佚名. 东阳夜怪录.

③ [唐]刘𫗧. 隋唐嘉话. 卷上.

图8.4 定鼎门北望现状（原隋唐城市主轴）

第三节

宋代洛阳住宅

尽管在唐代中叶的安史之乱以后，洛阳就遭到了重创，到了唐末战乱，洛阳再次受到了沉重的摧残，但是，在宋代时，作为宋代西京的洛阳仍然是一个宜居的古城。这一点从宋人李格非的《洛阳名园记》中看得十分清楚。李格非开篇即说"洛阳园池多因隋唐之旧"，说明宋代时的洛阳园池多是沿袭了隋唐园宅发展而来的。我们可以从书中信手捻来一二园池，对上承隋唐的宋代洛阳园池作一管窥，或可以有助于对唐代园宅的想象。如天王院花园子：

洛中花甚多种，而独名牡丹曰花王，凡园皆种牡丹，而独名此曰花园子，盖无他池亭，独有牡丹数十万本，皆城中赖花以生者毕家于此，至花时张幙幄、列市肆，管弦其中。城中士女，绝烟火游之。[①]

前面提到的宋代郑国公富弼，其在洛阳的住宅，就有一座大园池，而其府园中的牡丹又特别有名：

庆历中，富郑公留守西京，府园牡丹盛开，问邵尧夫曰："此花几时开尽？"曰："尽来日五时。"明日乃会客验其言，饮毕无恙，须臾，群马飞逸，蹄啮花丛尽毁。[②]

其住宅的园中可以群马飞逸，规模之大也是可以想象的。值得一提的是，唐代两京城市住宅建筑中，明确规定了不许起楼房，临视他人住宅。也不可以建造高过坊墙的楼，窥视相邻的里坊。因此，可以知道唐代洛阳里坊普通住宅中，是

---

① [宋]李格非. 洛阳名园记. 天王院花园子.
② [明]蒋一葵. 尧山堂外纪. 卷四十七. 宋.

没有多层楼阁的。但是，到了宋代，严格的里坊制度已经瓦解，坊墙也已经形同虚设，不再有唐代时夜间不准出入坊门的宵禁制度。住宅也多临街而建了，则住宅中出现楼阁就不那么奇怪了，如：

熙宁间，故太师王公拱辰即洛之道德坊营第甚侈，中堂起屋三层，最上曰朝元阁。时司马君实在洛，于私第穿地丈余作秘室，读书于其中。洛人戏云："王家钻天，司马家入地。"邵尧夫见富郑公，公问："洛中有何新事？"尧夫曰："近有一巢居，一穴处者。"遂以二公对。富为发笑。①

这里透露出两个信息，即在宋代洛阳住宅中，不仅有了高达三层的楼阁，而且也有了地下室。地下室这种空间，在传统中国建筑中有一些不可思议，因为一般的中国建筑，都是建造在台阶之上，并用石头柱础支撑柱子与屋顶的。当时的技术，是不可能在这样一种木结构的建筑物之下开挖地下室的。我们只能猜测，这是在其住宅的院落或庭园中开凿建造的地下空间。但无论如何，宋代人在住宅空间的追求上，已经不同于唐人了。

宋代大儒邵雍在洛阳也有住宅，自称为安乐窝，据《说郛》：

洛中邵康节先生，术数既高，心术亦自过人。所居有圭窦，有瓮牖。圭窦者，墙上凿门，上锐下方，如圭之状。瓮牖者，以败瓮口，安于室之东西，用赤白纸糊之，象日月也。其所居谓之安乐窝。②

这座安乐窝在建筑上颇有一些奇特之处，如在其东西壁上，开凿了洞口，其中镶嵌了圆形的瓮，使室内东西向有光线进来，比像了日月。而其门是在墙上直接开洞，并开成了上狭下宽的圭形。这与传统中国木结构住宅正房，在东西向不开窗，门都是木制格扇的做法全然不同，颇有一些个性与设计的意趣。而值得一提的是，在邵雍的这座住宅中，也有楼阁建筑，如宋人司马光《和邵尧夫安乐窝中职事吟》：

灵台无事日休休，安乐由来不外求。

细雨寒风宜独坐，暖天佳景即闲游。

松篁亦足开青眼，桃李何妨插白头。

我以著书为职业，为君偷暇上高楼。③

由此可见，在邵康节的宅中，应该是有园有树、有松有竹、有桃有李，而且还有楼阁建筑。而司马光自己在洛阳尊贤坊也买了住宅，称其为"独乐园"：

> 司马公居洛，买园于尊贤坊，以独乐名之，与邵康节游。公一日着深衣自崇德寺书局散步洛水堤上，因过康节天津之居，谒曰："程秀才。"既见，乃温公也。问其故，公笑曰："司马出程伯休父，故曰程。"遂以二公对。④

关于这座宅园，我们在前面关于宋代洛阳园林的一节中已经详细谈到，这是一座规模较小、但空间颇有趣味的园池。从这里可以知道，宋代洛阳城内有专门的书局，可能相当于今日的图书出版部门。同时，也知道了邵康节的住宅在靠近唐洛阳宫正南天津桥附近的洛河边上。

前面章节中所述的《洛阳名园记》中记载了宋代洛阳的城市景观，但由上面的一些分析可以看出，宋代时，洛阳的隋唐街道与里坊轮廓尚存，隋唐故宫的宫阙楼殿亦存，而且，城中仍然保留了隋唐时就已经形成的园林滋茂、适宜居住的环境。这或许已经是古都洛阳在经历来千年辉煌，特别是北魏、隋唐的鼎盛后，在备受摧残之后，再一次的勃兴，是古代洛阳城最后的余晖。北宋灭亡以后的洛阳，随着战争的反复，屡遭劫掠与蹂躏，到了明清时代，就渐渐萎缩成为一座面积不过如隋唐时期四坊之地的地方性的小城了。其可叹也，亦可悲也！

① [明]蒋一葵. 尧山堂外纪. 卷四十七. 宋.
② [清]钦定四库全书. 子部. 杂家类. 杂纂之属. [元]陶宗仪. 说郛. 卷四十下.
③ [清]钦定四库全书. 集部. 别集类. 北宋建隆至靖康. [宋]司马光. 传家集. 卷十. 律诗五.
④ [明]蒋一葵. 尧山堂外纪. 卷四十七. 宋.

明清洛阳住宅

　　明清洛阳因金元之旧，城市规模仅相当于隋唐洛阳城4个里坊的大小（图8.5～图8.6）。明洪武二十四年（1391年）曾在洛阳城中建有伊王府。[这座王府建筑于嘉靖四十三年（1564年）被废，其间存在了173年之久。]210年之后的万历二十九年（1601年），又在洛阳建立了福王府。福王朱常洵，因是万历皇帝所宠幸的郑贵妃之子，颇受宠爱，其封王后的结婚费用就花费了30万两银子，而其在洛阳的这座府邸，花费了28万两银子，所谓"十倍常制"。[①] 明末李自成攻入洛阳之后，焚毁了这座王宫，大火"三日不绝"[②]，由此也略可想象这座王府第宅的规模之大。虽然，这座巨大的建筑群久已不存，但府门前的两座石狮子仍然屹立在当街，略可显示当时王府宅院的宏大与气派。

　　关于明代亲王府制较为详细的描述，可以见于2处记载，并可互相印证，一是《明史》：

　　亲王府制：

　　洪武四年（1371年）定，城高二丈九尺，正殿基高六尺九寸，正门、前后殿、四门城楼，饰以青绿点金，廊房饰以青黛。四城正门，以丹漆，金涂铜钉。宫殿窠栱攒顶，中画蟠螭，饰以金，边画八吉祥花。前后殿座，用红漆金蟠螭，帐用红销金蟠螭。座后壁则画蟠螭、彩云，后改为龙。立山川、社稷、宗庙于王城内。

　　七年（1374年）定亲王所居殿，前曰承运，中曰圜殿，后曰存心；四城门，南曰端礼，北曰广智，东曰体仁，西曰遵义。太祖曰："使诸王睹名思义，以藩屏帝室。"

　　九年（1376年）定亲王宫殿、门庑及城门楼，皆覆以青色琉璃瓦。又命中书省臣，惟亲王宫得饰朱红、大青绿，其他居室止饰丹碧。[④]

图8.5 明清鼓楼

① 明史．卷一百二十．列传第八．诸王五．世宗诸子．
② 明史．卷一百二十．列传第八．诸王五．世宗诸子．
③ 明史．卷六十八．志第四十四．舆服四．北京：中华书局，1974：1670．

图8.6 城南文峰塔

具体而详细的亲王王府规则，仍然见于《明会典》：

洪武四年（1371年）议定：凡王城高二丈九尺，下阔六丈，上阔二丈，女墙高五尺五寸。城河阔十五丈，深三丈。正殿基高六尺九寸，月台高五尺九寸。正门台高四尺九寸五分。廊房地高二尺五寸。王宫门地高三尺二寸五分。后宫地高三尺二寸五分。正门前后殿，四门城楼，饰以青绿点金；廊房饰以青黑。四门正门以红漆金涂铜钉……立社稷、山川坛于王城内之西南，宗庙于王城内之东南……

七年（1374年）定亲王所居前殿名承运，中曰圆殿，后曰存心。四城门，南曰端礼，北曰广智，东曰体仁，西曰遵义。

九年（1376年）定亲王宫殿、门庑及城门楼皆覆以青色琉璃瓦。

十一年（1378年）定亲王宫城，周围三里三百九步五寸。东西一百五十丈二寸五分，南北一百九十七丈二寸五分。^①

而洪武十一年（1378年）的这一具体的王府基址规模制度，是按照当时已经建成的晋王王府的宫城规制颁布的。关于这一点可以见于《明太祖实录》，洪武十一年（1378年）七月乙酉：

工部奏："诸王国宫城，纵广未有定制，请以晋府为准，周围三里三百九步五寸，东西一百五十丈二寸五分，南北一百九十七丈二寸五分。"制曰：可。^②

由洪武年间的规定，可以知道明代亲王王府的标准格式是在王府建筑之外有一个周回3里309步5寸的宫城。城在东南西北方向上各有一门，南门为正门，称端礼门；北门为广智门；东门为体仁门；西门为遵义门。在中轴线上布置有三座礼仪性的主要殿阁，前殿为承运殿，中殿为圆殿，后殿为存心殿。（图8.7）

就洪武规制中王府宫城的基址规模看，其宫城南北长197丈2寸5分，东西宽150丈2寸5分。以一步为5尺计，则一丈为2步，折而可得其宫城：南北长394步2寸5分，东西宽300步2寸5分，周长合为1388步1尺。明代弘治八年（1495年），又对各地王府内的建筑规制，做了进一步的详细规定。当然，这两个不同时期颁布的王府建筑规制，是有一些差别的。但从这些记载中，我们也略可以想象洛阳伊王

① ［明］明会典．卷一百四十七．工部一．营造一．"亲王府制"条．景印文渊阁四库全书．第618册．史部三七六．政书类．台北：台湾商务印书馆，1983：458.
② 明太祖实录．卷一百一十九．台北：中央研究院历史语言研究所，1962：1938～1939.

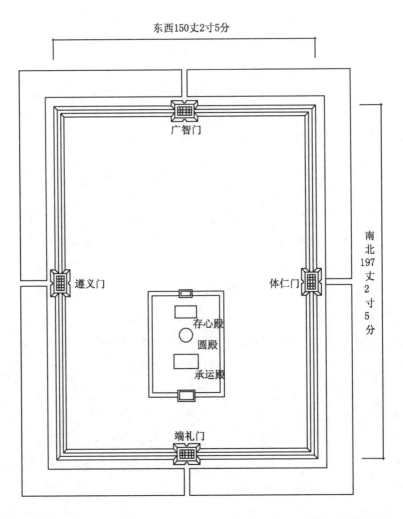

图8.7 明洪武朝亲王王府城垣及三殿规制推测

府和福王府都是周回不小于3里的大型住宅建筑群，府外还有城墙、城门等建筑，相当于洛阳城的城中之城。

据现代人的调查与研究，明清时代的洛阳城中曾有号称洛阳"四大家族"的4户人家的住宅建筑名冠古城，它们分别是：参府后街史家，鼓楼街李家，北门内大街邢家，清平街宋家。到了清末民初时，还有3家大户人家，其中除了史家外，还有东门内大街林家和铁锅巷庄家及农校街张家等。[①] 在尚存的洛阳民居中，这些经历过上百年风雨的老宅，聊可供我们一睹明清至民国初年洛阳住宅的一些面貌，如：

位于西大街91号的马家大院，这是一组坐南朝北的建筑群，有四进院落，有房屋72间之多。整组住宅的占地面积约为1500平方米。这里是一处来自山西的商人之家，后来其家败落，曾一度作为学校使用。

庄家大院，位于守府后街（营林街27号），占地面积约2000平方米，同样也是坐南朝北，临街为五间，有四进院落，48间房间。其主院的东、西两侧还各有一个跨院，大门在西侧正中，门上有石制匾额，上刻题字"勤、慎、俭"。这位庄氏人是从事布匹生意的商家，在洛阳城中就开有5家布店。

史保安是清光绪年间殿试得中，曾在北京翰林院中供职，其先祖是明代中期由浙江宁波来洛为官之人。史家世代为书香之家，在洛阳开设私塾，为普通百姓传授知识。史氏先祖当时在守府后街（营林街18号院）购地建宅，住宅的占地约为2500平方米，正房坐北面南五开间，前后有四进院，院落的宽度有30米，总进深达80米。整座住宅中有房屋76间，其中有临街房10间，过厅房20间，位于中轴线的上房有2座共10间，另有厢房36间。这座住宅为青砖青瓦，青石台阶，并用方砖铺地，梁柱上还有可能是民国初年所绘的彩绘。

位于南关铁锅巷的庄家大院，是四进三跨院的大宅，院落后面还有后花园。现在的房屋可能是清道光十一年（1831年）重建时留下来的。在清光绪年间这家人中曾有人在翰林院供职。抗战时曾经做过八路军办事处，现在是一座纪念馆。（图8.8～图8.9）

---

① 洛阳老城现存的深宅大院. 洛阳旅游网: http://www.gotoly.com

图8.8 南铁锅巷庄家大院入口

图8.9 南铁锅巷庄家大院内院

清代时由陕西来到洛阳，靠经营洋布发家的张祥发家，曾在南关、鼎新街、农校街等处购置房产。清末时在察院街（农校街32号院）购置了一座坐北朝南的宅院，前后有四进，占地约2000平方米。临街有房5间，两个过厅各5间，正房亦为5间，另有厢房36间。不同于一般住宅的是，这座住宅的大门开在了临街房的正中，如果不是后世改造的结果，那就是这里曾经住过官宦人家。住宅中还有一座后花园。（图8.10）

李家大院是来自山西洪洞的移民李家第四子李祖仁在清初时所建的一座住宅，位于西大街136号（图8.11），临街曾有三间店面房，开设有"龙凤斋"金银首饰店。这座住宅有厢房20间，过厅房3间，正房6间，主要建筑均为二层。位于东大街的李壁甫家大院也是明代从山西洪洞迁移而来，这家人曾在洛阳经营古玩店。现存房屋是民国二十年（1931年）翻建后的建筑，有临街3间屋，并有过厅3间，正房3间及厢房10间，亦为二层楼阁式建筑。正房东侧为花园。

图8.10 农校街32号

此外，还有位于里仁巷42号的杨家宅院（图8.12），位于鼎新街中段街南的武家大院（图8.13），位于西和巷中段街西的刘家大院，位于治安街东李家大院等，都是保存较好的老宅。其中的武家，是国民党十五军军长武庭麟的住宅，为横跨三座院落，临街为9间，各院都有自己的过厅、上房及厢房。三跨院落都与花园相连，花园中还建有一座绣楼。由于后来改作他用，现在这座住宅仅存东、西两院了（图8.14）。刘家大院最初的面积为5亩宅地，民国初年建，住宅坐西朝东，一溜南北三院，后来又将其卖给了另外两家。李家大院也是5亩宅地，建于民国二十四年（1935年），前后三进院，临街7间房，左右两院相连，正房为两层，共16间，厢房16间，后房5间，住宅之后也有后花园。[①]

图8.11　西大街136号　李家大院

①　洛阳老城现存的深宅大院．洛阳旅游网：http://www.gotoly.com

图8.12 里仁巷42号

图8.13 鼎新街武家大院入口

图8.14 鼎新街武家大院 内景

这些散落在洛阳老城内的古老民居，或也并不能真正作为洛阳这座有着3000年历史的伟大古都的见证，因为，在这些住宅建造之时，洛阳早已洗尽了往日的铅华，成为明清时代一大批府州城市中普通的不能够再普通的其中一座。因而，也并不代表洛阳历史上最为辉煌的那一个时代。但是，它毕竟是洛阳曾经的记忆，是近一二百年来洛阳所经历的风风雨雨的历史见证。现在，它

图8.15 明清洛阳潞泽会馆

们被隐藏或遮掩在现代建筑的高楼大厦之间，更显得苍老、佝偻和卑微，令那些对这座古城充满思古之幽情的好事之人们，借以凭吊往昔，回顾过去，或也可以多少引起人们对于洛阳苍古与悠久历史的一点遐思。正因为如此，尽管这些经年老宅在洛阳的大历史中显得微不足道，但也是值得我们细心呵护、弥足珍贵的历史遗产。（图8.15）

明清古城西大街现状

结语

古都洛阳，历史上先后曾有过夏、商、西周、东周、东汉、曹魏、西晋、北魏、隋、唐（含武周）、后梁、后唐、后晋十三个朝代建都于此。然而其最为辉煌的年代，大约就是在汉唐之间。唐武则天时达到鼎盛，号称"神都"。唐代"安史之乱"后，洛阳宫室已现凋敝。五代时后梁称洛阳为"西都"，后唐称为"雒京"。宋代时，仍称洛阳为西京，其宫室尚存，而里坊园宅仍很滋茂。这一点从宋人李格非的《洛阳名园记》中可以看得很清楚。

靖康之后，金代据有中原，以洛阳为中京，但因战争的蹂躏，旧有的洛阳城已遭毁弃，金人便在隋唐宫苑旧址之东的地方建新城，其城周回不足九里，大约是隋唐时四个相邻里坊的大小，而这就是明清时期的所谓洛阳老城的前身。明代光宗皇帝名朱常洛，当时为了避讳"洛"字，故改"洛"为"雒"，时称"雒阳"。清代以后，又改回了原来的名称，仍称"洛阳"。元、明、清三代的洛阳老城，在金代的基础上修修补补，却鲜有大的变化。洛阳老城中的古代遗迹，如尚存的老城文峰塔、城隍庙，及东、西会馆，都是元、明以来的建筑遗迹，与洛阳最为辉煌的汉魏、隋唐时代了无关系。即使是这样，在元、明、清三代，地处中原的洛阳老城，仍然是兵家必争之地，由于战争的摧残，城市人口渐趋凋敝，文化凋零、工商业趋于萧条，早已没有了过去汉唐大都会的气概了。（图9.1～图9.3）只是到了1949年以后，在蒸蒸日上的新中国建设中，这座历史名城才又再一次获得新生，以其深厚的文化底蕴，重新焕发出了九朝故都的活力与辉煌。（图9.4～图9.6）

从现存遗迹的角度来观察，洛阳仍不愧为是一座名冠古今的历史名城，可以供历史学者与普通历史爱好者去徜徉凭吊的，除了著名的龙门石窟、白马寺、关林等古代建筑、古代雕刻遗存外，在洛河沿岸约50公里范围内，还分布着夏代二

图9.1 明清洛阳城景物1

图9.2 明清洛阳城景物2

图9.3 明清洛阳城景物3

图9.4 洛阳现代城市一瞥1

图9.5 洛阳现代城市一瞥2

图9.6 明清古城西大街现状

里头、偃师商城、东周王城、汉魏故城和隋唐洛阳城五座古代都城遗址，另外还有金代以来修建的洛阳老城旧址：

① 偃师二里头夏代遗址，遗址东西长约2.5公里，南北宽约1.5公里，距离洛阳市约18公里，位于伊、洛二水之间。这里曾发掘出迄今所见的最早的青铜器。在遗址范围内发现两处宫殿夯土台基，其中西边一处面积就有约10000平方米，在台基中偏北部有一个面阔8间、进深3间的宫殿建筑基址，殿四周有环绕的廊庑遗址。在宫殿遗址东南还有铸铜、制陶等作坊遗址。

② 商代早期的偃师商城遗址总面积约2平方公里。城址平面略呈长方形，南北长1700余米，东西宽740～1215米，从遗址看，这座古城包括有大城、小城、宫城三重城垣。城址范围内发现有城门、道路、宫殿、居舍等遗迹，并有大量石器、陶器、铜器、玉器等遗物出土。城内还发现有大型宫殿建筑的遗迹。

③ 东周王城遗址北依邙山，南临洛河，位于王城公园一带。在金谷园、小街、下池村东的小屯、东涧沟附近，城周回约15里。遗址范围内有经过发掘而建成的天子驾六博物馆和唐宫路小学车马坑展馆。

④ 汉魏故城遗址，位于洛阳市区以东15公里处。北倚邙山，南临洛河，东至寺里碑，西接白马寺，城周约14公里，曾是东汉、曹魏、西晋、北魏四个朝代的都城遗址。其南城墙因洛水北移而被冲毁，东、西、北城郭残垣仍依稀可见。在城中有南北二宫的遗迹，南宫在今龙虎滩村西北部，北宫在今金村南边。汉魏城遗址中的永宁寺及寺塔遗址已经过发掘，并确定了位置。

⑤ 隋唐东都城遗址，目前多在洛阳市区的范围中。隋唐洛阳城中武则天明堂、天堂的遗址，以及履道坊白居易宅的遗址、洛阳南城门定鼎门的遗址，都曾有过发掘，并确定了其位置。

⑥ 洛阳老城，建造于金代的洛阳老城在1949年后获得新生，老城按照新的城市规划进行了改造，其中新辟了东华街，打通了中州路，使陈旧的老城成为了新洛阳城的商业区和居民住宅区。

改定于清华园荷清苑

2011年1月1日

说明：本书中的主要插图都是由清华大学建筑学院博士后谢鸿权帮助搜集、拍照与整理、并逐一插入文中的，特在此加以说明，并致谢意。

结
语

插图目录

引言

第壹章　邙山伊阙汇河洛

第贰章　九朝故都是洛阳

图 号	图 注	图片来源
图2.3	唐代凤纹方砖	洛阳博物馆
图2.4	五代青瓷注子	洛阳博物馆
图2.5	作邑东国图	清《钦定书经图解》
图2.6	东周王城时期天子驾六车马坑	天子驾六博物馆
图2.7	东周王城与宫殿简图	清《河南志》
图2.8	早期城址示意图	《汉魏洛阳城研究》
图2.9	汉代却非殿示意复原图	王超复原
图2.10	汉魏洛阳实测图	《汉魏洛阳城研究》
图2.11	汉长安城	《中国古代建筑史（第二版）》
图2.12	东汉洛阳城	《汉魏洛阳城研究》
图2.13	汉魏故城与金塘城	《汉魏洛阳城研究》
图2.14	晋城阙图（清）	清《河南志》
图2.15	汉魏故城东北角城墙由北望东现状	谢鸿权摄
图2.16	北魏宫城阊阖门复原示意图	遗址展示
图2.17	北魏洛阳规划复原图	《汉魏洛阳城研究》
图2.18	北魏洛阳城想象图	洛阳信息网网络图片
图2.19	北魏帝后礼佛图	巩义石窟第一窟
图2.20	永宁寺塔现状	谢鸿权摄
图2.21	永宁寺塔复原研究	钟晓青绘制
图2.22	隋唐洛阳遗址	底图据《洛阳考古集成》
图2.23	隋唐天津桥遗址附近之洛河现状	谢鸿权摄
图2.24	隋唐洛阳城	傅熹年绘制
图2.25	唐代洛阳城正门定鼎门遗址复建后现状	周公庙展品
图2.26	西门道东望定鼎遗址现状	谢鸿权摄
图2.27	隋唐含嘉仓遗址	谢鸿权摄
图2.28	唐代明堂遗址——中心柱洞	考古工地
图2.29	隋唐宫城天堂遗址现状	谢鸿权摄
图2.30	宋城阙图	清《河南志》
图2.31	明代福王府旧址石狮	洛阳民俗博物馆

图号	图注	图片来源
图2.32	民俗博物馆藏明代彩绘石狮	谢鸿权摄
图2.33	清代洛阳城池图	清《洛阳县志》
图2.34	明清小石桥	陈迟摄

第叁章 汉晋遗阙北魏宫

图号	图注	图片来源
图3.1	后汉京城图（清）	清《河南志》
图3.2	东汉洛阳城濯龙园	底图据《洛阳考古集成》
图3.3	曹魏洛阳宫殿	傅熹年
图3.4	晋都城图	清《河南志》
图3.5	早期志书中的金墉城	清《河南志》
图3.6	北魏洛阳宫城平面复原示意图	傅熹年绘制
图3.7	北魏洛阳宫城考古挖掘图	据《汉魏洛阳城研究》
图3.8	北魏宫城中轴线北眺太极殿遗址现状	陈迟摄
图3.9	北魏华林园图	清《河南志》
图3.10	宫城正门阊阖门遗址	谢鸿权摄

第肆章 隋殿唐阁洛阳宫

图号	图注	图片来源
图4.1	隋东都宫城复原平面示意图	傅熹年
图4.2	隋宫城考古定位示意图	《考古》
图4.3	隋乾阳殿总平面推想一	王贵祥
图4.4	隋乾阳殿总平面推想二	王贵祥
图4.5	唐洛阳宫城复原平面示意图	傅熹年
图4.6	唐洛阳城中轴线建筑群想象图	周公庙展品
图4.7	唐应天门东阙考古现场	谢鸿权摄
图4.8	隋唐宫城主要门道举要示意模型	定鼎门遗址博物馆

图 号	图 注	图片来源
图4.38	玄宗乾元殿推想方案之二（立面）	王贵祥
图4.39	玄宗乾元殿推想方案之二（剖面）	王贵祥

第伍章 梵宫佛寺龙门窟

图 号	图 注	图片来源
图5.1	永宁寺塔遗址考古现场	据《汉魏洛阳城遗址研究》
图5.2	永宁寺塔复原	杨鸿勋
图5.3	龙门石窟之东山石窟全景	谢鸿权摄
图5.4	龙门石窟奉先寺	谢鸿权摄
图5.5	白马寺入口山门	陈迟摄
图5.6	白马寺竺法兰墓	陈迟摄
图5.7	玄奘像	《龙门石窟》
图5.8	善无畏像	《龙门石窟》
图5.9	洛阳白马寺卫星图片	谷歌地球截图
图5.10	白马寺天王殿	谢鸿权摄
图5.11	白马寺大佛殿	陈迟摄
图5.12	白马寺大雄殿	陈迟摄
图5.13	白马寺清凉台	谢鸿权摄
图5.14	齐云塔	谢鸿权摄
图5.15	《洛阳伽蓝记》所载伽蓝示意简图	底图据傅熹年《中国古代建筑史 第二卷》
图5.16	隋唐洛阳城佛寺分布简图	底图据傅熹年《中国古代建筑史 第二卷》
图5.17	龙门由北望南	谢鸿权摄
图5.18	龙门石窟宾阳北洞	《龙门石窟》
图5.19	龙门石窟唐代老龙洞	谢鸿权摄
图5.20	龙门石窟宾阳三洞	谢鸿权摄
图5.21	龙门石窟古阳洞内壁	谢鸿权摄
图5.22	古阳洞屋形龛	谢鸿权摄
图5.23	宾阳中洞	谢鸿权摄
图5.24	宾阳南洞	谢鸿权摄
图5.25	药方洞	谢鸿权摄

图　号	图　注	图片来源
图5.26	奉先寺主尊	谢鸿权摄
图5.27	主尊南侧菩萨像	谢鸿权摄
图5.28	奉先寺南壁力士	谢鸿权摄
图5.29	主尊南侧梁栿插孔	谢鸿权摄

第陆章　儒道庙观神祠宇

图　号	图　注	图片来源
图6.1	东汉灵台遗址现状	谢鸿权摄
图6.2	明清河南府文庙戟门	陈迟摄
图6.3	明清河南府文庙正殿	陈迟摄
图6.4	隋唐洛阳城道观分布示意图	底图据傅熹年
图6.5	唐代上清宫复原示意	定鼎门遗址博物馆
图6.6	洛阳上清宫现状	陈迟摄
图6.7	洛阳下清宫现状	陈迟摄
图6.8	城隍庙之西大街入口	谢鸿权摄
图6.9	城隍庙大殿现状	谢鸿权摄
图6.10	洛阳关林正门	谢鸿权摄
图6.11	关林正殿	陈迟摄
图6.12	关林墓冢	谢鸿权摄
图6.13	周公庙入口	谢鸿权摄
图6.14	周公庙定鼎堂	谢鸿权摄
图6.15	北大街祖师庙正殿	谢鸿权摄

第柒章　晋隋苑囿唐宋园

图　号	图　注	图片来源
图7.1	隋上林西苑图	《元河南志》
图7.2	今西苑公园	《巍巍古都》

图 号	图 注	图片来源
图7.3	隋唐时期洛阳宫苑图	《中国古典园林史》
图7.4	隋唐宫城宫苑图	《中国古典园林史》
图7.5	唐东都苑图	《河南志》
图7.6	今上阳宫花园	《巍巍古都》
图7.7	隋唐五代宅园举要	底图据傅熹年

第捌章 里坊市肆士夫宅

图 号	图 注	图片来源
图8.1	北魏洛阳城里坊示意图	傅熹年绘制
图8.2	里坊制图示	改绘自妹尾达彦
图8.3	里坊复原示意模型	定鼎门博物馆
图8.4	定鼎门北望现状（原隋唐城市主轴）	谢鸿权摄
图8.5	明清鼓楼	陈迟摄
图8.6	城南文峰塔	陈迟摄
图8.7	明洪武朝亲王王府城垣及三殿规制推测	白颖绘制
图8.8	南铁锅巷庄家大院入口	陈迟摄
图8.9	南铁锅巷庄家大院内院	陈迟摄
图8.10	农校街32号	陈迟摄
图8.11	西大街136号 李家大院	陈迟摄
图8.12	里仁巷42号	陈迟摄
图8.13	鼎新街武家大院入口	陈迟摄
图8.14	鼎新街武家大院内景	陈迟摄
图8.15	明清洛阳潞泽会馆	谢鸿权摄

第玖章 结语

图 号	图 注	图片来源
图9.1	明清洛阳城景物 1	洛阳民俗博物馆
图9.2	明清洛阳城景物 2	洛阳民俗博物馆
图9.3	明清洛阳城景物 3	洛阳民俗博物馆
图9.4	洛阳现代城市一瞥1	《巍巍古都》
图9.5	洛阳现代城市一瞥2	《巍巍古都》
图9.6	明清古城西大街现状	陈迟摄

参考文献

[1]   [战国]吕不韦. 吕氏春秋. 长沙: 岳麓书社, 1989

[2]   [汉]司马迁. 史记. 北京: 中华书局, 2006

[3]   [东汉]班固. 汉书. 北京: 中华书局, 1997

[4]   慕平 译注. 尚书. 北京: 中华书局, 2009

[5]   [宋]李焘. 续资治通鉴长编. 北京: 中华书局, 1957

[6]   [明]宋濂 等. 元史. 北京: 中华书局, 1976

[7]   [晋]袁宏. 后汉纪. 上海: 上海书店, 1989

[8]   [晋]陈寿. 三国志. 北京: 中华书局, 2011

[9]   [晋]王嘉. 拾遗记. 台北: 台湾商务印书馆, 1983

[10]   [北魏]杨衒之. 洛阳伽蓝记. 台北: 世界书局股份有限公司, 2010

[11]   [南朝宋]范晔. 后汉书. 北京: 中华书局, 1997

[12]   [南朝梁]慧皎. 高僧传. 北京: 中华书局, 1992

[13]   [南朝梁]僧祐. 弘明集. 上海: 上海书店, 1989

[14]   [北魏]郦道元. 水经注. 长沙: 岳麓书社, 1995

[15]   [北齐]魏收. 魏书. 北京: 中华书局, 1997

[16]   [后晋]刘昫. 旧唐书. 北京: 中华书局, 1997

[17]   [唐]刘肃. 大唐新语. 北京: 中华书局, 1984

[18]   [唐]封演. 封氏闻见记. 北京: 中华书局, 1985

[19]   [唐]道世. 法苑珠林. 上海: 上海古籍出版社, 1991

[20]   [唐]欧阳询. 艺文类聚. 明嘉靖天水胡缵宗刻本

[21]   [宋]姚宽. 西溪丛语. 北京: 中华书局, 1993

[22]   [宋]赞宁. 大宋高僧传. 上海: 上海影印宋版藏经会, 1936

[23]   [宋]王溥. 唐会要. 北京: 中华书局, 1955

[24]   [宋]李诫. 营造法式. 故宫藏钞本. 北京: 紫禁城出版社, 2009

[25]   [宋]李昉 等. 太平御览. 北京: 中华书局, 1960

[26]   [宋]司马光. 资治通鉴. 柏杨 译注. 北京: 中国友谊出版公司, 1984

[27]   [宋]薛居正. 旧五代史. 北京: 中华书局, 2000

[28]   [宋]乐史. 太平寰宇记. 北京: 中华书局, 2007

[29]   [宋]李格非. 洛阳名园记. 台北: 台湾商务印书馆, 1983

[30]   [宋]邵博. 邵氏闻见后录. 北京: 中华书局, 1983

[31]   [宋]王溥. 五代会要. 上海: 上海古籍出版社, 1978

[32]   [明]陈全之. 蓬窗日录. 上海: 上海书店出版社, 2009

[33]　[明]陆容．菽园杂记．北京：中华书局，1985

[34]　[明]黄溥．闲中今古录摘抄．北京：中华书局，1985

[35]　[明]张岱 辑．夜航船．杭州：浙江古籍出版社，1987

[36]　[明]申时行 等．明会典．台北：台湾商务印书馆，1983

[37]　吕思勉选注新唐书．台北：台湾商务印书馆，1971

[38]　[清]严可均 辑．全后汉文．北京：商务印书馆，1999

[39]　[清]阮葵生．茶余客话．北京：中华书局，1985

[40]　[清]朱彝尊，于敏中 编纂．日下旧闻考．北京：北京古籍出版社，1985

[41]　[清]张廷玉．明史．北京：中华书局，1974

[42]　[清]顾祖禹．读史方舆纪要．北京：中华书局，2005

[43]　[清]赵翼．二十二史劄记．北京：全国图书馆文献缩微中心，2001

[44]　[清]徐松．唐两京城坊考．北京：中华书局，1985

[45]　[清]徐松．河南志．北京：中华书局，1994

[46]　[清]严可均 辑．全齐文．北京：商务印书馆，1999

[47]　胡广 等．明太祖实录．台北：中央研究院历史语言研究所，1962

[48]　傅熹年．中国古代建筑史(第二卷)．北京：中国建筑工业出版社，2001

[49]　白高来，白永彬．白居易洛中诗编年集．北京：军事谊文出版社，2008

[50]　刘敦桢．中国古代建筑史．北京：中国建筑工业出版社，1984

[51]　蒋维乔．中国佛教史．北京：团结出版社，2009

[52]　周维权．中国古典园林史．北京：清华大学出版社，2008

[53]　范文澜．唐代佛教．重庆：重庆出版社，2008

[54]　古正美．从天王传统到佛王传统．台北：台湾商周出版社，2003

[55]　[韩]国立文化财研究所．庆尚北道的石塔．2007—2009

[56]　胡适．中国历史上的宗教与哲学．见：陈衡哲 主编．中国文化论集．福州：福建教育
　　　出版社，2009

[57]　中国科学院考古研究所洛阳唐城队．唐东都武则天明堂遗址发掘简报．考古，1988 (4)

[58]　王贵祥．唐洛阳宫武氏明堂的建构性复原研究．见：中国建筑史论汇刊（第肆辑），北
　　　京：清华大学出版社，2010

[59]　中国科学院考古研究所洛阳工作队．汉魏洛阳城初步勘查．见：洛阳市文物局 编．汉
　　　魏洛阳故城研究，2000

[60]　洛阳老城现存的深宅大院．洛阳旅游网：http://www.gotoly.com